RECLAM-BIBLIOTHEK

Bier! Das Lexikon beschreitet gänzlich neue Wege der Bierforschung und -exegese. Roth & Rudolf eilten in die große Welt hinaus, suchten, kauften und tranken viel Bier, kehrten zurück und schrieben *Bier! Das Lexikon.* Facettenreich breiten sie ihre Gedanken zur Geschichte, zur politischen Situation und zur Qualität des »schönen Getränks« (U. Wickert) aus. Mit Fug darf behauptet werden, daß sie Vollständigkeit der Themenbehandlung und Versiertheit des künstlerischen Ausdrucks anpeilten. Als äußerst belastbare Bierschriftsteller prüften sie deshalb mehr denn 3270 Marken, 853 konnten sie schließlich für würdig befinden und in ihr Buch, in *Bier! Das Lexikon* mit großer Freude integrieren.

Bier! Das Lexikon ist ein gutes Buch geworden. Es darf wie ein Lexikon benutzt, aber auch bedächtig von vorne nach hinten getrunken, Pardon: gelesen werden.

JÜRGEN ROTH, geboren 1968. Studium der Germanistik, Philosophie und Politologie. Lebt als freier Autor in Frankfurt am Main. MICHAEL RUDOLF, geboren 1961. Abgebrochener Jurist, Beifahrer, Braumeister, Brauingenieur, Teilzeitverleger. Lebt als freier Autor in Greiz.

Jürgen Roth / Michael Rudolf

Bier!

Das Lexikon

RECLAM VERLAG LEIPZIG

Unter Mitarbeit von Susanne Fischer, Michael Gölling, Achim Greser, Thomas Gsella, Gerhard Henschel, Jürgen Jonas, Heribert Lenz, René Martens, Thomas Roth, Benjamin Schiffner, Christian Schmidt, Hans-Christian Schmitz, Martin Sonneborn und Fritz Tietz.

Mit 10 Abbildungen

ISBN 3-379-01611-X

Reclam-Bibliothek Band 1611
3., veränderte Auflage, 1997
Reihengestaltung: Hans Peter Willberg
Umschlaggestaltung: Oberberg + Puder, Leipzig
Gesetzt aus Meridien
Satz: Peter Conrad, Brandis
Druck und Bindung: Ebner Ulm
Printed in Germany

Vorwort

Bier, das edle Getränk, genießt weltweit höchste Anerkennung und ist aus den meisten Ländern dieses Planeten einfach nicht mehr wegzudenken. Kaum einen Menschen wird man treffen, der Bier, den Göttertrunk, missen wollte, meiden könnte. Dagegen Cognac, Lebertran, Ananassaft?

Die Weltgeschichte wäre in ganz anderen Bahnen verlaufen, hätte es das Bier nicht gegeben. Warum? *Bier! Das Lexikon* gibt längst fällige Antworten, denn Bier, das »sagenhafte Getränk« (Deutsches Brauerei-Museum e.V., München), gilt längst als Klassiker, längst als ein in allen Schichten und Klassen voll anerkanntes exquisites und extraordinäres Rauschmittel, und es ist schwerlich zu leugnen, »daß sich viele ein Leben ohne Bier einfach nicht mehr vorstellen können« (Rolf E. Helix: *Bier im Wort*, Nürnberg 1981).

Bier! Das Lexikon behandelt erstmals alle relevanten Aspekte und Teilbedeutungen, welche dem Bier in historischer, gesellschaftspolitischer, eschatologischer, medizinischer, lebensweltlicher und verkostungsspezifischer Hinsicht zukommen. Vom hilfreichen Ratschlag über die knappe und doch facettenreiche Dokumentation, manch spekulative Reflexion und interessante Evaluation bis zur Freude und hohen, mitunter allerhöchsten Genuß verheißenden Trinkanleitung fehlt nichts, was nicht fehlen dürfte. So hatten es sich die Autoren zur Aufgabe gemacht, mehr als 3270 Marken einer sorgfältigen, gewissenhaften Prüfung zu unterziehen, 853 konnten ihrer Aufnahme für würdig befunden werden.

Bier! Das Lexikon ist kein Mineralwasser-Michelin. *Bier! Das Lexikon* ist ein Lexikon über Bier, das sich wie ein

Lexikon benutzen, aber auch schön langsam von vorne nach hinten lesen läßt.
Wir danken für Ihre Aufmerksamkeit.

Jürgen Roth/Michael Rudolf

A

Abbrechen, das Siehe Brechen, das.

Abscheu/Ekel Empfinden wir vor Worten wie Hopfenbrause, Hopfenkaltschale, Hopfentee, Gerstensaft, Gerstenwein, Arbeitersekt, Kühles Blödes, nein: Blondes. Des weiteren Bierchen, Schlückchen, Fäßchen, Fläschchen, überhaupt vor allen sinnverkrüppelnden Diminutiven, die bei Alkoholnähe zwanghaft in Anwendung und Anschlag gebracht werden.

Absterberate Glücklich gewählter organisationssoziologischer Begriff für die Anzahl der im Jahreszeitraum ermittelten Zusammenbrüche und Niedergänge kleiner und kleinster Privat- und Gasthofbrauereien. (vgl. Gabriele Wiedenmayer: *Die Entwicklungsdynamik in der deutschen Brauindustrie*, Frankfurt/Main et al. 1992)

Acht-Sekunden-Karel, der Der Bierzapfer schlechthin. Zapft pro Tag im *Goldenen Tiger* zu Prag seine 1000 Glas 7°C kühles Pilsner Urquell (siehe Pilsner Urquell) und legt 8 Sekunden pro Halbliterglas vor. Das ist Weltspitze. In Gedanken sind wir immer bei ihm.

Adelskrone Pils 4,9%, gebraut für Penny Markt-Gesellschaft Bad Homburg v.d.H. Die Ergebnisse modernster Hopfennanotechnologie verkümmern gänzlich beim Verlassen der Dose. Aller Wahrscheinlichkeit nach mit Joghurtkulturen angesetzt. Schaum wie aus einer (Schweins-)Blase. Auch das **Export** (5,1%) entzieht sich strenggenommen unserer Kognition. Dazu ein trübes, trübseliges **Hefeweizen Hell** (5,2%). Es ist so würdelos.

Adels-/Ritterguts-/Schloßbrauereien Adlige konnten, fußend auf ihrem Grundherrenrecht, die Brau- und Schanklizenz, das jus prohibendi in Anspruch nehmen. Das taten sie auch. Außer für ihre Erbschenken (Erbkretschmare) durften die Rittergüter nur für den eigenen und den Gesindegebrauch (Hochzeitsbier, Wöchnerinnenbier, Versorgung der Priester) abgabefrei brauen. Die Schenkwirte besorgten den erlaubten Teil des Weiterverkaufs, von dem die Schloßherren wiederum das Spund- und Zapfengeld kassierten.
Als landwirtschaftlichen Produzenten lag das Glück bei ihnen, sofern es um die Beschaffung von Rohstoffen zu tun war; weniger, was technische Verbesserungen und Ausrüstung anbetraf. Im Mittelalter und in der anbrechenden Neuzeit galt die eherne Regel: Landbier ist billiger als Stadtbier, aber auch ungenießbar. Obendrein genossen die Schloßherren Vergünstigungen bei der Bemessung der landesherrschaftlichen Tranksteuern (siehe Tranksteuer). Die Städte stuften das unter Beschaffungskriminalität oder unlauterem Wettbewerb ein und reagierten violent, wenn in den übrigen Schenken innerhalb ihrer Bannmeilen, 20 Musketenschüsse um die Stadtwälle herum, ein Tropfen unerlaubten Landbieres gezapft wurde.

Adler Edel Export 5,4% Brauerei zum Adler Wassertrüdingen. Würzig. »Mild«, gibt Herr Roth per Fangschaltung zu bedenken. Mild?! Herr Roth, das Buch hat schon begonnen, die lesen alles mit! – Also gut: würzig. Und das **Pils** (4,7%)? Wozu es so was überhaupt gibt, wissen wir jetzt auch noch nicht. Tiefe Wasser sind trübe.
(Häßliche Idee hebt mächtig ihr Haupt, Mineralwasserlexikon schreiben zu wollen.)

Aecht Schlenkerla Rauchbier Märzen 4,8% Heller-Bräu Bamberg. Vom Mälzen her wird ein »rauchiger Geschmack« erzielt, der, findet Michael Jackson (*Bier*, 3. Aufl., Bern und Stuttgart 1991), diese infernalische Brühe zu einem »Klassiker« werden ließ und läßt, »und zwar nicht

nur unter den Bieren, sondern unter allen anderen alkoholischen Getränken«. Ein nicht enden wollendes Finish und das fettige, lebertranartige, stinkend-fischige Bukett prädestinieren den Brei für eine aber bitte baldmöglichst einzuleitende Abfüllung in alte Supertanker, die ihn aufs weite Weltmeer hinausfahren und dort illegal verklappen, somit seiner wahren Bestimmung zuführen, zu den Makrelen, in die ewigen, totenstillen Abgründe dieses Planeten abkippen und dort ruhen lassen.
Eine Anstiftung zur Straftat.
Sorry.

Aegean Lager Beer 5,0% Northern Greek Breweries Thessaloniki/Griechenland. Schaum gut. Antrunk beklemmend. Finish befreiend: Die Flasche ist leer, »feel the spirit of the magnificent Aegean Greek islands«. Ein kaputtes Bier wie die Akropolis, leider.

Ägypter Haben – geschichtlich nächst zu den Zweistromlandbewohnern (Mesopotamiern) und gewissen Gersteanbaugebieten in Kasachstan sowie etwa zeitgleich auch im Tarim-Becken, inneres Asien, angegangenen Aktivitäten – das Bier (»Hek«) erfunden bzw. eben auch nur weiterentwickelt. Ihre Sklaven erhielten zwecks Pyramidenbau ausschließlich Brot und Bier. Jetzt braut man das Tutenchamun-Bier, weil in Tutenchamuns Grabstätte (beinahe noch frischer) Hopfen gefunden wurde, d. h.: Schon 1967 war von der »Wissenschaft Hefe aus Pharaonengräbern einwandfrei nachgewiesen« (*125 Jahre Schultheiss-Brauerei*, Berlin 1967).
Die zuständige britische Brauerei aus Newcastle visiert eine Auflage von 1000 Flaschen an. Ihr erstes, nach fünfjährigen Brauexperimenten im Juli 1996 bei Harrod's in London angebotenes Exponat **Tutankhamun Ale** soll 5000 Pfund gekostet und einen Alkoholgehalt zwischen 5 und 6% aufgewiesen haben.
»Tot umfallen wird man nicht.« (*HR 3* bereits am 8. Februar 1996)

Ästhetik Wissenschaft von den Gesetzen der Schönheit und den materiellen und mentalen Werkzeugen, die zur Herstellung des Schönen, eines schönen Gegenstandes oder eines schönen Bierrausches benötigt werden. In Alexander Gottlieb Baumgartens weltgeschichtlich beispielgebender Basisschrift über Ä. ist diese Kernvorstellung des gesamten und mit Vehemenz vorangetriebenen Kunstdiskurses bis hin zu Kant schon evident, besser: virulent. Während Kant meinte, »Trunkenheit« sei »der widernatürliche Zustand des Unvermögens, seine Sinnenvorstellung nach Erfahrungsgesetzen zu ordnen«, hielt Baumgarten eher dafür, die Trunkenheit als Folge der Getränkekonsumtion aufzufassen: »Wenn der Grad der Klarheit in den Empfindungen eines Wachenden infolge der Dünste, die aus einem Getränk ins Gehirn aufsteigen, merklich herabgesetzt wird, so wird er trunken.«

Ahornberger Landbier 4,8% Landbrauerei Konradsreuth. Besser als die meisten Pilsener, die wir kennen. Blank zum Augenverblitzen. Verhaltener, aber anhaltender Schaum. Hopfenblumig. Großes Lob. Steigerung beim **Export** (4,6%) durchaus, beim dunklen **Bärentrunk** (4,6%) kaum mehr möglich.

Ale Obergäriges Bier. Bewegt sich zwischen 3 und 11% Alkoholvolumen. Kolorit daher auch von hellgelb bis dunkelbraun. Die obergärige Hefe steht beim A. für fruchtigere, aber fülligere Malzvariationen, naturgemäß mit einer angenehmen Säure korrespondierend. Wahre Ales, »Real Ales« (siehe CAMRA), haben in Flasche und/oder Faß bei 11 bis 13°C nachzureifen (bottle/cask conditioning), verweisen somit auf ihre prinzipielle Verwandtschaft mit hiesigen Weizenbieren (siehe Weizenbier), werden aber knapp unter Zimmertemperatur serviert und getrunken, ohne Kohlensäure gezapft und stellen in der Schaumbildung Bescheidenheit zur Schau.
Die Fachwelt unterscheidet Brown A. (siehe auch Newcastle Brown Ale), India Pale A. (ursprünglich für die

Kolonialtruppen eingebraut, reifte es auf See im Schiffsrumpf), Mild A. (das alkoholschwache Mittagsbier), Pale A. (die kreisrunde Flaschenexportversion; siehe auch Bass), Barley Wine (schwer, malzig, ein Dessertbier), Old A. (really dark, very traditional!), Bitter A. (das seinen trockenen Anflug dem Hopfenstopfen verdankt und in England meistverbreitet ist) und Cream A. (USA, leicht, goldfarben, zuweilen mit einem Lager verschnitten). Die Scottish Ales, tendenziell hoch malzakzentuiert und dunkel, hören auf Light, Strong, Export und Heavy (gilt als weinig). Ihre Bezeichnung folgt noch heute dem alten Besteuerungssystem, so daß Sie etwa »ein Sechzigschilling« ordern müssen. Auch zum extraterrestrischen Scotch Single Malt Whisky wäre hier ein Wort zu verlieren, aber dies ist ja ein Bier-Buch. Deshalb lassen wir auch die irischen Ales beiseite und streifen nur flüchtig den reichlich verwirrenden »Fakt« (H. Markwort), daß in Belgien Ales geläufig sind, die fruchtig-würzig und mild daherkommen, manchmal sogar A., meistens aber »Spéciale« oder »Bier« heißen. Gott, hilf hier einer wieder heraus!

Alkohol »Bier ist kein Alkohol!« pflegte der in Bayern studierte Pädagoge Alfons Bach launig zu formulieren, als er noch Biologielehrer am katholischen Ursulinen-Gymnasium zu Osnabrück war. Schon damals verpaßte er mehrfach die erste Stunde, klaute auf Kursfahrten Schilder mit dem Aufdruck »Sauf-Service« und fuhr einmal im Ski-Urlaub so stocktrunken einen Berg hinunter, daß er wegen zweier Gipsverschalungen mehrere Wochen ausfiel. Später wurde er gefeuert, weil er während seiner Krankschreibung hinter dem Tresen einer stadtbekannten Porno-Videothek gesichtet worden sein soll. Seine gute Laune und die Liebe zum Bier hat ihm das nicht genommen.

Alkoholfreies Bier Darüber lassen wir keine Bemerkung fallen. Wir müßten sie ja wieder aufheben.

Alkoholgehalt, der Zum Mitschreiben hier die Intervalle, in denen sich die gängigen Biersorten (im Geltungsbereich der bundesdeutschen Biersteuergesetzgebung) bewegen dürfen: Einfachbier 0,5 bis 1,5%; Schankbier (Malzbier, Berliner Weiße, Lightbier, Alkoholfreies Bier) 0,5 bis 2,6%; Vollbier (Lagerbier, Weizenbier, Diätbier, Altbier, Kölsch, Pils, Export, Exportweizenbier, Helles, Dunkles, Märzen, Spezial, Kellerbier, Rauchbier) 3 bis 4,5%; Starkbier (Bock, Weizenbock, Doppelbock, Weizendoppelbock, Eisbock) 5 bis 10%. Nach Gewicht, versteht sich. (siehe auch Prozente, die)

Alpirsbacher Klosterbräu Pils Brauerei C. Glauner Alpirsbach. Jetzt mal ohne Ernst: Super! Spitze. Fast möchte man meinen, es sei knapp vor der Grenze zum Premium-Design haltgemacht worden. Aber dann! Nichts wie Freude! Jucheirassa!! Ein tapferer Schaum, eine schöne, autonome Kolorierung, auch die leichte Verhefung im Nachtrunk will nicht schaden, das habt Ihr gut gemacht, Leute! Nach dem dezidierten Pilsfinish und 4,9% glauben wir Euch sogar, Euer Wasser sei »laut Trinkwasserverordnung unbelastet von Natrium, Nitrat und Nitrit« (Etikett). Doch, auch in diesem Punkt keine Einwände.
Was sollen wir sagen? Dein Braumeister gilt laut Zeugenaussagen als »Intellektueller«, klar, und Anfang der siebziger Jahre habt Ihr die *ARD-Sportschau* mit Natur-Werbung bestückt, und zwar ohne diese überall vagabundierenden, halunkenartigen Tiergestalten zum Einsatz zu bringen. Erzählt man noch heute. Kann sein. Wissen wir nicht. Was wir wissen: Das habt Ihr prima hingekriegt. Bis zum nächsten Mal.
(Dann aber wieder ohne Euer **Kloster-Dunkel** (5,2%), diesen sehr überflüssigen und schmählichen Versuch, auf einem wachsenden Schwarzbiermarkt auch noch tätig zu werden, halbherzig und kenntnisfrei.)

Alsfelder Schwarzbier 4,9%. Mit Bedacht wählte man den sonst eher unüblichen Etiketten-Konjunktiv: »Als wär's das Beste auf der Welt!« Denn hier sind sich alle einig, kein Körper, zuviel artifizieller, angetäuschter Drive, frisiert, hochgetunt, Herznote fehlt, »aufgegurkt« (G. Fischer) und was der höhnischen Vokabeln mehr sind. Ergänzen Sie selbst.

Altbier Bier der »jahrhundertealten« rheinischen Brautradition, auf die auch das Kölsch (siehe Kölsch) zurückgeht. Erhielt sein heutiges Profil wie seinen Namen jedoch erst im 19. Jahrhundert mit Ausbreitung und in Abgrenzung von der untergärigen Brauweise. Charakteristisch ist: Verwendung meist mehrerer Gerste- und Hopfensorten, obergärige Hefekulturen (Ausnahme: spontane Gärung beim Pinkus Alt; siehe Pinkus), kalte Lagerung (drei bis acht Wochen), Stammwürzegehalt von etwa 12%. Die zwischen kupferrot und bernstein changierende Farbe des A. geht auf den Mälzungsprozeß zurück, in dessen Verlauf ein Teil des Malzes besonders heiß getrocknet (gedarrt) oder auch Farbmalz beigegeben wird. Neben der Farbe typisch für das A. sind ein stark malziger Körper, eine ausgeprägte Hopfenbittere und eine unaufdringliche Fruchtigkeit. Stimmen alle diese Elemente harmonisch zusammen, so hat man im A. ein interessantes und komplexes Bier, ist eine der Komponenten nicht ganz so gelungen, droht die ganze schöne Konstruktion aus dem Gleichgewicht zu kippen.
Das A. ist Standard- und Alltagsgetränk im Düsseldorfer Raum und am Niederrhein. Die sog. Altbierwelle in den sechziger Jahren sowie eine in den siebziger Jahren eingeleitete offensive Marketing- und Vertriebspolitik der Altbierbrauereien führten zur starken regionalen Ausweitung des Altbiergeschmacks, von der nur der Süden und der hohe Norden Deutschlands bislang weitgehend unberührt geblieben sind. Mancher atmet auf, mancher beklagt's.

Altbier-Torte Eine nämliche wurde am 8. April 1996 Bayern-München-Chefcoach Otto Rehhagel unmittelbar nach der 1:3-Niederlage auf dem Gladbacher Bökelberg vom Sponsor des Siegers überreicht. Eigenen Aussagen zufolge ist Rehhagel aber strikter »Anti-Alkoholiker«. So wird ihm die Geste zweifach »nicht geschmeckt« haben.

Altenburger Höhlerbier Privileg 5,2% Brauerei Wagner Altenburg. Seicht-unreine Duftnote. Wenig Schaum, dafür seidiger Glanz. Doch zu dunkel, daher kräftiges Malzaroma. In der Tat etwas höhlig, nach Keller schmeckend, gruftig. Mit Pils tat man sich in Altenburg schon immer schwer. Der **Maibock** (6,5%) zeigt ansprechende Ansätze für eine Neuschöpfung. Hier vielleicht noch etwas üben. Trügerischen Halt am Leikeimer Kratzhopfenpneuma sucht das **Premium** (4,9%). Kann ja nicht gutgehen.

Altfränkischer Kellertrunk 5,2% Privatbrauerei Püls Weismain. Auf kalte und lange Lagerung berufen sich die Brauer. Warum Kellertrunk nun, weiß keiner so recht. Wir können's auch nicht sagen. Eine auffallend fruchtige Nase, dafür allemal zu hoch gespundet. Nachtrunk? Fehlt. Angeboten wird des weiteren ein 5,4%iges **Premium**, das gut und gerne als Märzen durchgehen könnte, und ein ebenso verwechselbares **Spezial**. Der **Abt Knauer Bock** ist trotz seiner 7,5% ein grandios heller Bock. Mauritius Knauers Bild (1613–1664) erinnert ein wenig an Tom Waits. Mit Mütze.

Altmühltaler Gold-Export 5,8%. Siehe Schäff. Nein, siehe Apokalypse.

Altstadthof Hell Hausbrauerei Altstadthof Nürnberg. Sauer und ohne jeglichen Schwung schleppt sich das Glas zum Trinker. Man merkt dem Inhalt an, daß seine 4,8% ein Kampf gewesen, verblieben sind allerhand Blessuren im Aroma. Auch der 7%-**Bock** nur eine morsche Rüstung gegen des Lebens Unbill.

Alu Auch Aluminium. (siehe nicht Etymologie) Oft als Folie. Oder Beschichtung, die aufgedampft wird, damit Halsetikett und Kronkorken glitzern. Soll wohl den Eindruck des Edlen, gleichsam Antiproletarischen verstärken. Jeder Prolet an der Bude aber weiß es besser: 1. verbirgt sich hinter aluunterstützten Verpackungen meist zuverlässig ein Gaunerbier der Kategorie Warsteiner (siehe Warsteiner) oder Beck's (siehe Beck's); 2. zerren die gierig angesetzten Lippen feinste Alupartikel in Mund- und Rachenraum hinein und erschweren das Schlucken (siehe Schluckakt, der), weil sie von der Zunge eingefangen, nach vorne transportiert, zwischen die Zähne gesteckt und dann ausgespieen werden müssen. Und an die Ökologie denkt auch wieder keiner. Daher mögen Produkte mit Alutarnung zur Stolleneinlagerung freigegeben werden.

Ammerndorfer Dorn-Bräu Seit 1730 geht die Rede so: »Was sagst du?« »Das ist fein.« (Fl. Meind.) Vornehmlich Sitzbiere, daneben **Märzen**, **Landbier-Dunkel**, **Jubiläumstrunk**, **Böcke** undsoweiter, keine Sau kann das alles saufen. Aber zum **Pils** allzeit ein »Nur zu«, denn seine Krone wie ein Berg, zehnsekündiges Finish wippt im Rachen, die reine Segnung.
An dieser Stelle ein Wort des tapferen Bierexegeten Christoph Roth: »Ich habe mich praktisch selbstlos überfressen.« Wir danken.

Anschreiben, das Keine Mitteilung Ihres Finanzamtes. Sondern Privileg des Stammgastes ab einer Zeche etwa in Höhe von dreißig Mark pro Abend. »Susi, schreib's auf«, ruft man, und Susi antwortet: »Du hast schon einen Deckel!«
Macht aber nichts. Macht man halt noch einen Deckel und noch mehr »Bierschulden«, die der Wirt früher nur mit behördlicher Genehmigung durchgehen lassen konnte.
In der Marktwirtschaft werden die Deckel irgendwann doch bezahlt und mit aufs Finanzamt genommen. Dort

bekommt man dann einen »auf den Deckel«: »Sie spinnen ja wohl!«

Anti-Saloon-League Zu übersetzen als »Anti-Kneipen-Liga«. Organisation, die sich Anfang des 20. Jahrhunderts im Rahmen der nordamerikanischen Abstinenzbewegung formierte und maßgeblichen Anteil an der Ausrufung der Prohibition hatte. Richtete sich nicht nur gegen die alkoholischen Getränke selbst, sondern auch gegen Trinkörter, Trinkinfrastruktur, Trinkanlässe. Die A. aktualisierte und politisierte die traditionelle obrigkeitliche Vorstellung von der Kneipe als Ort der Unmoral und Verwahrlosung (»Saloons are thy place of evil, my People«), indem sie ihre Funktion als Versammlungs- und Mobilisierungsstätte für Arbeiterparteien und Gewerkschaften betonte und ihr konsequent eine das amerikanische Gemeinwesen bedrohende Subversivität andichtete (»These pubs, man, they just make the people go wild, man!«). Dieser Anschauung zufolge glich die Schließung der Kneipen einem Akt moralischer Säuberung, durch den nicht nur die Arbeiterbewegung (»very bad for america«) zerstört, sondern auch die Regierbarkeit der Vereinigten Staaten wiederhergestellt werden könne (»anything under control«, »no alcohol«, »no bad guys«). Waren die Proleten erst aus den Lasterhöhlen vertrieben (»praise the lord«, »love your family« & »fuck the commies, goddammit!«), sollte Amerika schon wieder (»yes Sir!«) einig und stark werden (»America rules, rules, rules«). (siehe auch Klassenkampf, Bier und)

Apoldaer Glocken Pils 4,8% Vereinsbrauerei Apolda. Den Kellergeschmack haben wir mit kaum beginnen wollender Begeisterung registriert. Guter Hopfen war wohl nur auf der Durchreise. Ganz und gar nicht glockenhell erklingt das **Glocken Hell** (4,5%), richtiger wäre das grünspanige Büßerglöcklein. **Gambrinus Pils**: hat 4,9% und schon eine Kohle zugelegt, zeigt eine Schaumlehrvorführung, wohingegen das Etikett aufs beste geeignet erscheint, in verteilten Rollen und mit Panflötenbegleitung verlesen zu werden. Das **Spezial Dominator** erreicht trotz der dominierenden Haus- und Kellernote schon einen gewissen Charme und 5,2%, während im **Glockengießer Urtyp** (5%) die Zukunft liegen könnte. Malziger, dunkler, whiskyfarben, drückt den Kellerdominator an die Wand. Krönend der apflige **Maibock** an der 6,2%-Marke. (siehe auch Shipyard Ale) Trinken Sie die Biere in dieser Reihenfolge, dann passiert Ihnen nichts.

Arco Urfass 4,9% Arco Bräu Moos. Ein obergäriges, mildes Helles. Die **Dunkle Weiße** (4,7%) eine würzige Variante, bei der wir außer saurer Erdbeere keine fruchtigen Komponenten aufspüren konnten. Die bräuchte es dann schon. Und einen stabilen Schaum. Die **Urweiße** (5,1%) versöhnte uns wieder mit ihrem schweren nussigen Charakter.

Astra Pilsener 4,9% Bavaria-St. Pauli-Brauerei Hamburg. Schwerer Testtag, denn jetzt kommt es knüppeldick: Ist A. oder doch Holsten (siehe Holsten) das vornehmliche Schandbier der voreinst hochangesehenen hanseatischen Brautätigkeit? Immerhin: Die Hopfen kloppen ganz gut rein. Malad ist uns nicht. Heißt »Astra« vielleicht gar »astrein«? Frage (s.o.) gleichwohl vertagt. (siehe auch Moment, schönster der Woche; siehe auch Dübels Brücker Dunkel)

Auerhahn Pils 4,9% Auerhahn Bräu Schlitz. Beim Hopfen freilich noch die zu grobe Raspel genommen. Aber außer uns lobt's ja keiner. Also noch mal: Lob.

»Auf ein Bier weggehen« Neudt., Verballhornung des altbekannten Ausspruches »Auf einem Bein kann man nicht stehen«.

Aufsesser Premium Bier Hell/Dunkel 4,9%/4,7% Privatbrauerei Rothenbach. Schaum segelt ins Nasenloch, da bleibt er hängen. Bittere anfintiert, einen blitzsauberen Hopfenstich nachgelegt. Zu defensiv verhält sich das Dunkle, malzt müde vor sich hin, die Formkurve zeigt deutlich nach unten. Schlapper Abschluß. Da wird auf den Brauer noch viel Arbeit zukommen.

Augustinerbräu München Gegründet 1328, älteste Brauerei der Stadt. Ihr **Edelstoff** (5,6%) stimmt befremdlich. Einerseits wurde da im Takt gehopft und ein vollkörniges Produkt erzielt, andererseits fällt der Wille zur Weizenbiersimulation ins Gewicht, drittens trägt man den Titel »Exportbier« zur Schau, und viertens wäre nicht unbillig zu fragen, ob wir noch das Wesentliche mitkriegen. Vielleicht sollte der Baudrillard mal was sagen. Oder besser nicht. Wir trinken auch so, z. B. ein **Helles Vollbier/Lager Hell** (5,2%), wir versuchen's aus dem Glas, und gleich ist evident: »In dem Bier ist nichts los.« (A. Balze) Aus der Flasche wieder anders: Attacke der besonderen Manier, wie geschaffen für den Bau, die Baustelle. Mörtelbier. Polierbier. Jungbrunnen! Hoch die Kellen! Reißt die Mauern in Euren Köpfen ein! Nein, laßt das bitte sein.

Ausbeute, die Ist nicht das Maß der ökonomischen Knechtung und Verelendung der Beschäftigten der Brauindustrie, sondern stellt die auf den Malzeinsatz bezogene Extraktmenge dar, die beim Maischen löslich gemacht und durch das Läutern (siehe Sudhaus, das) gewonnen wird. Als glaubhaft gelten Zahlenwerte um 75%.

Autolyse, die Kollektiver und freiwilliger Hefozid der keineswegs sektiererisch veranlagten Hefepilze. Sicher aus Protest gegen unzumutbare Arbeitsbedingungen bei der Hauptgärung: Temperatur, Druck, Nähr- und Stickstoffangebot. Da sind sie eigen. Im Ergebnis der A. schmückt sich das Fertigbier mit Althefegeschmack, dunklerer Farbe als gewöhnlich, gibt sich alkalisch. Bringt

Verderbnis, Fluch und Zähneknirschen über seine Brauer. Selber schuld.

Aventinus 8,0% Weißbierbrauerei Schneider Kehlheim. Den seit 1907 gebrauten obergärigen, dunklen Weizendoppelhammerbock aus der Wiege aller heutigen Weizenbiere müssen Sie getrunken haben. Dann, und nur dann, werden Sie viele der nachfolgenden Zeilen erst verstehen lernen. Z. B. auch, daß uns die **Schneider Weisse Kristall** (5,3%) hervorragend mundete. Unerreicht und 0,1% dicker: **Schneider Weisse Original**.

B

Bad Urach Vom Kurbetrieb abhängige schwäbische Kleinstadt (berühmter Wasserfall, Burgruine). Sitz der Privatbrauerei **Olpp**. Stellt noch immer **Pils** her, das schon 1971 mit den Worten angepriesen wurde: »Das aus eigenem, besonders geeignetem Quellwasser unter Verwendung edelster Rohstoffe hergestellte Qualitätsbier ist von Meisterhand gebraut. Ein Bier für den nicht alltäglichen Geschmack. Probieren Sie's einmal.« Wer dies will, sollte es in der einsetzenden Dämmerung tun. Werbung 1980: »Abendstund hat Olpp im Mund.«

Bad Windsheimer Bürgerbräu Freiland Museum Dunkel Glas gewaschen, neu gefüllt. Hüttenkäse nach Überschreiten des Verfallsdatums. Hat das Zeug zum Szenequark, nur leider weit und breit keine Szene in Sicht. Sogar die Fachwerkdarstellung auf dem Flaschenbauch ist so tadellos irrig, daß wir nicht mal die Prozente verraten.
Während – und dieserart geht die Welt! – das **Pils** von vollendeter Bescheidenheit ist, alle Merkwürdigkeiten schön bleiben läßt und so oder so durchgeht.

Bärenquell Pilsener Spezial 4,8% Bärenquell Brauerei Berlin. Kein Hopfungsschimmer in der Berliner Pilsmisere. Geschmack gering differenziert, Geruch wenig akzeptabel. Eitergelb. Wird die Schultheissbrauerei in Kreuzberg das Fürchten lehren. Ideal zur Currywurst im Stehen. Prost, Frau Bohley!

Baggerfahrer Mögen nur zwei Dinge auf der Welt, und die fangen mit B an: Baggerfahren und Biertrinken. Verweigert man ihnen eins von beiden, gibt's Bambule. Bestes Beispiel: Gavro T., »Jugoslawe«: »Gavro T. (47) war alleine auf der Baustelle in der Bahnhofstraße in Unterföhring. Nur er, sein Bagger und sein Baggerloch. Um 10 Uhr war er mit der Arbeit fertig, jetzt sollte er auf den Ingenieur warten. Doch statt des Kollegen kam nur der Durst.« (*Bild München*, 8. Mai 1996) An der Bar des benachbarten Tele-Hotels trank der Baggerfahrer mehrere Biere. »Gegen 17 Uhr begann der Arbeiter laut zu werden. Er sang, sprach Hotelgäste an, setzte sich zu wildfremden Leuten. Eine Kellnerin holte den Hotelmanager. ›Gehen Sie, für Sie gibt's hier nichts mehr‹, sagte Manager Gunter Martens dem Baggerfahrer. Da drehte der Bauarbeiter durch. Er stieg auf seinen Bagger (13 Tonnen), walzte das Tor des Bauzauns nieder und fuhr mit erhobener Schaufel quer durch den Berufsverkehr zum Hotel. Dort raste er auf die Bierterrasse zu. Martens: ›20 Hausgäste sprangen entsetzt auf, flüchteten ins Gebäude.‹« Wie die Geschichte ausging, steht in der *Münchner Abendzeitung*: »Gottlob beschränkte sich der rasende Baggerführer jedoch darauf, aus dem Führerhaus zu rufen: ›Krieg ich jetzt mein Bier?‹ Der Geschäftsführer behielt die Nerven und antwortete: ›Nein! Denn jetzt kommt die Polizei!‹« Der konnte Gavro T. für sein »Baggertelldelikt« (Martin Buchholz) allerdings gute Gründe nennen: »›Es war heiß, ich hatte einen Riesendurst und eine Stinkwut.‹«
Merke: Bierberichte liest man am besten in bebilderten Boulevardzeitungen, in München baut man vor Hotels

»Bierterrassen«, und die beste Balkenüberschrift für diesen Artikel wäre »Bosnischer Baggerfahrer beim Bierholen« gewesen. Denn Bosnier war der Mann bestimmt. (siehe auch Kölner)

Bamberger Kaiserdom Pilsener 4,8%. »Herb-würzige Geschmacksreife durch behutsame Feingärung«, höhnt die Marketing-Abteilung ungehemmt, obwohl wahrscheinlich »Feinherbung« (siehe Feinherb) gemeint war, wobei Herbung den Einsatz von Hopfen verlangen würde, was aber höchst unwahrschein... – i wo, bald mögen wir wirklich nicht mehr. Nein, das lassen Sie einfach und sparen lieber eine Mark.

Bamberger Spezial Lager Brauerei Spezial Bamberg. Zartrauchig nach Morcheln, unerschrockene Malzigkeit.

Bannmeile, die Das Recht, eine Bannmeile zu errichten, hatten zahlreiche Städte schon im 13./14. Jahrhundert verliehen bekommen. Ursprünglich war jeder Brauer gleichzeitig Wirt. Zwangsläufig verkauften die meisten ihr Bier am eigenen Wohnsitz und in der näheren Umgebung. Wir verstehen die B. recht als eine Schutzmaßnahme vor unliebsamer Konkurrenz (siehe Reinheitsgebot, deutsches/bayerisches). D. h.: Jegliches Brauen, das über den Eigenbedarf hinausging, auch die Einfuhr fremden Bieres wurde innerhalb der B. strengstens untersagt und mit Sanktionen belegt. Betroffen waren vor allem ländliche Brauer und herrschaftliche Güter, die als Getreideproduzenten billigeres Bier hätten herstellen können. Kamen die Städter den Konkurrenten auf die Schliche, war es keineswegs Zeit für Allotria und heiteren Scherz, da gab es ordentlich eins auf die Mütze. Ja, im Ver- und Gebieten waren die Deutschen schon immer Spitze. (siehe auch Bierrevolten/Bierkrawalle; siehe auch Dortmund)

Barfüßer Eine im Jahr 1994 vollbrachte Brauereineugründung ohne Einflußnahme etablierter Unternehmen.

Das im alten Mautkeller zu Nürnberg untergebrachte Brauhaus wurde praktisch der hallengroßen Gaststätte eingegliedert, damit man schön sehen kann, wie Bier so geht. Es dominieren nach den Maßstäben der Erlebnis-Surround-Philosophie folglich Stilelemente, die im Grunde weder neu noch erträglich sind. »Das kleine Brauhaus«, wie man sich nennt, zwingt darüber hinaus seine Angestellten, die Firmeninsignien auf der Brust herumzutragen. Das ist so ärgerlich wie manch depressiv angehende Up-to-date-Huberei: Wer es nicht lassen kann, bestellt ein 5 l-Holzfaß für DM 53,– und erledigt das Zapfen selbst. Ein lupenreiner Quatsch.
Während das eigentliche Bier nicht übel munden will. Die **Barfüßer Blonde**, ein Zwickel, trabt keck daher, gefällt durch ihre Spritzigkeit, ihre fruchtigen Obertöne, einen vollen Körper und ein mutiges Finish. Labiler das dunkle Pendant (**Barfüßer Schwarze**), dem alles, was ein Schwarzbier braucht, in erster Linie die Malznote fehlt, da darf ruhig mal filtriert werden. Ob in Badelatschen, Gummistiefeln oder barfuß, ist uns eigentlich egal. Nur zugucken wollen wir nicht.

Bass Pale Ale 5,0% Bass Brewers Burton-On-Trent/ Großbritannien. Eines der meistgetrunkenen und vergleichsweise seltenen Flaschenexportales, ein rechter Klassiker, dessen Renommee sich stark kalziumsulfathaltigem, Schwefelsäuregeschmack evozierendem Wasser verdankt. Glaubt man den Weltbierexperten, begründen solche Ausgangsbedingungen einen starken Körper und deutliche Herbheit. Die im »Burton-Union-System« ratifizierte Technik der Holzfaßgärung aber ist heute obsolet. Erzielt wird eine nachhaltiger als die Kneipenversion gehopfte Brauschönheit, die uns rötlich schimmernd anstrahlt, deren Schaum sich zierlich wölbt. Keine falsche Bescheidenheit! rufen wir, und alle, die zwischen friesisch-herb und Münchner Süße eine Alternative suchen, fallen einfach mit ein.
Die achtzigtausend anderen Ales (Mild, Bitter, English

Brown, Old, Barley Wine; siehe Ale) muß man meisthin am Tresen vor Ort untersuchen.

Bayer Pilsener 5,0% Bayer-Bräu Rothenfels, an sich kein schlechtes Omen. Aber Freunde, so dann doch nicht! So nicht. So gar nicht. So ein blödes Etikett. Da wurde wieder alles falsch gemacht.
»Schmeckt nicht nach Hopfen, schmeckt nicht nach Malz, schmeckt nach Bier«, sagt wer vor sich hin. Also, jetzt ist auch wieder genug. Erst recht mit dem **Fest-Märzen**, einem »Dunklen Märzenbier der Premiumklasse«, ja, vor allem mit dem, mit dem keck angewürzten Festzeltfreizeitblödsinnsbier. Mit dem ist jetzt aber definitiv Ende!

BBK (Bayerische Brauerei Kaiserslautern) Export 5,3%. Kaiserslautern. Nacht. Gewitter ziehen herzu. Das Autorengespann Gsella/Lenz/Roth läßt ab vom pikanten Bischoff-Pils (siehe Bischoff), startet den Kadett und fährt los. Regen setzt ein. Stark wehet Wind, Wasserfluten schwappen über den Asphalt. Gsella steuert Richtung Norden, kommt ins Schlingern und hält das rasende Vehikel doch auf Kurs.
Im hinteren Teil des Großraum-PKWs steht ein Kasten mit erlesenen Pfälzer Bieren. Daneben harret aus der Verkoster; ruft sodann: »Jetzt noch ein gutes Bier!«, erntet prompt Applaus, und die Buddel kreist.
Mehr weiß man zum Zeitpunkt der Niederschrift auch nicht mehr.

Becker's Pils 4,9% Brauerei Becker St. Ingbert. Langfassung von Beck's (siehe Beck's), noch langweiliger, stockiger, versafteter. Schon schal, bevor man's öffnet. Hier wäre mal eine Klage fällig.
Tip: Halten Sie z. B. ein Bischoff (siehe Bischoff) dagegen; dann wissen Sie für alle Zeiten, was ein gutes und was ein schlechtes Pils ist.

Beck's Spitzen-Pilsener 4,7% Brauerei Beck & Co. Bremen. Eigenartig: schmeckt immer so, wie man sich gerade fühlt, also meistens schlecht. Nicht recht pilsig, auch ohne rechten Schwung.

Beerfelder Felsen Pils 5,0% Privatbrauerei Felsenkeller Familie Schmucker. Rostige Gaumenbreite, sonst unauffällig. Sonst noch was? Nee.

Belle-Vue Gueuze Lambic 5,2% Belle-Vue Brasserie Bruxelles/Belgien. Der ansprechende Hopfenduft weicht einer interessanten, malzig durchsetzten Säure mit unvermutetem Pfirsich-Finish. Als Lambic ein Massenprodukt, in der Tat, aber nicht verwerflich. Verwendung von Weizenmalz, spontane Gärung und Reifung in Holzfässern halten dafür. Gemeinsam ist all diesen Lambics, daß sie keine Gemeinsamkeiten vertragen. Außer ihrer Unberechenbarkeit.

Bellheimer Lord Pils 4,9%. Privatbrauerei K. Silbernagel. Erst raucht und kräuselt der Hopfen, dann entweicht ein faulstichiges Bukett, und rigoroser Malzeinsatz (zwei Minuten wegen übertriebener Härte) macht zu guter Letzt alles zuschanden; trotz Wichtig-wichtig-Alu-Bestückung, trotz Wichtig-wichtig-Etikettenkunst, trotz umseitigen Wichtig-wichtig-Hinweises, Wasser »aus eigener Tiefquelle [...], welches bereits vor 700 Jahren ohne negative Umwelteinflüsse abregnete«, finde Verwendung.
Mario »Der große Bellheim« Adorf hat schon abgewunken.

Benn, Gottfried Schrieb u. a. die Gedichtzeilen »das Bier heben, soliden Blicks, schaumgeboren – reiner Abendausklang« und »Was schlimm ist: bei Hitze ein Bier sehen, das man nicht bezahlen kann.«
Eine kleine Spende bitte für den Herrn B.

Berliner Kindl Original Weisse 2,5%. Die Berliner Kindl Brauerei schreit dieses Zeugs aus wie Sauerbier. Mit

Erfolg. Prickelnd zitronensäuerlich. So was hält sich auch noch bis April 1999. Zwei der Verkoster traten spontan zum katholischen Glauben über, in der irrigen Auffassung, der teuflische Belag auf der Zunge wiche wenn schon nicht vor Ablauf des Verfallsdatums, so doch in den nächsten Jahrzehnten. Wir halten Sie auf dem laufenden.

Berliner Kindl Pils 4,6% Berliner Kindl Brauerei Berlin und Potsdam. Siehe Rex Pils.

Berliner Pilsner 5,0% Berliner Pilsner Brauerei. Hat sich noch am ehesten seinen schon zu DDR-Zeiten exponierten Geschmack erhalten. Würziger Malzbratenfond auf Hopfenschößlingsalat. Oder an? Oder wie sagt man da?

Bestellregeln Sind oft rätselhaft, so daß zwischen biertrinkendem, in die heiligen Orderrituale uneingeweihtem Gast und Wirtschaft nicht selten Zwist erwächst. Muß man an den Tresen vorrücken, um alert Nachschub zu erhalten? Hebt man bloß die Hand inmitten des allgemeinen Gelabers, ohne den Kopf in Richtung Kellnerin zu verrenken? Oder sind Augenkontakt, heftiges Nicken, dickes Schmiergrinsen vonnöten? Weil der Gammelsack von Zapfer sonst keinen Finger rühren würde? Warum ist das bloß alles so kompliziert? Könnte da nicht der Professor Luhmann mal ein Paper basteln, etwa in der Art: »Bierdiskursimmanente Rationalitätskriterien konsensuellen Informationsaustausches unter trinkenden und ausschenkenden Interaktionspartnern vermöge strukturell überdeterminierter Systemimperative«? Oder Habermas?

Bettschwere, die Nicht vorenthalten wollen wir dem Weltpublikum folgende Biereinlassungen des Spitzenanthroposophen Rudolf Steiner:
1. »Derjenige, der am Abend, wie man es in deutschen Landen früher oftmals gehört hat, immer die Notwendigkeit verspürt hat, soviel Bier zu trinken, daß er die nötige

Bettschwere hat – das ist eine Redensart, die man oft hören konnte –, der wird, nicht so sehr, weil er Bier getrunken hat, sondern weil er solche Neigungen hat, ganz anders die Schulzimmertür aufmachen und in das Zimmer hereintreten als der, welcher sich vielleicht die nötige Bettschwere am Abend vorher dadurch erworben hat, daß er, sagen wir, ein Ernsteres nachgedacht hat über diese oder jene Weltanschauungsfragen.«
2. »Auf die Weise, wie es heute viele Menschen machen, bekommt man allerdings den Einfluß der übersinnlichen Welt nicht herein: sie trinken abends so viel Bier, daß sie die nötige Bettschwere haben. Ja, da gelingt es einem allerdings nicht, vom Einschlafen bis zum Aufwachen in der übersinnlichen Welt so zu verweilen, daß dann dieses übersinnlich Erfahrene auch wirklich herein kann.«
Wir werden seiner ewig gedenken.

Bibliothek In die B. gehen, euphemistisch für das Aufsuchen eines Bierhauses. Geht auf den im Jahre 1875 verstorbenen Baron Siegmund Kemeny zurück, der sich als Redakteur des *Pesti Naplo* mit Bischof Danielik für den Zweck zusammentat, berühmte Bierstätten zu überprüfen. Als sie Pest und Wien durchforscht hatten, beschlossen sie, nach München zu gehen. Sie fanden das königlich-bayerische Brauhaus. Drei Tage später berichtete *Pesti Naplo*: »Der Redakteur unseres Blattes, Freiherr Siegm. Kemeny, ist gestern in Gesellschaft des Bischofs Danielik nach München abgereist, um die dortige königliche Bibliothek zu studieren.« In vertrauten Kreisen des Barons war seither »in die Bibliothek gehen« eine durchaus gängige Redensart, das Durststillen zu bezeichnen.

Bier, das Zur Definition befragen wir als Streckengänger der Bierentwicklung ein x-beliebiges Lexikon: »Aus Malz, Hopfen, Hefe und Wasser durch Gärung gewonnenes, moussierendes alkoholisches Getränk.« Stimmt. In seiner Exzellenz nur noch dem gleißenden Klang und Glanz elektrisch betriebener Gitarren gleichzusetzen, ergänzen wir. Was die Unterscheidungen anbetrifft, verweisen wir auf die jeweiligen Spezial-Einträge (siehe Ale, Alt, Bock, Doppelbock, Dunkel, Export, Kölsch, Kofent, Lagerbier, Pils, Stout, Weizenbier usw. usf.).

Bis die kulturgeschichtliche Entwicklung uns ein Getränk bescheren konnte, das würdig scheint, Gegenstand unserer Erhebungen (siehe Standardwerk zum Bier, das) zu sein, hat sich eine Unmenge ereignen müssen. Als nahezu bombensicher gilt, daß die Sumerer mit der zufälligen Erfindung dieses Getränks beauftragt wurden. Einige Quellen datieren jenen Vorgang 10 000 Jahre zurück, andere höchstens 6000. Auf jeden Fall entdeckten Jäger und Sammler die Vorteile eines geruhsamen Ackerbaus und einer gepflegten Viehzucht, vulgo der Seßhaftigkeit. Brot soll in feuchtem und nassem Milieu zur Gärung gelangt sein, und zufälligerweise hat die miefige Pampe auch noch jemandem geschmeckt respektive: Es ist ihm bekommen. Das war's dann im wesentlichen. (siehe auch Ur-Bier)

Unsinn. Ein nächster Schritt wurde fällig, und er muß von der Erkenntnis getragen worden sein, daß auch unverbackenes, geröstetes Getreide solche Ergebnisse zeitigt. Die Initiatoren der Gärung waren wilde Hefen (siehe Hefen, wilde) und Milchsäurebakterien; deren Träger vorzüglich Honig, Früchte zudem. Präferierte Getreidesorten schon damals: Gerste und Emmer, ein Weizenfreund. Man stelle es sich als getreidekorn- und/oder brotklumpenangereicherte Suppe vor. Diverse Gewürze inklusive. Für den Genuß machten sich Trinkrohre erforderlich und beliebt. (siehe auch Gang, aufrechter)

Schon die Ägypter (siehe Ägypter) wußten um die segensreichen Eigenschaften des Mälzens, ließen also das Getreide munter keimen und vereinfachten somit die für eine Erfüllung des Rauschwunsches wesentlichen Abbauprozesse. Bemühungen um geschmackliche Ausgewogenheit erschöpften sich vornehmlich in der Applikation von Rettich oder Wolfsbohne, Alraun, Safran, Anis und Eichenrinde.

Griechen und Römer kannten zwar den »Gerstenwein« (siehe Abscheu/Ekel) und die Verfahren seiner Zubereitung, standen einem entsprechenden Genuß jedoch ablehnend gegenüber. Anders Kelten und Germanen (siehe Germanen, alte; siehe »Edda«, Satz der). Mit Weinmachen war da oben nicht viel. Üblich auch hier Gerstenbier mit Honiggärung. Der Ursprung in hiesigen Breiten wird auf etwa 1500 vor dem Lattengustl beziffert. Ausgangsbasis: Fladenbrote. Welch zentrale Rolle das Bierbrauen und -trinken in der germanischen Kultur spielte, geht aus der Tatsache hervor, daß nach nordischer Mythologie der Himmel einem Braukessel entspricht (siehe Ymir). Während traditionell dem männlichen Teil der Population das rituelle und auch sonstige Gustieren oblag (abnehmbare Trinkhörner auf den Helmen), war die Herstellung Sache der Damen – wie fast allerwärts noch bis zum Anbruch der Neuzeit. Bei ihnen schon in Gebrauch: primitive Darren zur Vermälzung der Getreidekörner. Aufbewahrt wurde das Met genannte Getränk in Tonkrügen, die man unter der Erde verstaute (vergrub). Einem weiteren Zufall wird es zu verdanken sein, daß irgendwer darauf verfiel, den Getreidebrei zu sieden (siehe Sudhaus, das). Ob nun verschiedenste Beeren und Pilze die Genießbarkeit für damalige Verhältnisse gesteigert haben, steht dahin. Getrunken aus der puren Not, muß den teils rabiaten Einschätzungen ausländischer Besucher vorbehaltlos zugestimmt werden (siehe Nationalneigung zum Trunke, deutsche). Unseren aktuellen geschmacklichen Vorstellungen dürfte die Plärre nicht einmal andeutungsweise entgegengekommen, vielmehr strikt zuwidergelaufen sein.
Im Mittelalter spielten sich die uns interessierenden Entwicklungen der Brautechnologie in den Klöstern ab (siehe Klosterbrauereien). Geschickt nutzten sie ihren Status. Experimentiert wurde mit fortgeschrittener Apparatetechnik und allen verfügbaren stärkehaltigen Früchten: Bohnen, Rübenstrünke, Hafer, Hirse sowie Würzzutaten (siehe Grutbier; siehe Kräuterbiere). Von Hopfen ging indes immer intensiver die Rede. Das Wissen der Klöster zapften

etwa seit dem 12. Jahrhundert auch die städtischen Braukommunen (siehe Braukommune, die) an; die Städte selbst dokumentierten in Form von Brauverordnungen und späterhin zahllosen Bierstrafrechtskatalogen (betreffend das Bierfälschen durch zweiten Aufguß, Mischung von altem und neuem Bräu, Verwässerung, Malzreduktion oder Zugabe von bierfremden Stoffen wie Kreide, Laugensalz, Opium und Branntwein, Kalk und Seife) einen gewissen Willen zur Stabilität (Polizeigewalt, i. e. Bierinspektorenwesen). Zuletzt wurde die Bildung von Bierzünften und -gilden zugelassen, reine Zwangssysteme nach allen Seiten.

Notgedrungen gingen dem mittelalterlichen Brauer also, um mal brautechnisch fortzufahren, Kenntnisse über die biochemischen Vorgänge des Gärens und Reifens völlig ab. Forschernatur, Ausdauer, Ehrgeiz und Ehrlichkeit waren es nicht, die sein Charakterbild bestimmten. Notorische Problemperson wäre zutreffender als Bezeichnung. Beim Brauen also Arglist und Zufall, wo es nur ging. Das Sieden war mittlerweile gängige Praxis. Sonst noch nicht viel Neues.

Der Hefe kam man erst und sehr vorsichtig im 16. Jahrhundert auf die Spur. Bis dahin war alles Brauen wild und obergärig. Und Glückssache. Oft überwogen Gärungsnebenprodukte (siehe Vicinale Diketone) und in deren Folge partielle Lähmungen, die besonders den Schließmuskel zur Aufgabe seiner angestammten Funktion zwangen. Tagelang mußte der Leibstuhl gehütet werden. Eine erste Revolution leitete die Entdeckung der untergärigen Hefe ein. Lagerbiere erfreuten die Gemüter und die Verdauungstrakte, aber auch die Steuersäckel der Feudalherren. Die Wegschüttquote fiel auffällig unter 50%, denn nun ersannen Braumönche Ende des 17. Jahrhunderts die künstlich mit Eis von ihren Fischteichen forcierte lange und eben kalte Reifung (siehe Gär-/Lagerkeller, der). Das Reinheitsgebot (siehe Reinheitsgebot, deutsches/bayerisches) spielte auch noch irgendeine Rolle.

Richtig spannend wurde es mit der Einführung der Ge-

werbefreiheit im Zuge der Französischen Revolution, Zollschranken, Bannmeilen und Bierzwang fielen. Das Jahr 1880 sieht 19 000 Brauereien im Deutschen Reich. Kein Wunder: 1818 erfand man die Heißluftdarre, die die Rauchofendarre (siehe Aecht Schlenkerla) ablöste, das machte immer hellere Biere möglich. 1842 setzte der Siegeszug des Pilseners wegen seiner hochangesehenen Veredelung der untergärigen Brauweise ein, 1843 erblickte das Saccharometer das Licht der Sudhauslampen. 1860 nahm man in Hannover die erste Eiskühlanlage in Betrieb, ihr folgten 1867 die erste Flaschenabfüllung großen Stils (siehe Flaschen-/Faßabfüllung, die), 1870 die für Hygiene und Haltbarkeit bahnbrechenden Entdeckungen Louis Pasteurs und 1877 die durch Carl von Linde entwickelte und mit Ammoniak betriebene Kühlmaschine. 1880 stellte Emil Christian Hansen Reinzuchthefen her. Die Bierverfertigung war nicht mehr länger von Jahreszeiten abhängig. Kühlung und untergärige Hefe: die Schlüssel zum modernen Bier, nicht nur, weil kühle Biere frischer anmuten. 1878 reüssierte Lorenz Enzinger mit seinem Filtrationsapparat, und man konnte endlich klarer abfüllen und sehen. Zum Beispiel den Ausschank (siehe Schankhygiene, die). Isobarometrie mit Druckluft/Kohlendioxid bei Abfüllung und Faßausschank setzten als Schaum- und Frischegaranten dem Bier das Sahnehäubchen auf, entsprechende großindustrielle Produktion, betriebliche Spezialisierung (Mälzerei, Hopfenhandelsbetriebe) und steigender Kapitaleinsatz führten uns an die Schwelle des Jahres 1997.
Fehlte eigentlich nur noch unser Lexikon.

Bier, asiatisches Am Anfang war das Tsingtao-Bier. Man kennt es in Deutschland, seit chinesische Restaurants erstmals ihre Tore öffneten. Weil das Angebot an asiatischer Gastronomie inzwischen größer und vielseitiger geworden ist, sind jetzt auch Sorten aus anderen Ländern des Kontinents geläufig, allesamt leichte, eher süße Stoffe.

Tsingtao (4,5% Tsingtao Brewery, die im übrigen auf eine deutsche Kolonialzeitgründung zurückgeht) aus dem gleichnamigen Ort gilt längst als Klassiker. Schmeckt leicht herb. Zur Nummer eins unter den asiatischen Bieren hat sich indes das japanische **Kirin** gemausert (4,8% Charles Wells Bedford/Großbritannien), dem neben Reis auch Mais beigemengt wird. Seinen Titel erhielt es nach der mythologischen Figur des Kirin, einem Glücksbringer – kein schlechter Gedanke. Genauso süß und ähnlich gut mundet **Tiger Gold Medal Beer** aus Singapur (5% Asia Pacific Breweries). Leider schweigt man sich über etwaige Ingredienzien geflissentlich aus. Aber irgendwas muß drin sein.

Und wovor gehört gewarnt? Allemal vor **Hite** aus Korea (4,5% Chosun Brewery). Das Etikett gibt zu verstehen, Hite enthalte »Water, alcohol, carbohydrate, high protein, ash, acid, carbonic acid gas« und werde mit »100% natural water found 150 m underground« gebraut. Die Bestätigung folgt auf Gaumen und Fuß – Gesamteindruck: äußerst wäßrig, biertypische Eigenschaften kaum zu entdecken. Doch dank seines leicht herben Abgangs wenigstens noch geringfügig bessere Noten als **Halida** (Vietnam).

Ähnlich lustlos und unentschieden präsentieren sich diverse andere Sorten. Während das indische **Kingfisher** (4,8% UBSN Ltd. Faversham/Großbritannien), ein Produkt aus der britischen Kolonialzeit, gegenüber der asiatischen Generaltendenz durch seine transparente Hopfennote besticht. **Lai Toofan** hingegen (4,6% Red Storm Neu Delhi), das in Anlehnung an einen ganz speziellen Wüstensturm benannt wurde, repräsentiert süße, breite Mittelmäßigkeit.

Nicht anders das thailändische **Singha**. Zu scharfen Kokosmilch- oder Currysoßen paßt es glänzend, außerhalb entsprechender Mahlzeiten sollte man allerdings die Finger davon lassen. By the way: Singha wurde für einen Krimi des Haffmans-Verlages gecastet. Der Fan heißt Roger Graf und sein Buch *Tödliche Gewißheit*. Hut ab!

Bier, August Chirurg. Entwickelte angeblich die Behandlung von Entzündungen durch künstlich hervorgerufene Blutstauung sowie die Lumbalanästhesie. Nach ihm wäre das Bier benannt worden, hätte es nicht schon vorher seinen Namen gehabt. Deshalb drehte er den Spieß einfach um. Und tat was? Operierte weiter.

Bier, das erste Mythisch besetzte Wendung ähnlich der vom ersten Schamhaar, Kuß, Geschlechtsakt oder Mofa. Im Gegensatz zu den vier letztgenannten Mythen bleibt der vom ersten B. allerdings recht schal. Das ganze Geheimnis lautet: Mit ungefähr sieben Jahren bekommt der Junge die Erlaubnis, an Papas Bier zu nippen, und findet den Geschmack abscheulich. Es folgt eine Latenzzeit von fünf bis sechs Jahren. Nach Ablauf dieser Schonfrist geht der Junge auf die ersten Feten (Feste, Parties, Events), trinkt eines Tages eine Flasche leer und hat nun endlich genug Mut, auf das von ihm geliebte Mädchen zuzugehen. Leider kann er ausgerechnet jetzt nicht sprechen, sondern lallt, wankt, sabbert und hat eine Fahne.
Bei Mädchen ist es selbstverständlich andersrum. Sie bitten den Jungen ihrer Wahl, ihnen das erste B. zu öffnen, setzen sich mit vierzehn Freundinnen kreisförmig auf den Boden und trinken gemeinsam den Flaschenhals leer. Danach sind sie alle voll bis unter die Haubitzen und quasseln stundenlang über Jungs, aber in einer Geheimsprache. Zu erkennen ist nur, daß sie vor Lachen kaputtgehen, wobei sie sich in höchst verschwörerischer Weise gegenseitig anditschen.

Bier, gutes Ewiger Streit: Was ist ein gutes B.? Abgesehen davon, daß ein gutes B. zunächst gebraut werden muß, verdankt es sich auch einer entsprechenden Behandlung seitens des Wirtes und seitens des Konsumenten. Der Bierhistoriker Schranka faßte vor über hundert Jahren folgende Bestimmungen zusammen:
»Es ist nicht genug, gutes Bier zu brauen und in die Welt zu schicken, man sollte auch jedem Wirth und Trinker die

Behandlung lehren! Neun Zehntel der Wirthe verstehen nicht einzuschänken, und neun Zehntel der Trinker verstehen nicht zu trinken! Dem Biere muß seine Kohlensäure erhalten werden bis zum Munde des Trinkers. Durch die Kohlensäure nur bekommt uns das Bier gut. Durch mehrmaliges Umgießen verflüchtigt sich die Kohlensäure, desgleichen auch durch Erwärmung.
Also 1. Bedingung ist: Berührung des Bieres mit der Luft und Erwärmung zu vermeiden so viel als möglich; 2. das Bierglas dicht unter dem Hahne halten. Verkehrt ist aber das Einschänken unterm Hahn und Auf- und Niederfahren des Glases oder gar Luft einzuspritzen, wodurch die Kohlensäure geradezu gemordet wird. Die meisten Trinker, die kein Verständnis haben, wollen aber viel Schaum sehen. Wirth und Trinker sagen bei viel Schaum: ›Das ist ein Bier!‹ Der Verständige sagt aber: ›Das ist kein Bier!‹«
Ende der Diskussion.

Bier, Milch und »Die dicke Frau regte mich auf. Milch und Bier – ich war sehr traurig und beobachtete den Wagen, der jetzt mit gefährlichem Schwung um die Ecke sauste.« (Ralph Ellison: *Der unsichtbare Mann,* Zürich 1995)

Bier, Rolf Als langjähriger *Bild*-Redakteur hat Rolf B. sicher schon so einiges hinter sich gelassen: Kommentare zum Weltgeschehen, Hausfrauentips, ausufernde Schreckensszenarien, neckische Texte unter nackichten Damen, Leserbriefe, Klatsch, Tratsch und anderen Unfug. All das freilich wiegt nix gegen den Text, mit dem er am 30. Januar 1996 endlich »sein« Thema, sein auch in Zukunft nicht mehr loszulassendes und stetig zu beackerndes Top-Sujet und mit diesem gleichsam auch zu sich selbst fand: nämlich Bier. Und wahrlich, selten sah man ein so leidenschaftliches, aber auch faktenreiches, eben rundum triumphales Plädoyer für mehr Bierkonsum; weshalb das gute Stück hier auch nicht fehlen soll:

Warum wir Deutsche weniger Bier trinken
Von Rolf Bier

Schluck! Die Deutschen trinken weniger Bier. *Letztes Jahr tranken sie eine halbe Million Hektoliter weniger* ***– das sind immerhin 100 Millionen Halbe!***
Warum? Erich Dederichs vom Deutschen Brauer-Bund: »Das hat mehrere Gründe.
Der letzte Sommer war sehr heiß. Da griff mancher eher zum Mineralwasser *– die Wasserindustrie legte beim Umsatz zu.*
Der Bier-Konsum der Jugendlichen geht zurück.«
Auch alte Menschen trinken weniger Bier. *Da die deutsche Bevölkerung immer älter wird, hat das spürbare Auswirkungen auf den Verbrauch.*
Die Gesundheitsdiskussion schreckt viele ab *– obwohl Bier, in Maßen genossen, vor Herz- und Kreislauferkrankungen schützt.*
PS. ***Bier macht übrigens nicht so dick wie Wein.*** *Ein Liter Gerstensaft hat 440 kcal. Ein Liter Wein 700!*

PPS. Bei seinem Hausblatt ist Rolf Bier verantwortlicher Redakteur im Ressort »Wirtschaft«.

Bier, vergewaltigtes Anläßlich der Feierlichkeiten zum 125jährigen Jubiläum der Kronen-Brauerei in Remmingsheim/Schwaben sagte Festredner Richard Simon, Diplombraumeister und Studiendirektor der Ulmer Brauschule, zu den mehreren tausend geladenen Gästen: »Heute können Sie ein Bier genießen, dessen Preis seit 125 Jahren gleich geblieben ist – Freibier«, warnte aber zugleich: »Bier ist zum Wohlsein und nicht zum Vollsein. Oder soll Ihr Führerschein einen Osterurlaub in Flensburg machen?« Inhaber Alfred Schimpf, Brauer in der vierten Generation, zeigte sich stolz auf sein Produkt: »Deutsches Bier, reines Bier!« Und doch: »125 Jahre Brautradition sind fürwahr ein mühsames Geschäft.« Da sprach Brauer Max Jungblut ein gewichtiges Wort: »Ein

Bier, das ein Jahr haltbar ist, ist für mich ein vergewaltigtes Bier.«

Bier, warmes Sie haben Grippe. Glieder schmerzen, Augen tränen, die Nase läuft. Was tun? fragte Lenin, kündigte dem Syndrom einen kompromißlosen Kampf an, erhitzte seine allabendliche Flasche Bier im Wasserbad und legte sich zu Bett. Am nächsten Morgen war er wieder ziemlich fit, nahm den erstbesten Zug nach Moskau und gewann die Revolution.
Zur Nachahmung empfohlen.

Bieraphorismen, verhauene 1) Das letzte Bier ist immer schwer zu trinken, weil es das letzte ist. 2) Das letzte Bier gemahnt an spätere Biere. 3) Das letzte Bier deutet immer auf den Kneipenschluß hin. 4) Das letzte Bier war deutlich zu schnell gezapft, kam aber erst um eins. (kein Apho.) 5) Das letzte Bier ist gut.

Bierasyl Siehe Bürgerhof.

Bierbauch Gibt es nicht. (siehe Erblichkeit/Genetik)

Bierbaum, Heinz Erster Bevollmächtigter der IGM-Bezirksleitung Frankfurt/Main. Soll »ganz nett« (S. Voelckel) sein.

Bierbaum 2 Heißt ein auf der Berlin-Neuköllner Sonnenallee gelegenes Lokal von annähernd furchteinflößendem – oder jedenfalls sehr, sehr uneinladendem – Äußeren. Was sich drinnen tut, weiß niemand. Nachgerade rätselhaft mutet es an, daß auch über die Existenz einer *Bierbaum*-Mutterfiliale, die ja durch die im Namen integrierte 2 impliziert ist, einfach nichts bekannt wird. Wahrscheinlich ist das Ganze nur eine durch Biermangel verursachte, allerdings üble Erscheinung.

Bierbörse, die So was ähnliches wie Sparschwein. Noch nicht ausgereift.

Bierboykott/Bierstreik Aktionsform, mit der organisierte Arbeiter durch kalkulierten Konsumverzicht ihre klassenspezifischen Interessen zu artikulieren versuchten. So boykottierten sozialdemokratisch organisierte Proletarier ab den achtziger Jahren des 19. Jahrhunderts zunächst Saal- und Gastwirtschaften, die in ihren Räumen keine politischen Veranstaltungen zulassen wollten, und späterhin verstärkt Brauereien, die Entlassungen vorgenommen hatten, Lohnerhöhungen ablehnten und eine Verbesserung der Arbeitsbedingungen nicht gewähren wollten.
Im Unterschied zur Bierrevolte (siehe Bierrevolten/Bierkrawalle) verlagerte sich nun der Widerstand zum einen von der Konsumtionssphäre (teures, schlechtes Bier) in die Produktionssphäre (schlechte Arbeitsbedingungen beim Bierbrauen); zum anderen war man gut organisiert und pflegte die nachdrückliche Agitation schon im Vorfeld. Zwar riefen die B. regelmäßig starke Gegenwehr der Brauer hervor (Aussperrungen, Boykottschutzverbände, Preisabsprachen), doch am Ende mußten die Esel klein beigeben, um nachhaltige Absatzeinbrüche zu verhindern.
Einmal mehr war es der SPD-Parteiführung vorbehalten, brav zu verhandeln und mit den Brauerei-Bossen allerlei Bestimmungen klarzumachen, welche den Konflikt in bewährter Manier vorbildlich zum Erliegen brachten.

Bierbrauer, Hans Bürgerlicher Name eines Porträt-Zeichners, der es unter dem Pseudonym »Oskar« in den siebziger Jahren zu kurzfristiger Fernseh-Berühmtheit brachte.

Bierdeckel, der Auch Bierfilz (siehe Bierfilz, der) genannt, war der B. einst ein vielfältig dienstbarer Datenträger, den das Personal beiderseits der Biertheke als

Informationsquelle, Organisationshilfe, Kommunikationsmittel und zur Speicherung von Nachrichten, Neuigkeiten und Notizen jedweder Art fleißig nutzte. Einfach in der Bedienung und vor allem ohne maschinelle Hilfe zu handhaben, verfügte der B. über immerhin zwei Benutzeroberflächen, von denen zwar die eine traditionell ausschließlich den Daten der Brauereien vorbehalten war, die andere aber allen sonstigen Anwendern frei zur individuellen Verfügung stand.
Wirte gebrauchten den B. gerne für ihre Buch- bzw. Bierführung. Mittels ausgefuchster Strich- und Kreuzchen-Codes sowie ausgefeilter Kürzelschriften behielten sie die Übersicht am Tresen. Auch erledigten sie auf ihm ihre Rechnungen und erhoben ihn gar zum offiziellen Schuldschein, dem sog. Deckel (siehe Anschreiben, das), dessen Daten erst dann als getilgt galten, wenn er vollständig gelöscht, also geknickt oder zerrissen im Ascheimer gelandet war. Ungelöschte Deckel tauchten auch schon mal als prozeßverwertbares Beweisstück auf einem Richtertisch oder in den Unterlagen eines Gerichtsvollziehers auf.
Vor allem bot der B. Biertrinkern reichlich Platz für allerlei Notizen, Adressen, Telefonnummern und das, was einem nach zwei bis zweiundzwanzig Bieren notierenswert erscheint. Sogar als Brief- und Geschäftspapierersatz fand der B. rege Verwendung. Wetten, Eheverträge und Erpresserschreiben wurden auf ihm ebenso niedergelegt wie millionenschwere Kontrakte! Auch Gemälde hat man auf ihm entworfen, Sinfonien und Gitarrensoli komponiert, Arien getextet, Gedichte geschrieben, Romane skizziert.
Heutzutage ist der früher so vielseitig nutzbare Datenträger zum lediglich zweiseitigen Werbemedium (siehe Bierfilz, der) verkümmert, denn mittlerweile sind beide Benutzeroberflächen allein für die Daten der Brauereien reserviert. Abgesehen von einem viel zu schmalen Rand bleibt schlichtweg kein Raum mehr für eigene Notizen. Die müssen wir uns jetzt daheim machen, auf modernen Datenträgern wie der Floppy disk oder der CD-ROM. For-

mate immerhin, die denen des Bierdeckels sehr ähneln, aber sonst wenig Praktisches mit ihm gemein haben. Niemand würde doch sein Bierglas auf einer Diskette abstellen.

Bierdurchfall Folge einer Dissonanz von Bierkonsum (vor allem Weizen) und Magenkapazität. Werden deutlich mehr Bierkalorien zugeführt, als der Magen verbrennen kann, gibt er das Überschüssige unbehandelt an die Därme weiter. Dort vermengt es sich mit Verdautem, verflüssigt es und quillt es auf. Im Rahmen eines quasi bipolaren Gärungsschubes potenzieren sich die Moleküle beider Stoffe zu einer alkoholhaltigen, schaumig-blasigen Masse von etwa suppenhafter Konsistenz, die durch den Dickdarm flutet und vom Schließmuskel nur kurzzeitig zu stauen ist – hier sollte der Betroffene das Trinken unterbrechen und aufs Klo gehen.

Biere, meistgetrunkene Ein Reigen des Elends. In der Reihenfolge Warsteiner, Krombacher, Bitburger, Holsten, Veltins, König, Paulaner, Beck's, Diebels, Henninger, Licher, Hasseröder, Karlsberg, Jever, Radeberger, Erdinger, Binding, Oettinger, Berliner Kindl, Stuttgarter Hofbräu, Feldschlößchen, Schultheiss, Dinkelacker. (Nach einer Statistik der »Brauwirtschaft«, dokumentiert in der *Wochenpost* 24/1996.)
Zum Glück gilt das alles nur für die BRD. Und die Fluchtwege sind zahlreich.

Biereinkauf, der Brecht notierte im *Arbeitsjournal* (2. August 1945): »treffe schönberg vor einem drugstore. er beklagt sich über seine krankheiten und das autorenrecht, nach dem sein sohn womöglich schon im alter von 28 jahren keine tantiemen mehr bekommen wird. der alte mann erzählt mir das schon das dritte mal. ich spreche die vermutung aus, daß in 25 jahren der kapitalismus anders aussehen wird, wenn er noch aussieht. er antwortet, andere regierungsformen seien nicht so gut ausprobiert, und er sei sogar für monarchie, da es republiken kaum je über ein paar hundert jahre bestand hinausgebracht haben. dann verabschieden wir uns sehr höflich, und ich fahre das bier heim.«

Biereis am Stiel Mittlerweile in der Tat erhältlich; heißen tut's »Bier-Zapfen«, produzieren tut's die Prenzlauer Milch GmbH. Wenn der Brauer Eis hört, denkt er an dreierlei: Eisbock, Eiskühlung im Gär-/Lagerkeller (siehe Gär-/Lagerkeller, der) und Kältetrübung (siehe Kältetrübung) bei Temperaturschocks. Er denkt nicht an Bier am Stiel, denn solches ordnet er wie etwa Instant-Beer, Biermixgetränke und Warsteiner ohne Umschweife und völlig rechtens dem Reich der Verwerflichkeiten zu. Das Hopfenmalzsorbet läßt geschmacklich alles zu wünschen übrig, und alkoholisch, weil unter 3%, spielt sich der Tinnef in der Schankbierhölle ab. Das werdet Ihr am Kreuz bereuen!

Bierempirie Eigentlich Empirische Sozialforschung am Bier. Inhaltlich etwas irreführende Kurzform für einen Forschungszweig, der sich der Durchleuchtung von bierspezifischen Konsum- und Wahrnehmungsformen verschrieben hat, mit dem Ziel, Grundprinzipien einer »Pragmatik des Bieres« (H.-Chr. Schmitz) aufzuzeigen. Zwei Ansätze sind zu unterscheiden. Im Zuge des ersten soll durch teilnehmende Beobachtung herausgefunden werden, wie bestimmte Biere, Biersorten und -typen mit bestimmten Gebrauchsformen (Schütten, Nippen, Kosten, konviviales, ritualisiertes, einsam genießendes Trinken) und Trinkörtern (Trinkhalle, Theke, Stammtisch, Wohnzimmer) verklammert sind. Der zweite, eher der Sozialpsychologie zuzuordnende Ansatz versucht in Anlehnung an Testpsychologie und experimentelle Kognitionsforschung, die Relativität und soziale Konstruktion von Schmecken und Biergeschmack unter Beweis zu stellen. Zwar mangelt es derzeit noch an eindeutigen Ergebnissen, doch gewinnt die Forschung auf diesem Gebiet an Gewicht und Effektivität. So will eine am Bonner Institut für Kommunikationsforschung tätige Wissenschaftlergruppe im Rahmen eines gerade angelaufenen Projekts dokumentieren, welch geringe Geschmackssicherheit viele Konsumenten in einer isolierten, sterilen, zuordnungsunsicheren Umgebung besitzen. Bei ersten Biertestexperimenten unter diesen Bedingungen konnten lediglich 13% der Probanden ein Pils von einem Kölsch unterscheiden, nur 3% fühlten sich in der Lage, den Geschmack eines gerade konsumierten Bieres mit Hilfe des zur Verfügung gestellten Fachvokabulars distinkt zu beschreiben. Allerdings sei vor allzu eiligen Schlüssen gewarnt: Reliabilität und Validität des Testes, so die Forscher, seien noch nicht hoch genug. Bemängeln mußten sie beispielsweise, daß eine Mehrheit der Probanden vor dem Test eine Tonne Kölsch geleert und während des Experiments nicht davon abgelassen hatte, große Quantitäten Knoblauchpeperoni zu konsumieren. (siehe auch Oral-Psychologie)

Bierernst Sprichwörtlich geworden, deshalb aber auch nicht wahrer.

Bierersatz Frankfurter Kreation aus dem Jahre 1994. Rezeptur: 1 anerkanntes Bierglas, Weißweinschorle, 1 Multivitamintablette, aufgeschäumte H-Milch. Zubereitung: die Weißweinschorle ins Bierglas, Multivitamintablette zugeben und vollständige Lösung abwarten. Danach die aufgeschäumte H-Milch auf die Mischung streichen. Sieht aus wie Bier und schmeckt wie frische Gülle. Ideal für Bier-Allergiker, deren Auge mittrinkt.

Bierfässer, alte Seien wir ehrlich: Als Kneipendeko sehen sie miserabel aus. Gehören zum Abfüller in den Abfüllerkeller.

Bierfahne Symbolträchtige Manifestation in der Atemluft. Acetaldehyd sowie andere nicht zum Reich der angenehmen (Bio-)Gase gehörige Verbindungen geben als

Feldzeichen Kunde von den schaurigen Waffengängen und Abbauprozessen im Organträger des Emittenten, die nur schwelen können, wenn er zuvor dem im Bier beheimateten Alkohol Unterschlupf gewährt hat. »Kellergeschmack« im Maul. Wirkt sozialethisch desorientierend.

Bierfarben Helles Pils: wie flüssiges Gold in der Dämmerung. Dunkles Pils: wie frischer Bienenhonig, von Glühwürmchen durchschwommen. Helles Alt: wie hauchdünne Schalen junger Kastanien, von Herbstsonne erwärmt. Dunkles Alt: wie der Belag frisch oxidierten Zinns. Guinness: wie gefilterte Moorpackungen, wie in Schlagsahne geschleuderter Teer oder der äußere Hof eines Vollmonds. Fruchtbiere: wie kochende Gummibärchen.

Bierfax Analog zur akustischen Übermittlung verkostungsrelevanter Biersignale (siehe Biertelephon) die Einheit des digitalen Reprints von bierspezifischen Eindruckswerten als optisch signifikante Thermostruktur. Vulgo Biertest qua sprachloser Telekommunikation.

Bierfilz, der Nützliches, ausschließlich in Kneipen dargereichtes Utensil, mit dessen Hilfe aus dem Bierglas überlaufender Schaum aufgefangen und -gesaugt wird. Der B. verhindert klebrige Bierringe auf dem Tisch und ist deshalb für ein komfortables Zechen unerläßlich. Oft nutzen clevere Geschäftsleute den B. für Werbezwecke (siehe Werbung), so z.B. Schuster M. Lenz in Frankfurt am Main: »Wir riestern, bimsen, doppeln, steppen, sohlen, flecken, färben, täcksen, weiten, schnittfräsen und ballen eure Schuhe und Stiefel. Verkauf von Bundgaard-Kinderschuhen. Wir besohlen und flicken Wanderschuhe und Kletterstiefel, reparieren Taschen und Motorradklamotten.«
Studien über Synergieeffekte des B. gibt es indes nicht.

Biergarten, der In allen ernstzunehmenden, international orientierten Bierbüchern Standardausdruck für deutsche Bierkultur, und die Verfasser haben recht: Der B. ist vornehmlich im südlichen Bayern gleichermaßen Politikum wie nacktes Grauen. Als die Münchner Biergärten 1994 ihre Öffnungszeiten auf Grund nachbarlicher Klagen einschränken mußten, jaulte der Biergartengast. Während man 1844 gegen die Preiserhöhung des Salvatorbieres (siehe Doppelbock) eine unbändige Revolte inszenierte, hofften die Betrogenen diesmal gleich auf landesväterlichen Beistand. Dr. Stoiber parierte, schmierte seinem Biervolk Weizenbier ums herrisch aufgerissene Maul, und die Sache war vom Tisch. Seither sitzen sie alle wieder da wie ihre mitgebrachten Tölen und tragen den adäquaten Biergartengesichtsausdruck zur Schau. Nicht Gerhard Polts *Herr Ober* wird daran irgend etwas ändern, nicht ein strafender Gott noch das Wetter. Und manchmal ist das Sitzen im B. auch schön. Oft sogar.

Biergeographie Teilgebiet der Alkoholgeographie, als solche Teilgebiet der Sozialgeographie. Da Geographie die Wissenschaft vom Raum und den räumlichen Disparitäten ist, kann die B. sich nur zur Aufgabe gemacht haben, herauszufinden, wo im Raum man Bier trinkt. Wohlgemerkt nicht in welchem: Kneipe, Küche, Kirche, sondern wo. Und wo nicht. Die B. unterscheidet Bierländer von Wein- und Spirituosenländern, weist die Differenzen im Biertrinken zwischen Stadt und Land aus und hebt trockene Nachbarschaften von solchen ab, in denen der öffentliche Biergenuß sozial erwünscht ist. Als Gründe für die jeweilige regionale oder lokale Bevorzugung oder Ablehnung des Bieres hat die B. ausgemacht: die Agrarstruktur und klimatische Situation (Getreideanbau vs. Weinanbau) eines Landes, evtl. auftretende Schiefergebirgsverschiebungen, den allgemeinen gesellschaftlichen Entwicklungsstand (Steigerung des Alkoholverbrauchs mit zunehmendem Wohlstand), landesspezifische Mentalitäten (Biertrinken als kulturelle Errungenschaft), allge-

meine Ernährungsmuster (Wein zum Essen, Bier zum Essen), die schichtspezifische Bewertung von Biertrinkern (Deep-Purple-Fan oder Yuppie), die Persistenz traditioneller Geschlechtsrollen (Mann trinkt Bier, Frau trinkt Sherry), die Bier-Toleranz des unmittelbaren sozialen Nahbereichs (öffentliche Ächtung des Biertrinkens fördert heimliches exzessives Zechen) und die allgemeine Verfügbarkeit des Getränks (Supermarktbier, Kneipendichte, nachts nachtanken).
Dies alles klingt fürwahr kompliziert, doch es werden Zeiten kommen, da wir allesamt Hand an Hand in die universale Super-Schenke unseres »global village« ziehen, um dort einmütig gleichbleibende Quantitäten des ultimativen »one-world«-Bieres jeder für den anderen, alle für einen ... nun, lassen wir das.

Biergeschichte Erzählte Michail Bulgakow 1924 für die Eisenbahnerzeitschrift *Gudok* und gehört neben Wenedikt Jerofejews Poem *Die Reise nach Petuschki* (1973) zu den großen Eisenbahnepen der Literaturgeschichte, auch wenn die Fabel knapp gehalten und die Handlung zügig abgeschlossen wird. Letztere geht so:
Ein »Versorgungswaggon« rollt in einen Bahnhof ein. Ein Wandplakat verkündet: »An Personen in nicht nüchternem Zustand wird nichts verkauft.« Das Konsumgespräch verläuft wie folgt:
»Bitte zwei Dutzend Biere.«
»Gibt's Erbsen?«
»Bier!«
»Bier!«
»Bier!«
»Bier!«
»Bier!«
»Bier!«

Biergewinnung, die Lesen Sie zuerst unter Sudhaus, dann Gär-/Lagerkeller, dann Filtration und zuletzt unter Flaschen-/Faßabfüllung nach. So wird ein Bier draus.

DIE
MALZSILO
SCHROTMÜHLE
KÜHLSCHIFF
HOPFENSEIHER
ANSTELLWÜRZE
LAGER-
KELLER
HEFE
JUNG-
BIER
GÄRKELLER

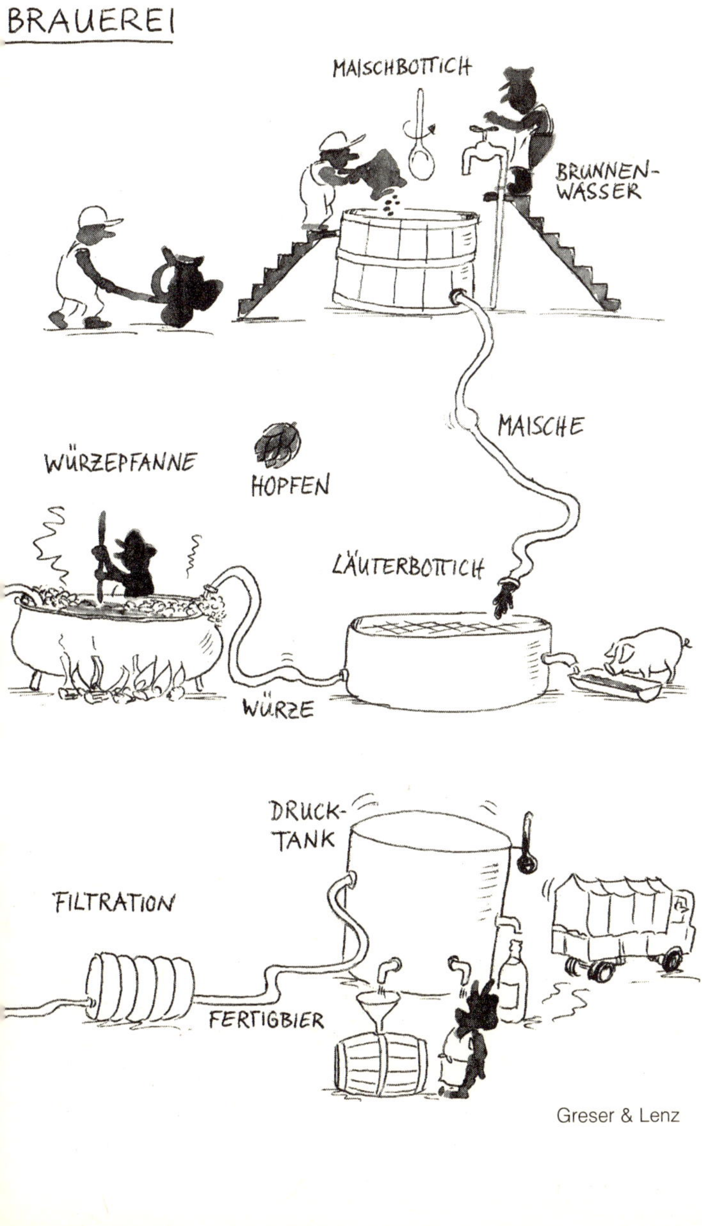
BRAUEREI
MAISCHBOTTICH
BRUNNEN-
WASSER
MAISCHE
WÜRZEPFANNE
HOPFEN
LÄUTERBOTTICH
WÜRZE
DRUCK-
TANK
FILTRATION
FERTIGBIER

Greser & Lenz

Bierglas/Bierkrug, Hand und Nach Marx ist die menschliche Hand ein einmaliges Spitzenwerkzeug, nämlich »das Ergebnis aller bisherigen Weltgeschichte«; seit immerhin rund 5000 Jahren ist sie mit dem Phänomen des Bierkruges/Bierglases konfrontiert. Als tauglich erwiesen haben sich, analog zur jeweiligen Trinkgefäßform wie auch zur Bedürfnislage des Trinkenden, vor allem sechs Handstellungen:

– »Die links offene Kneifzange« kommt bei fußlosen Gläsern mit einem Hubraum ab 0,4 l zum Tragen. Hierbei schmiegt sich der Daumen ans Vorderrund, die vier Finger legen sich relativ geschlossen ans Rückrund des Glases, nur der kleine Finger spreizt sich leicht nach unten ab. Die obere Handinnenfläche bleibt am Glas, die untere wölbt sich etwa drei Zentimeter vom Glas ab. Eine energische, zupackende Handhaltung, die zügiges Austrinken ermöglicht.

– »Der Fächer« hat sich bei 0,2- bis 0,4 l-Gläsern mit Fuß bewährt. Wieder liegt der Daumen am Vorderrund des Glases, die vier leicht bis stark gespreizten Finger bilden am Rückrund einen Halbkreis, dessen Achse ein wenig nach rechts unten ausbricht. Der kleine Finger orientiert sich zum Glasfuß hin, es kommt zu keiner Berührung zwischen Glas und Handinnenfläche; klassische »1 Schluck«-Haltung, aber auch hervorragend zum Austrinken geeignet.

– Die »Fußkrause« ist eine damenhaft anmutende, aber auch von Männern gern gepflegte Variante: Daumen, Zeige-, Mittel- und Ringfinger umschließen kreisförmig den Glasfuß, wobei der Zeigefinger auf dem Mittelfinger liegt und die Ringfingerkuppe den Glasboden tuschiert. Der kleine Finger krümmt sich in einiger Entfernung oder wird abgespreizt – die typische Handhaltung beim definitiv letzten Schluck.

– Bei Gläsern und Krügen mit Griff und einem Hubraum ab 0,5 l unterscheidet man drei Modelle: Beim »Stemmen« schließen sich Daumen und Finger um den Griff wie um einen Stock, Handrücken und Unterarm bilden eine Gerade; insgesamt eine unprätentiöse Haltung, die schlichten Trinkwillen indiziert.

– Wer das seltene »Kippstemmen« zeigt, hat oft bereits mehrere Krüge geleert, den ersten Durst also gelöscht und nun Lust auf einen mehr spielerischen Umgang mit dem Gegenüber. Wie beim Stemmen wird das Glas/der Krug am Griff gepackt, das Gefäß befindet sich allerdings rechts vom Griff, so daß es beim Trinken auf dem Handrücken liegt.
– Die »Krake« verlangt eine vollständige Anschmiegung der rechten Innenhand, des Daumens und der Finger an das Glas/den Krug. Der Griff steht um genau 90 Grad von der Querachse des Trinkenden ab oder wölbt sich brückengleich über die durch ihn hindurchgesteckten Finger. Wer so trinkt, bevorzugt im Grunde Gläser ohne Griff und sollte das dem Kellner auch sagen.

Bierheilige, kirchenoffiziell bestätigte St. Florian, Lorch/Oberösterreich, starb um 304; Prediger Augustinus, Kirchenfürst, 354 bis 430, oberster Patron vieler später mit voller Kraft loslegender Braumönche; St. Bonifatius (Wynfried), Märtyrertod 754 in Friesland, Benediktinermönch und Vorreiter des Klosterbrauwesens; Laurentius von Rom, der etwa 258 auf einer Grillplatte zu Tode geröstet wurde; St. Nikolaus, endete um 350, noch heute sehr populär; der heilige Arnulf, Bischof von Metz, speiste in den Vogesen einen Aussätzigen mit Bier und ist seither äußerst beliebt, starb aber 614; St. Vitius, schaffte es unter Diokletian bis 303; Michael Rudolf, z. Zt. Bebra.

Bierherz 1) Als Münchner B. eine Herzerkrankung, verursacht durch exzessiven Bierkonsum. Wesentliche Krankheitsformen: chronische Volumenbelastung des Herzens, kalorisch bedingte Adipositas. 2) Buch des Kollegen Franz Dobler (Hamburg 1994). (siehe auch Eisenbesen, kommunistischer)

Bierhistorie Meist wenig mehr als eine Sammlung von Spruchweisheiten (»Ein guter Trunk – und alles ist paletti«) und Anekdoten (»Als XY man einen über den

Durst trank«), von Berichten übers Bierbrauchtum und über populäre Trinkanlässe (das Richtbier, das Brunnenbier, das Weihnachtsbier, das Fastnachtsbier etc.) sowie erschütternden volkskundlichen Erkenntnissen (»Wie der Henkelkrug nach Rheinbreitbach kam«).
Von eigentlicher Geschichte ist in der B. nicht viel zu sehen. Außer eben das Bier, das Bier, das sich immer gleich bleibende, Kontinuität versprechende Bier, das alle Wirrnisse und globalen Katastrophen problemlos überstanden hat. (siehe Festschrift) Und fürderhin überstehen wird. Die Welt bewegt sich? Nichdoch. Jedenfalls nicht allzusehr. Sie kreiselt vielmehr sanft um den maßlos ausgeruhten Bierphilister (siehe Weltbild, egozentrisches), in dessen Humpen die eine, die eigentliche Substanz, der Saft des Lebens ruht und suppt. Bis die Dummheit ganz obsiegt.

Bierkapital Im 19. Jahrhundert unter Sozialdemokraten, insbesondere unter sozialdemokratischen Abstinenzlern verwendeter Ausdruck, der die zunehmende Konzentration im Brauereigewerbe und den beträchtlichen Einfluß der größten Unternehmen auf das Konsumverhalten benannte.
Heute mag der Verbraucher die breite Produktpalette und zahllose Geschmacksunterschiede preisen, der Ökonom sieht wenige Konzerne, die Vertriebswege kontrollieren, ihre Biere samt Image brachial lancieren, Veränderungen im Verbraucherverhalten aufnehmen, offensiv instrumentalisieren und zu Modeströmungen ausbauen. Selbst die Tatsache, daß neuerdings statt der weit verbreiteten Standardprodukte wieder vermehrt vor Ort produzierte, handwerklich hochstehende und Spezialbiere nachgefragt werden, dürfte in der aktuellen Marktstruktur kaum Spuren hinterlassen.

Bierkastenautomat, der Eine Firma Sielaff hat ihn einst erfunden, aber nur ein einziges Mal gebaut. Ein Unikat ist er also, der B., ein weltweit einmalig Ding. Die Löwenbrauerei im schwäbischen Aalen hat sich den Prototypen vor einigen Jahren hingestellt und versorgt seitdem die örtliche Biergemeinde kistenweise mit **Aalener Löwenbräu Spezial** und **Aalener Löwenpils** auch jenseits aller Ladenschlußzeiten. 30 Mark kostet der 20-Flaschen-Kasten, Pfand inklusive. Das käme im Gesamtpreis billiger als vier Six-Packs, so rechnet der Brauerei-Juniorchef ungefragt vor, lobt zugleich die große Wartungsarmut und hohe Benutzerfreundlichkeit des SB-Trumms. Tatsächlich ist der nicht wesentlich schwieriger zu handhaben als ein gewöhnlicher Zigaretten- oder der legendäre Obersickter Eierautomat. Die Ware gelangt immer frisch und ordentlich temperiert direkt aus dem Stapellager der Brauerei ins schleusengesicherte Automatenfach, das sich ursprünglich mit abgezählten Geldmünzen der Deutschen Bundesbank öffnen ließ. Inzwischen geht das nur noch mit speziellen Wertmarken (schwäbisch: Koins), die im nahegelegenen *Löwenbräu-Keller* oder im ortsüblich *LC* abgekürzten *Löwen-Club* käuflich erworben werden müssen. Eine, wie der Brauerei-Juniorchef erläutert, die noch nicht bierkastenberechtigte Jugend kontrollieren und schützen sollende Maßnahme der Brauerei.

Bierkneipe, die Wurde das Bier auch, seitdem es auf dieser Welt ist, konvivial genossen, so bekam es seinen spezifischen Trinkort, seinen eigenen sozialen Raum: die B. also erst im Laufe der Neuzeit zugewiesen. Als erste Vorformen der B. sind korporative Gesellungen in den sich ausdifferenzierenden Städten anzusehen. Diese Trinkkollegien und Zechzusammenkünfte blieben gleichwohl abgeschlossene, elitäre Veranstaltungen. Das Wirtshaus hingegen, ein offen zugänglicher Trinkort, beherbergte und bewirtete Reisende nach der alten Tradition, umherstreunenden Menschen in der heimischen Stube Unterkunft zu gewähren. Mit Durchsetzung der Geldwirtschaft nahm die Gastfreundschaft gewerblichen Charakter an. Doch erst während der Industrialisierung entstand aus dem Gasthaus die B. heutigen Zuschnitts. Öffentliche

Gasträume und Lokale, die ausschließlich dem Trinken vorbehalten waren, wurden eingerichtet; die Theke, eine Weiterentwicklung des Ladentisches, markierte, wer Verkäufer und wer Käufer der Ware Bier sei; im Rheinland kam um diese Zeit gar das sog. Thekenschaaf auf, ein im Lokal gelegener verglaster Beobachtungsposten des Wirtes, von dem aus Gäste und Kellner kontrolliert und unter Umständen auch rigide Sanktionen gegen unlauteres Zechen verhängt werden konnten (vgl. Franz Mathar/ Rudolf Spiegel: *Kölsche Bier- und Brauhäuser*, Köln 1989). Heute ist der Tresen Ort des beharrlichsten Zechens, Zentrum des Kneipenlebens und beinahe grenzenloser Kommunikation. Es soll sogar Wirte geben, die sich zu ihrem Gast herüberbeugen.
Temporär zur Ruhe gekommen, durchlief die B. seit den fünfziger Jahren eine neue Phase der Gestaltung. Der zunehmende Wettbewerb zwischen Brauereien und Kneipen, die Privatisierung des Bierkonsums und die Dissozierung des Kneipenpublikums in einzelne »Szenen« lassen Erkennbarkeit, individuelles Design und ein erweitertes Warenangebot für die B. immer wichtiger erscheinen. Die Folge: Ausstattungs- und Aufmöbelungshysterie. Kneipen werden zu Einkaufscentern, zu Spiegelkabinetten, Saftläden, Bierbörsen oder modischen Styling-Schuppen.

Bierkomment, der Gesammelte Trinksitten mit quasigesetzlichem Charakter, veröffentlicht, um das Zechen zu fördern und zu systematisieren sowie überkommene Trinkriten als irgendwie rechtsartigen Kodex zu befestigen. B. sind noch heute im Milieu der Studenten und Soldaten virulent. Ihre Blüte erlebten sie jedoch zwischen dem 16. und 18. Jahrhundert, in einer Zeit, als das passionierte »Vollsaufen« von kirchlicher und staatlicher Seite immer häufiger herben Kritiken unterzogen wurde (siehe Saufteuff, der). Die Fragwürdigkeit vieler B. und die Richtigkeit solcher Anfechtungen leuchten ein, betrachtet man beispielhaft einen (den Autoren und sonst niemandem vorliegenden) B. aus dem 16. Jahrhundert.

Er fordert, man habe sich in festlicher Runde jederzeit kräftig zuzutrinken, man sei deshalb gefälligst mit sich eins und höre jedenfalls nicht auf, bis alle vollkommen d'accord gingen, des weiteren jeder Mann, so er nicht auftrinke, dero 4 Schillinge zu zahlen habe, die am besten umgehend wieder »in formo cervesiae« anzulegen seien, man Obacht geben solle, daß man sich beim Verlassen der Runde nicht am Türrahmen stoße, und, so man gelegentlich nicht mehr durch die Tür finde, gleich dableiben und weitertrinken solle. Auf diese Weise war auf Dauer tatsächlich kein geregeltes Zusammenleben möglich respektive kein frühmoderner Staat zu machen.

Bierkrieg Im ausgehenden Mittelalter betrachteten die Städte das ländliche Brauen mit großer Sorge. Bauern, Klöster und Adlige konnten immer billiger produzieren, und für die Ausfüllung ihres Bannmeilenrechtes mußten die urbanen Knotenpunkte noch Transportkosten aufschlagen, so daß die Stadtbierpreise nicht selten das Doppelte des Landbieres ausmachten. Auch holten die Ländler langsam, aber sicher in qualitativer Hinsicht auf. Adelsmitglieder führten oft Scheinklagen, das Stadtbier sei zu teuer und zu schlecht, um eigene Produkte über den Eigenbedarf hinaus in größerem Umfange herstellen und exportieren zu können. Zwar erwirkten die Städte bei den Landesherrschaften infolge langjähriger Prozesse ihr Recht, doch deren Hilfe zu dessen Durchsetzung ging nie über Drohungen und Befehle hinaus.
Blieb ihnen nur die Selbsthilfe, nach der sich die Städte qua ihrer in Braukommunen (siehe Braukommune, die) zusammengefaßten Bürgerschaft das Recht verliehen, die unerlaubten Biere auf dem Lande zu konfiszieren. Zerschlagen der Fässer und ihrer Brauer oder engagiertes Austrinken, je nach Qualität, fanden alsbald weite Verbreitung, vorausgesetzt, die Ländler ließen es erst dazu kommen. Also waren derbe Handgemeinheiten vonnöten. Bierkriege eben.

Bierkrug Die Geschichtsschreibung setzt uns darüber in Kenntnis, daß Benno Ohnesorg noch leben würde, hätten Rudi Dutschke und Gaston Salvatore nicht einen Tag vor seiner Erschießung durch den Polizisten Karl-Heinz Kurras in der just gegründeten Alternativzeitung *Oberbaum-Blatt* einen Leitartikel mit Titel »Der Schah ist tot – Farah geschändet« veröffentlicht. Denn dort wurden so »phantasiereich« (Gretchen Dutschke) wie unmißverständlich der Empfang Reza Pahlevis in München und dessen wünschenswertes Ende geschildert: »In der Begrüßungsansprache hob Oberbürgermeister Vogel die Denkwürdigkeit dieses Besuches hervor. Danach sollte ein Krug voll des köstlichen Gerstengebräus gereicht werden. 12 Uhr (High Noon). In diesem Augenblick geschah jedoch das Unfaßbare. Ein Bierkrug segelte durch die Luft und traf mit einem dumpfen Knall den edlen Kopf des Schahs. Die Menge war wie gelähmt. Einige nahmen an, daß der Streit unter den Geheimdiensten erneut entflammt war. Doch dem war nicht so. Ein Attentäter [...] hatte dem ruhmreichen Leben des Schahs ein unrühmliches Ende verschafft. [...] Vom Standpunkt der Gerechtigkeit ist gegen das Attentat nichts einzuwenden.«
Vierundzwanzig Stunden später, am 2. Juni 1967, folgte auf den virtuellen Bierkrug-Mord ein echter. Pfarrer Albertz überlieferte die leibhaftigen Ansichten des höchstens imaginär bierkruggetöteten Schahs von Persien: »Ich fragte ihn, ob er von dem Toten gehört habe. Ja, das solle mich nicht beeindrucken, das geschehe im Iran jeden Tag.« Und zwar ohne Zuhilfenahme auch nur eines einzigen, wenn auch gar nicht wirklich existenten B.s.

Bierlieferungsvertrag, der Ebenfalls so eine Sache, die kein Mensch in allerletzter Konsequenz durchschaut. Gelitten unter dem B. hat zumindest Jean Paul (siehe Paul, Jean), auch andere können »ein Lied« vom B. singen.
Literaturhinweis: Frithjof Wahl: *Der Bierlieferungsvertrag. Neue Rechtslage im Vertragsverhältnis von Wirten, Brauern und Getränkeverlegern,* Hamburg o. J.

Biermann, Wolf Gitarrist und Sänger. Singt schon am Morgen, als sei der Tag bereits mehrfach zur Neige gegangen. Trinkt Tee dazu. Sonst Rotwein.

Biermedizin Gibt es nun wirklich nicht. Allenfalls Tiermedizin.

Biermesse, internationale Die neunziger Jahre lassen wirklich nichts aus. Als hätte Matthias »Trend« Horx den Marschbefehl gegeben, schnappen diesmal zwar nicht Frankfurter oder hanseatische Zeitgeist-Hansel zu, sondern nur die Betreiber der Kongreßhalle Zürich – aber da edler Dünkeldreck allemal die blödeblöde Postmoderne auf ihren grundbanalen Begriff bringt, müssen neben Bieren aus aller Welt zwecks Erlebniswert auch Musikbands, ein Bull-Riding-Gerät, Dart und ein – wahr ist's wirklich – Snowboard-Simulator angeboten werden. Auf dem surfen biertrinkende Armanigecken herum, scheuern sich die Bügelfalten kaputt, nippen an zwischen einem und vier Franken teuren Probebieren und juchzen, daß es die helle Eventfreude ist.
Im April 1996 wurde die messetypische Gratis-Verköstigung abgeschafft, weil man laut *Neue Zürcher Zeitung* seitens der Veranstalter »festgestellt [habe], dass die Besucher Gratis-Bier nicht richtig schätzen könnten.« Es solle somit »verhindert werden, dass die Messe zu einem Gelage ausarte.«
Zu guter Letzt heißt der Rundumschwachsinn für höhere Schlabbersöhnchen auch noch »Bex«. »Ausserdem findet im Rahmen der Bex eine Sonderschau für Energy-Drinks statt.« Es dürfte der pure Genuß sein.
Den Lesern raten wir trotzdem: Umfahren Sie Zürich in der Zeit vom 27. bis zum 29. April weiträumig. Und wenn alles vorüber ist, melden wir's rechtzeitig.

Biermolch Die Schwaben glauben an den B., der von schlechten Brauern im Lagerfaß gehalten wird, alles Bier säuft, wieder von sich gibt und durch sein Gift berauschend macht. Bei diesem Geschäft nimmt der Molch auf sieben bis neun Pfund zu. Noch 1873 wurde ein Ravensburger Brauer deswegen verrufen und mußte sich in der Zeitung wehren.

Bierpinsel Touristenfalle in Berlin-Steglitz. Für teuer Geld gibt's warmes Pils. Aus Fingerhüten.

Bierquellen Gaststättentyp, der in Berlin um 1880 herum von den Gebrüdern Aischinger geschaffen wurde. B. zeichneten sich durch konkurrenzlos billige Angebote, schnelle Bedienung, eiligen Konsum an Stehtheken aus und zogen vor allem Angestellte, Handwerker und Studenten an. In ihnen wurden das zwischen Tür und Angel gezischte Bier, die schnell durchgezogene Zigarette, das verschlungene Brötchen zum echten Standard. In ihnen, ja: Sie haben richtig gehört, in ihnen manifestierte sich, so Georg Simmel et al., die allgemeine »Akzeleration« und unerbittliche Taktung des täglichen Lebens. So daß ab sofort alle anders tickten als vor Erfindung der B.

Bierreime, blöde Der irgendwo in der literaturgeschichtlichen Senke versackte Axel M. Marquardt versuchte sich mit seinem im Grunde ambitionierten Gedichtband *Standbein Spielbein* (Zürich 1989) leider auch an poetologisch fundierten Bierlyrismen dieser Art: »Des Morgens, wenn ich früh aufsteh, / dann tut mir meine Birne weh.« Na ja, usf. Frank Schulz, verantwortlich für den fabelhaften Bierroman *Kolks blonde Bräute* (Zürich 1991), hörte an Biertischen u. a. folgende Kostbarkeiten mit: »Beim Bier sag' nie statt Prost santé! / Das nimmt dem Harnstrahl den Effet!«; »Wein auf Bier: / das lob' ich mir. / Doch Bier auf Wein / macht's Hänschen klein«; »Nichts kann ein'm so die Nacht versau'n / wie warmes Bier und kalte Frau'n.« Uffuffuff.
Die Liste ist nicht fortzusetzen, geschweige denn auswendig zu lernen.
Voll daneben notabene auch der im Frankfurter Jazzlokus

Mampf (Telefon 44867) hinterm Tresen vertriebene Gedichtzyklus *Voll daneben,* welcher dortselbst den Verfassern für DM 10,– und mit der Widmung verkauft wurde: »Willst Du einen heben, / Lies voll daneben!« (Trotzdem gut: Lex Weyers Zeichnungen.)

Bierreise Sie setzen sich ins Auto. Sie fahren los. Es nieselt. Sie fahren weiter. Sie erreichen die Grenze. Sie queren, jagen durch Tschechien. Sie treffen in Plzen ein. Sie betreten eine Wirtschaft und trinken Bier. Es schmeckt Ihnen nicht. Sie wundern sich, suchen den Abort auf, verlassen das Etablissement und durchstreifen die Stadt. Wonach Sie fahnden, ist ein Biergeschäft. Sie sehen keins. Dafür regnet es stark und stärker. Sie fahren zurück. Sie halten Ausschau nach Bierverkaufsstellen. Sie finden Kioske und erwerben Gartenzwerge. Sie werden gefilzt und ausgelacht.
Sie haben 380 Kilometer zurückgelegt und heftigen Durst. Bier haben Sie nicht.

Bierrevolten/Bierkrawalle Aktionsform, in der sich »brachiale Bedürfnisbefriedigung« und Randale, Subsistenzkampf und sozialer Protest vermischen. Verbreitet vor allem im 18. und 19. Jahrhundert. Neben agrarischen Versorgungskrisen kam es i. d. R. auch zu Bierverknappung, Bierverschlechterungen oder Bierpreiserhöhungen, was die Unterschichten, denen das Bier immer noch Grundnahrungs- und zentrales Gesellungsmittel war, als »Angriff auf ihr alltägliches Lebensgefüge« (M. Grüttner) verstanden. In punktuellen, spontanen Zusammenrottungen und Ausschreitungen wurde die gerechte Verteilung des Bieres symbolisch reklamiert und Hand an die Brauer gelegt oder so lange Rabbatz gemacht, bis der Bierpreis wie von Zauberhand wieder fiel.
B. sind nicht zu verwechseln mit späteren Formen der folkloristisch verklärten Volksfestgaudi; sie repräsentierten nämlich a) das Subsistenz- und Gerechtigkeitsdenken der vorindustriellen Gesellschaft, das Widerstand gegen die

Der bayerische Biertrinker klärt sein Verhältnis zur Brauereiwirtschaft

Verteilungslogik des entstehenden Marktes und der Repressionsgewalt des modernen Staates anmeldete; sowie b) ein deutliches Unbehagen gegenüber der zunehmenden Kluft zwischen Unterschichtsexistenz und bürgerlicher Lebensführung, die den Revoltierenden im öffentlich zur Schau getragenen Wohlstand vieler Brauunternehmer plastisch vor Augen geführt wurde.
Ihrem Wesen und ihrer Form nach »modernisierungsfeindlich«, verloren die B. gegen Ende des 19. Jahrhunderts immer mehr an Bedeutung. Statt dessen kam es zum Bierboykott (siehe Bierboykott/Bierstreik).

Bierrezepte Derer gibt es viele, zu viele, als daß sie lückenlos dokumentiert werden könnten. Das *Lexikon der Küche von Richard Hering Küchendirektor Anerkanntes Nachschlagewerk für die Hotel- und Restaurationsküche Kurze Kochanleitungen für die moderne und klassische Küche unter Beachtung von regionalen und internationalen Besonderheiten Ernährungswissenschaftliche Grundlagen Wichtige Fachbegriffe, Arbeitsverfahren und Rohstoffe Tabellen und Übersichten mit küchentechnologischen und ernährungswissenschaftlichen Angaben Servicehinweise Wein, Spirituosen, Misch- und Aufgußgetränke Fachwortverzeichnis in Deutsch, Französisch, Englisch, Italienisch und Spanisch 20., neubearbeitete Auflage herausgegeben von F. Jürgen Herrmann Fachbuchverlag Dr. Pfanneberg & Co. 6300 Giessen Jubiläumsausgabe 1990* empfiehlt: *Bierkäse* Weißlacker Käse (s.d.) aus den Bayrischen und Tiroler Alpen; *Bier-Kaltschale* Weißbier mit Stangenzimt, Zitronenschale, Zucker, Prise Salz und Zitronensaft aufgekocht, sehr leicht mit Stärke gebunden, passiert, sehr kalt angerichtet; drittens *Biersuppe* Braunbier, mit leichter brauner Mehlschwitze gebunden, mit Zimt, Zitronenschale, Zucker und Prise Salz gewürzt, passiert, mit gerösteten Brotwürfelchen garniert (deutsch).
Möchte jemand kosten? Nein? – Nicht?

Bierschlaf Wegen seiner Tiefe von allen Biorhythmikern empfohlen. Es beginnt mit schädelinternem Meeresrauschen und einem durch den Körper strömenden Wonnegefühl, das Unterscheidungen wie oben/unten, hinten/vorne, Matratze/Steinfußboden oder Straßenkleidung/Schlafanzug ganz unmöglich/überflüssig macht. Nach spätestens fünf Minuten schalten sich neben dem Großhirn auch das Kleinhirn und die Hirnrinde aus, was zu einer anästhetischen, fast komatösen Ruhe und Entspannung führt. Von den schätzungsweise 100 Billiarden Neuronen des menschlichen Gehirns bleiben aber exakt vier in Betrieb und sorgen für 1) Ein- und 2) Ausatmen, 3) Schnarchen und 4) Wasserlassen des Besoffenen. All das geschieht in Trance; morgens weiß der Trinker nicht mehr, daß er laufend auf der Toilette war.

Bierschwund, der Ominöse Volumenverluste im Verlauf der Bierherstellung. Heute durchschnittlich ist ein Schwundsatz von etwa 9 bis 10,5% je nach Sorte. Verantwortlich für eine solch ausgemachte Sauerei sind anteilsmäßig

- Kontraktion der heißen Würze durch Abkühlung: 2,5 bis 3%
- Gärkeller: 1,5 bis 2%
- Lagerkeller: 0,8 bis 1%
- Filtration: 0,8 bis 1%
- Abfüllung: 0,8 bis 1%

Jetzt sind Sie schlauer.

Bierseligkeit Temperatur im Minus, Drecksschnee, breite Abendautos bremsen um die Ecke, wo, gedeckt von drei, vier Jugendstiletagen, ein Rastafransel zapft, Musik vom Band und Bier gleich eimerweise in die Venen läuft. An Tisch 19 steht, die Deckel rund, die Laune top, ein Trinker, Mitte Dreißig, Punkt zwölf auf, brüllt »Völker, höört diie Signaale!« – »Häzichn G-Glückwnsch!« lallt ein anderer, und ein entfernter Duzfreund, Philosoph, Frühsechziger, verschont bis in die Lachfalten, wankt hinzu, Arm um die Schulter, »auf zum läätzteen Gefäächt!«, der Tisch fällt ein und jetzt die halbe Kneipe, »die Iiinternationahalee / erkäämpft!«, es ist die reine Katzenscheiße, »das Mään / schenrecht!«, rausschmeißen könnte man diese lärmenden Kretins, diese sich so satt wie selig spreizenden Gesellen, kann man aber nicht, schließlich steht man mittendrin – und hat sogar Geburtstag! Nun ja; soweit dazu.

Biershampoo Speist sich laut Etikett aus den üblichen schwerverständlichen und unheilschwangeren Ingredienzen, die auf -inen, -iden, -zinen und -inylen enden, dafür ist dann aber auch noch Hopfenextrakt dran. Schmecken tut das ganze einfach fürchterlich, gibt aber beim Shampoonieren des Haupthaars eine schöne Blume.

Bierstadt, Albert Im 19. Jahrhundert in Deutschland geborener, später nach Amerika ausgewanderter Maler. Malte laut Brockhaus »amerikanische Landschaften«. Nomen est scheißegal.

Bierstein, der Edelgestein, das sich ausgerechnet an Würze-, Bier- und Harnleitern festsetzt. Ist z. T. mineralisch (oxalsaurer/phosphorsaurer Kalk), z. T. organisch (Gerbstoff-/Eiweißverbindungen). Warum das so ist, wollen wir gar nicht wissen.

Biersuppe Mancherorts (z. B. Westfalen; preußischer Adel; siehe Friedrich II.) bis ins 18. Jahrhundert hinein gängige Art, seinen Tagesbedarf an Kilojoule zu decken. Solange das Brauen in den »eigenen vier Wänden« trotz der horrenden Brandgefahr durch feuerspeiende Sudkessel noch nicht verboten war, verabsäumte kaum eine Hausfrau, schon beim Hahnenschrei Brot in Bier einzubrocken oder gleich eine dünne Suppe draus zu kochen. Die enge Korrespondenz zwischen Bier, backen, kochen und Brot schien sich mit den altertümlichen Formen subsistenter Ökonomie fester und fester zu zurren – bis allerdings die ersten gewerblichen Brauereien und Schenken entstanden, Abgaben auf Brauen und Verkauf eingeführt wurden und auch der Bier-Exporthandel überwiegend von Hamburg aus mit Macht einzusetzen begann. Da war es dann im Prinzip vorbei mit der B.

»Bier-Talk« Soll tatsächlich stattgefunden haben. *Sport-Bild* (21. August 1996) behauptet es. Beteiligte: Jürgen Eilers, Rainer Zühlsdorff (beide *Sport-Bild*) und Bitburger-Marketing-Chef Uwe-Jens Andresen, der Bitburger-Bier-Talk-Bindestrichmann.

Biertelephon Einfache Angelegenheit: Per Service- und Konferenzschaltung begutachteten wir strittige Sorten noch- und nochmals, im Sekundentakt, wenn Durst am Mann war, über Tage, wenn das Corpus delicti jede verwertbare Aussage verweigerte. Günstige Urteile ließen sich zum Mondscheintarif ermitteln: Längliche bis ausgiebige Bierimpulse tröpfelten durch die Telekom-Taktuhr, erreichten ohne Reibungs- und größere Gebührenverluste das unter die Hörmuschel gehaltene Bierglas. Tagsüber strömten die Bierpartikel ungeordneter und hektischer, morgens war kein Bierstaat, eher ein Ruin zu machen: Die Bieratome schienen kaum zu zählen und folglich fast nicht distinkt zu schmecken. Der BND seinerseits machte sich fast in die Hose. Er hätte ab und zu den Abort aufsuchen sollen.

Biertrinker Drei Antworten, die an einem durchschnittlichen Wochentag gegen 13 Uhr im Berliner Arbeiterbezirk Moabit auf die markterforschende Interview-Frage »Entschuldigen Sie, trinken Sie Bier?« von durchaus unauffälligen Passanten mittleren Alters und männlichen Geschlechts gegeben wurden:
a) Nein. Aber haben Sie nicht was Stärkeres?
b) Nein. Jetzt nicht, ich hab' die ganze Nacht durchgesoffen mit meinem Kumpel. Und den ganzen Morgen auch noch. Irgendwann muß auch mal Schluß sein.
c) Nein. Bis gestern noch, aber heute geh' ich auf Entzug!

Biertrinkverordnungen Erlassen im 16. Jahrhundert, etwa Trinkverbote zum Schutz des heiligen Sonntag, Vorschriften zur Größe der Bierkrüge und angemessenen Trinkgeschwindigkeit, Erlasse gegen das öffentliche Zutrinken und »Gleichsaufen«, Mandate zur Festlegung guter und schlechter Trinkzeiten, sittlicher und unsittlicher Trinkmengen, angemessener und unangemessener Wirtshäuser, Angaben über die zulässige Höhe von Bierkredit und Bierschulden.
Später wieder fallengelassen.

Biertripper, der Kein echter Tripper, sondern ein Schleimhautkatarrh, der die Harnröhre nach geschlechtlichem Verkehr und Verzehr großer Mengen kalten Bieres mit Ausfluß segnet.

Bierüberprüfung Im 15. und 16. Jahrhundert Probe aufs Exempel. Gegenstand der Untersuchung: Enthält das Bier genügend Malz? Am beliebtesten folgende Methode: Marktmeister, Vogt und Bürgermeister liefen beim Brauer auf, zogen ihre Bierprüferlederbuxen über, nahmen einen Krug des entsprechenden Getränks und – nein, tranken's nicht, sondern verteilten's sorgfältig auf einer Bank und pflanzten ihre Allerwertesten hinein. Dann ging das Geschwätz los, dann fielen Sprüche und Bemerkungen und Sprich- und Widerworte, dann nahm man ein Leberwurstbrot zu sich, dann noch eins, dann noch eine Lammkeule, und der Brauer brachte alles herbei und zählte die Stunden, nämlich deren zwei. Und wenn schließlich jene vergangen und die Wänste gut gefüllt waren, hüpften auf Kommando – Achtung! Hipp! Uuuuuuund: hopp! – die drei Herrschaften in die Höhe, das Sitzmöbel aber rissen sie gleich mit, Teller und viel ander' Geschirr ging lustig polternd zu Boden und zu Bruch, und da standen sie, die Depperten, denn die Bank, sie klebte wie bombenfest am Arsche der Bierprüfer, und dann lachten sie, und der Brauer fiel recht herzlich mit ein ins Geschrei, denn es war ein gutes Zeichen: Das Bier war wohlgetan und gut!
Und dann reichte der Brauer noch einen Krug und noch eine Kanne. Und die tranken sie dann, die Inspektoren und der Überprüfte, und dazu gab's Leberwurstbrote.

Biervermehrung, wundersame Wurde im 7. Jahrhundert von christlichen Missionaren im friesisch-fränkischen Raum an Stelle der wundersamen Weinvermehrung gepredigt. Hat mit der Einsicht in die Lebensgewohnheiten und Trinkpräferenzen der Missionierten viel, mit Bibelüberarbeitung und -verarschung à la Eichborn-Verlag (»Ey Alter, da liegt 'n echt cooler Racker in der Krippe«) wenig zu tun.

Bierwisch, Manfred DDR-Linguist. Trank selten Bier, immer öfter Rotkäppchen (siehe Rotkäppchen). Vermutlich jedenfalls.
Andererseits verstand man früher unter B. einen aus Stroh geflochtenen Bierkranz für gewisse Werbezwecke (siehe Werbung).

Bier zum Bier Slang-Ausdruck für das kleine Pils, welches erfahrene Trinker zum neunten Hefe-Weizen bestellen.

Binding Römer Pils/Export/Lager Binding-Brauerei Frankfurt am Main. Siehe Schwedentrunk.

Bischoff Premium Pils 4,7% Brauerei Bischoff Winnweiler. Eine unserer Lieblingshopfennasen. An den Hopfengärten siedelt das Unternehmen, verfügt daher über die Hopfendefinitionsmacht. Nicht nur ein guter Nachtrunk, sondern gleich mehrere. Das **Donnersberger Dunkel** (5,2%) schmeckt metallisch-mild, hat seinen Namen verdient. Eine weniger zurückhaltende Rezens könnte bei beiden Bieren zusätzliche Wunder bewirken. Von der ausweislich modisch inspirierten Weißbierkollektion sagte uns das **Falkensteiner Weizen** nicht so, die **Urweiße** schon mehr, die **Falkensteiner Urschwarze** (alle 5,2%) jedoch am meisten zu.

Bishops Finger Kentish Strong Ale 5,4% Shepherd Neame Faversham/Großbritannien. Älteste Brauerei Englands, seit 1698. Berühmt für ihren wunderbaren Kent Goldings-Hopfen und demzufolge die ausgesprochene Herbheit ihrer Produkte. Dunkel, trocken, charaktervoll: Alle Attribute kommen hin. Unser Prüfling brilliert durch seine nussige Sonne und fehlerfreie, famose, formidable Erdbeerakzente. Wer soll solche Wonne ermessen! Prasselnde Malzkavallerien durchpreschen das Mundgewölbe und feuern lodernde Bitterepartikel auf den Gaumen ab. Kein Hinterhalt! Ein großer, ein Riesenrückhalt in oft düsteren Verkostungszeiten und -epochen! Da zahlt man ohne größere Probleme gern auch zehn statt der hierzulande geforderten DM 5,48 für die whiskynahe Halbliterflasche.

Bismarck, Otto, Fürst von Lamentierte einerseits wie sein zeitweiliger Kompagnon Willemzwo über den hohen Bierkonsum seiner Soldaten und über die Tatsache, daß »mit kaum einer Tätigkeit in Deutschland so viel Zeit totgeschlagen« werde wie mit dem Biertrinken. War aber andererseits selbst ein großer Bierliebhaber, der im Glase manches Mal »seinen Troste« suchte und gar zum »Erfinder« des (Parlamentarischen) Frühschoppens wurde.
Womit wir an so einem einfachen Gegenstand wie dem Bier demonstriert hätten, was Lothar Gall et al. in opulenten Biographien »herausarbeiten« müssen: die Tatsache nämlich, daß B. ein rechter Fuchs, Realpolitiker und wasauchimmer gewesen sei.

Bitburger Pilsener 4,6% Privatbrauerei Th. Simon Bitburg. Einladend hell, Schaum etwas knapp. Luzide gehopft. Für alle, die so was unverschämterweise nicht mögen, heißt es: Bitte kein Bit.

Black Jack Vom B. der Meininger Brauerei, welches ein wohlfeil Schwarzbier, wird folgende Mär erzählt: Eines Tages im Jahr des Herrn 1996 gefiel es dem Geschäftsführer, auf dem Etikett unter Zutaten auch Zuckerraffinade anzuführen. Hui, da ergrimmten die Kollegen sehr. Die Schwarzbiertrinker nicht minder. Und es breitete sich große Verwunderung aus, als wollten sich Erde und Feuer mengen, schlimmer als Teuerung, PDS und angebrannte Bratkartoffeln. Gehören der Zucker und sein Kulör zum deutschen Einheitsgebot? O nein! Aufgebrachter Mob füllte die Straßen der kleinen Stadt Meiningen, den Geschäftsführer der Braustatt zu forkeln, zu filzen, zu vierteilen, wenigstens aber ganz doll auszuschimpfen. Was denn die Investoren denken sollten, vom Fremdenverkehr ganz zu schweigen. Eingestampft werden mußten die bunten Zettel, und der HErr ließ neue werden, so wie er jeden Tag einen neuen Tag werden läßt. Das böse Zuckerwort stand nicht mehr drauf, und der Freud war kein End, ob die harmlose Raffinade dem Black Jack geheißenen Biere, welches ein gut Schwarzbier, weiter und wacker zugesetzt wird oder nicht. Denn was nicht geschrieben steht, ist also nicht wahr.

Blauer Montag Brauch, demzufolge bei Lohnüberschuß und akuten Entspannungsbedürfnissen der Wochenanfang doch für Besseres als für Manufaktur- oder Fabrikarbeit zu nutzen sei. Wurde zu Zeiten der beginnenden Industrialisierung von Handwerkern und Arbeitern eingeführt. Je nach Laune und Verdienst erschien man am Montag nur kurz bei der Arbeit, reservierte ihn ganz für Vergnügungen (Jahrmarkt, Volksfeste, Ausflüge) und Ausspannen oder mußte ihn gar blaumachen, weil man tags zuvor ausgiebig gezecht hatte. Manchmal folgte dem Blauen Montag auch ein Blauer Dienstag oder gar ein zumindest halbwegs Blauer Mittwoch, so daß man zum Wochenende hin in einen unglaublichen Arbeitsdruck geriet und sich hernach erst wieder ausgiebig erholen mußte.

Blausud, der Bevor die Brauer Geld und Erfindungsgeist für Thermometer hatten – der Regelfall. Sieht nicht blau aus, sondern ist ein Sud mit verunglückter Verzuckerung, einer, der es bei der Gärung sichtlich schwer haben wird. Und der, sollte es tatsächlich zu einer Gärung kommen, auch nach Monaten nicht mal schüchtern an die Pforte zum Reich der Bekömmlichkeit wird anklopfen dürfen. Da hat der Brauer irgendwie geschlafen, falsche Knöpfe gedrückt, die Thermometer verkehrtrum abgelesen oder zuviel geraucht. Bevor ein Sud aufs Kühlschiff expediert wird, kontrolliert der Braumeister daher die Verzuckerung mit der gefürchteten Jodkaliumjodid-Probe. Zeigt sie goldgelb, ist alles okay. Zeigt sie blau, gibt's paar hinter die Löffel, ersatzweise die Bastonade. Je nach Technologie hilft nur noch Verschneiden. Alternative: Gully. Es gilt: Blausieden ist keine Form umsichtigen und sparsamen Wirkens.

Blockheizkraftwerk »Das Ziel« einer von Johannes Fischer vorgelegten Arbeit über *Neue Einsatzmöglichkeiten für Blockheizkraftwerke (BHKW) in der Brauerei* (München 1988), »neue Einsatzmöglichkeiten für verbrennungsmotorisch betriebene Kraft-Wärme-Kopplungs-Anlagen (BHKW) in der Brauerei zu finden und diese bezüglich ihrer technischen, technologischen, energiewirtschaftlichen und betriebswirtschaftlichen Eignung zu prüfen, konnte durch die Entwicklung einer neuen, praktikablen Schaltungsvariante im Sudhaus zur Würzeaufheizung und gleichzeitiger Erzeugung von Strom und Kälte erreicht werden.«
Na bitte.

Blue Marlin 6,0% Mauritius Breweries. Doch immer wieder erstaunlich, was ausländische Brauereien für ein leichtes Bukettmäntelchen dem stolzen Äthanol umzuhängen wissen.

Blume Schaumhaube auf dem Bier. Auch »Krone«, »Borte«, »Hut«, »Mütze«, »Kappe« oder »Feldwebel« genannt.
Nicht durchsetzen konnten sich die Bezeichnungen »Haufen«, »Hügel«, »Halde« und »Hahnenkamm«.

Blutspende Im August 1995 ließ sich die Universitätsklinik der Stadt Plzen etwas Besonderes einfallen, um die Blutspendewilligkeit zu steigern. Die Spender sollten für einen halben Liter Blut die gleiche Menge Pilsener erhalten. Sponsor war eine örtliche Brauerei. Die Regelung galt allerdings nur für Männer. Frauen bekamen als Dank für den Aderlaß einen Blumenstrauß.

Bock Untergäriges Starkbier, gebraut aus Gerstenmalz. Seine Farbe variiert von hell-bernsteinfarben über schnitzelbraun, rostrot bis richtig dunkel-schwarzbraun ist die Haseln... halt, halt, halt, schwarzrot natürlich. Die Typologie gibt so manches Rätsel auf. Eigentlich macht jeder Bockbrauer, was er will. Der Geschmack richtet sich nach dem verwendeten Malz. Es gibt malzig-süßen, schwach gehopften, aber auch regelrecht knarzig-bitteren B. Sinn und Zweck dieses Starkbiergetränkes fußen auf seinem Saisoncharakter, denn ursprünglich war es das Bier der kälteren Jahreszeit. Und dann gibt es noch den Maibock.

Bönnsch 4,8% Bonn. Erhältlich im Ausschank, im Bonner »Bönnsch« natürlich. Gewissermaßen ein ungefiltertes Kölsch, ein Wieß (siehe Wieß) also. Das schmeckt zwar, trinken kann man es trotzdem nicht. Denn erstens wird es in Gläser gefüllt, die an Mountain-Bike-Lenker erinnern. Und zweitens besteht sein Konsumentenstamm fast ausschließlich aus Typen – mentalitätsmäßig »Polizei« –, denen wir tagsüber nicht auf der Straße begegnen möchten. Die können doch nicht mal Skat.

Bolten Alt Privatbrauerei Bolten Körschenbroich. Bronzebräunlich, süffig, süffisant, läßt Altgegner ganz schön alt aussehen.

Bosch's Braunbier 5,0% Brauerei Bosch Bad Laasphe. Warum muß Landbier »zunächst und zumeist« (Peter Sloterdijk) dunkel sein? Träufeln Sie saure, flockige Milch auf die Zungenspitze. Und unterzeichnen Sie folgende Petition: »An die Altwestfalen! Baut Bohrmaschinen und Waschtrommeln! Betreibt Traktorracing! Fördert Euer gutes Mineralwasser!«
Danke.

Braualtar, der Recht geläufiges Möbelstück in Häusern, wo man sich dem vermeintlich Höchsten Richter gefällig zu machen versucht. Nicht nur auf dem Eiland Japan ist es üblich, jede Brauerei mit einem Bierschrein zu bestücken, denn Bier eignet sich wie ein Stück Rind oder ein Stück Brotrinde als Opfergabe. Den Schutzpatron St. Florian (siehe Bierheilige, kirchenoffiziell bestätigte) gütig stimmen soll ein B. in St. Peter, München. Und die Rede geht auch davon, daß der B. nunmehr des öfteren in säkularen Örtlichkeiten, so in Büros, Kanzleien und Abgeordnetendatschen eine neue Heimstatt und Funktion gefunden hat – als Biertresor.

Brauen, das Wäre er nicht schon so abstoßend, widerlich, ekelerregend »belegt«, käme ausschließlich der Begriff »Kunsthandwerk« zur Umschreibung dieser zentralen, ja nuklearen aller menschlichen Verrichtungen in Frage. Dem Kern und Wesen der Dinge aber eignet Zweiheit, und so gehört das rechtschaffene Trinken unweigerlich dazu.

Braugold Pilsener Spezial 4,9% Braugold Brauerei Erfurt. Statt mit Braugold sollte man sich mit einem x-beliebigen Buntmetall zufriedengeben. Rollt unaufgeregt über den Gaumen. Und natürlich »feinherb« wieder! Keine Verkostungsproben verschicken wollen, aber auf dem Etikettenzettel schreiben: »Genießen Sie mit Braugold ein Stück Thüringer Lebenskunst.« So seht Ihr aus.

Brauhaus Gunzenhausen Begann im Jahre 1564 mit seiner Arbeit, und der Helle Bock **(Blonder)** ist streng gemalzt und strengt sich an, einen ganz ganz dunklen Dunklen Bock zu mimen. Das **Helle** passabel gehopft und fulminant im Finish. Wo sie's nur herholen! Pils seinerseits wird **Wilder Graf** gerufen. Die Bedienung aus dem Osten weeß aber ooch nich, wieso. »Der Verlust der Erinnerung menetekelt heutigentags dräuender denn je.« (Klaus Adorno)

Braukommune, die Auch -zunft, -gilde. Physische und juristische Gesamtheit der brauberechtigten Bürger einer Stadt. Vergleichbar mit der heutigen Genossenschaft. Nachdem das Bierbrauen bis weit ins Mittelalter hinein reine Frauensache und keinerlei Reglementierungen unterworfen war, sind in der B. erste Anzeichen zu vermerken, wonach sich in den einer frühen Blüte zutreibenden Städten Keime frühkapitalistischen Wirtschaftens ansammeln. Brauberechtigt waren ausschließlich Bürger. Bürger mit Grundbesitz. Die B. stiftete das städtische Brauhaus, bestimmte per Verlosung zu Beginn des Jahres die Reihenfolge des Einbrauens, stellte Braumeister und -knechte ein, verwaltete die Braugerätschaften und besorgte die Eichung der Behältnisse. Sie versah die Rohstoffbeschaffung (Gerste, Hopfen), legte Sudgröße und Materialeinsatzschlüssel je nach wirtschaftlicher Lage (Mißernten, Kriege) in Brauordnungen fest, ließ vermöge der Bierbeschauer die Schankmodalitäten und vermöge der Exekutive die Bannmeile (siehe Bannmeile, die) rund um die Stadt überwachen und eigenmächtige Konkurrenz über Land ausschalten (siehe Bierkrieg).
Jeder einzelne Brauberechtigte kaufte nach Bedarf Malz und Hopfen aus den Beständen der Kommune und ließ die Angestellten des Brauhauses auf eigene Kosten einbrauen, ließ Lagerung und Reifung des Bieres im eigenen Keller erfolgen und war berechtigt, nach obiger Reihenfolge unter Abführung eines Teiles an den städtischen Ratskeller auf eigene Rechnung (aber nach von der B. oder von der Landesherrschaft veranschlagten Festpreisen) Bier auszuschenken. Die B. zerfiel, als mit der in Deutschland einsetzenden industriellen Revolution auch die Gewerbefreiheit etabliert wurde. Ein der B. verwandtes genossenschaftliches Prinzip hat sich teilweise in ländlichen Gemeinden Frankens bis auf heute gerettet.

Braumeister Pilsener 5,4% Brauerei Van Pur/Ukraine. Gibt sich als übliches Export zu erkennen. Wie mit vielem, so will der Ex-Ostblock auch mit seinen ganz neuen, eigensinnigen Errungenschaften über Gebühr prahlen, so etwa mit dem Pasteurisieren. Daher: bitter wie gebratenes Paprikapulver. Dazu: einstürzende Schaumbauten.

Braustolz Pils Braustolz Chemnitz. Schöner Name, schönes Bier, schöne 4,9%. Bierfarbig, schaumiger Schaum, hopfiger Hopfen.

Brechen, das Das B. kündigt sich im allgemeinen durch ein Gefühl des Unwillens und des leichten Ekels beim Anblick prallvoller Weizenbierpokale, fauliger Speckborsten und nachlässig gesäuberter Toilettenschüsseln an. Der Kehlkopf beginnt zu flattern, der Speichelfluß schwillt und tritt ungehemmt über die Ufer, antarktisches Dröhnen durchströmt den Schädel des nun bereits jeden Moment Brechenden, und während sich der Magenschwamm epileptisch windet und schon halbverdaute, saure Speise- und Getränkebrocken aufwirbelt und zurückbeordert, durchfluten Erinnerungsbilder von zerstückelten Assugrinpillen, grünschillernden Bierwurstscheiben und raucherspermafarbenen Cremetörtchen geradezu mnemotechnisch die Hirnhautlappen. Ein starker Atemsog versetzt das Gaumenzäpfchen in eine hektische Pendelbewegung. Dann ist es soweit. Der Schädel droht bereits zu platzen, und eine jähe Gischt aus Rotz und Galle frißt sich durch die Speiseröhre blitzartig aufwärts, füllt augenblicklich Hals, Nase und Ohren und bricht sich Bahn, bis sie den Körper konvulsivisch durch die sperrangelweit aufgerissene Pforte des Mundes in breiten Spritzern und Wellenschlägen verläßt.
Das ist das B. Manchmal entdecken wir in der Masse des Gebrochenen eine verschluckte Zahnplombe wieder, das Erbsenpüree vom Vortag oder auch ein lange Zeit vermißtes Scheckbuch usw.
Das auf das B. folgende Gefühl der Erleichterung und der psychophysischen Gelöstheit ist ganz unvergleichlich schön. So hat also auch das B. am Ende sein Gutes.

Brecht, Bertolt Ließ sich zu der undurchdachten Bemerkung hinreißen, im Kommunismus würden keine geistigen Getränke mehr, würde also gleichfalls kein Bier mehr benötigt. »Wozu brauchen wir noch zu trinken, außer ihr wißt Getränke, die nüchtern machen.« (In: *Buch der Wendungen*)
Eine seiner seltenen Verfehlungen.

Brinkhoff's No 1 5,0%. Das kann ja wieder gar nichts. Apostroph-S stimmt nicht, Farbe stimmt nicht, Schaum stimmt mißmutig: verdächtig gleichmäßig geport, möchte wohl vom geschmacklichen Gesamtbild ablenken. An dem ist nichts auszusetzen, es bleibt inexistent. Dafür soll die durch Dortmunder Union in Umlauf gebrachte Komposition von hoher Gesinnung »nach der besten Rezeptur unseres ersten Braumeisters Fritz Brinkhoff (1848 bis 1927)« zusammengefügt worden sein, was nicht unbedingt für Dortmund einnimmt, doch andererseits das verständliche Unverständnis des Biertrinkers gegenüber der Dortmunder Brauart erklärt. Oder wie.

Bruch Edel Pils 4,8% Brauerei Bruch Saarbrücken. Wahrhaft edel. Gar nicht mal sooo typisch für diese Gegend, wie wir meinen. Gelungenes Hopfenfinish, nicht zu schlank, anhaltender Nachtrunk. Legitimer Erbe des Greizer Diabetiker (siehe Greizer Diabetiker). Das **Zwickel** (4,8%) setzt noch einen drauf: Mit dem Geschmack auf der Zunge möchte man den Rest des Lebens zubringen/sein Leben aushauchen (bitte Zutreffendes streichen). Bis dahin tragen wir Bruchbänder mit der Aufschrift: »Trinkt Bruch Zwickel!« **Landbier 1702**: Na, »nach Rezept von 1702« glauben wir freilich nicht, vielleicht etwas farb-/röstmalzig, aber nahe am Optimum, könnte eine fülligere, malzigere Lieblichkeit vertragen.

Bruckberger Dorn-Bräu Seit 1766. Vor Ort ist Überzeugungsarbeit Trumpf. Auf jedem Tisch eine Flasche Maggi (soll in der ganzen Gegend üblich sein, klärt uns

Charlotte Roth auf). Wurstschimmelfarbige Stickdecken, das Licht geht erst an, wenn die Tischwahl erfolgt ist. Radikal freundliche Bedienung. Der über den hohen Besuch der Biertesterreisegruppe informierte Zapfer hängt sich rein. Das soll aber auch so sein.
Gleich taucht außerdem der Chef auf. Er trägt eine Tasche voll Bier mit sich, die ohne viel Federlesen in unseren Besitz übergeht. Beklagt das Brauereiensterben. Er bediene zwanzig Gaststätten in der näheren Umgebung. »Wir machen kein Billigbier.« Mißgestimmt murmelt Florian Meindorfner anläßlich des ihm zugeteilten **Hellen** was von »nicht den Ansatz eines Widerhakens«, nein, einen Ansatz von Widerhaken findet man auch im einwandfrei gezapften **Pils** nicht, das trotz herrlichstem Goldbraun flach einströmt und rasch endet bzw. sich nicht anders verhält als der übermalzige **Dunkel-Export-**Quatsch, neinnein, hier kann auch der Saal mit Platz für 150 Gäste nichts mehr bewegen (ausgebucht bis Oktober).
Nichts wie weg hier.

Bruckmüller Hell 4,7% Brauerei Bruckmüller Amberg. Start 1490. Schlank, fast ein Pils, gute Bittere, sehr wohlig stimmender Körper, wogend abgeklärtes Finish. Da trinkt der Tester – trotz stürmischer Teilchenbewegung – sogar die ganze Flasche.

Bud und **Michelob** Entstammen dem (vor Heineken und Miller) weltgrößten Brauereikonzern Anheuser-Busch in St. Louis/USA. Was nichts heißen muß. Die brauen auch nur mit Wasser. Heißen muß das B. aber so außerhalb der USA, weil die US-Markenbezeichnung Budweiser mit allem Fug und vornehmlichem Recht von der gleichnamigen tschechischen Brauerei beansprucht wird. B. (»King of Beers«) bringt es auf eine rätselhafte Alkoholfünneff und eine frühvergreiste Schaumdemonstration. Weltweites Pilotprojekt der Hopfenkastratenbewegung. Daher »World's largest selling beer«. M. (5%) hat seinen Namen gleichfalls einer böhmischen Stadt nahe Zatec entlehnt, ohne auch nur Ansätze orts- und brauspezifischer Ähnlichkeiten vorweisen zu können. Zu seinem Glück wird in Michelob nicht mehr gebraut. So darf das M. allerwärts Michelob heißen – und nicht, was angemessen wäre, »messingfarbenes Gurkenwasser«. Majonäsig-bräsig. Das Hopfenaroma wie zugelaufen. Man könnt' in die Gläser heulen.

Budweiser Budvar 5,0% Pivovar Budejovice/Tschechien. Voller Schaum. Vollgelbe Farbe. Volle Hopfenwolke. Ein wahres Vollbier. Die Brauer berufen sich auf ihre sprichwörtliche Budweisheit und liegen damit vollstens richtig. Allzeit volle Gläser!

Bürgerbräu Bamberg 5,0%. Strafe muß sein. Hier wurde nämlich Kohlensäure in massiven Dosen untergerührt. Weißbierähnliches Ergebnis, das nach neuesten semantischen Analysen – aufgemerkt! – als »zwischig« zu gelten hat. Heißt aber **Pils**.
»Frisch«, urteilt die Dame am Tisch. Auch machbar. Von uns aus. Na gut.

Bürgerhof Siehe Sargdeckel.

Bürger Kölsch 4,8% Rheinische Bürger-Brau Köln. Typische Billigmarke: niedriger Preis, Low-budget-Design. Oder vice versa. Unangenehm starker Schaum, gewöhnliche Farbe, überraschend gewöhnlicher, beinahe würziger Geruch. Antrunk metallisch, Aroma enttäuschend, Rezens nahe null, quasi kein Nachtrunk. Hopfen und Malz hat Gott hier kaum erhalten. Das harte Kölner Wasser schon. Möge es doch zu Wein werden. Siehe auch Wein aus Bier äh: Wein auf Bier.

Burgherren Pils 4,8% Privatbrauerei Streck-Bräu Ostheim/Rhön. Ideal für Sitz- und Diskursparties. Beendet die Veranstaltung durch choreographiertes Niederstürzen, sobald jeder Teilnehmer fünfzehn Flaschen zur Seite gebracht hat. Sollten Sie mal mitbringen. Wird ein »großes Hallo« geben. Unter Garantie.

Burkhardus Rothbier 4,8% Brauberger Traditionsbrauerei Lübeck. Trübes untergäriges Ökobier. Nicht grün noch gelb noch blau und schon gar nicht vergleichbar mit Schwarzbier. Von sehr annehmbarem, aber uneinprägsamem Geschmack. Ratlos nach Worten ringend saßen die Tester vor dem Humpen und reimten sich was zusammen, bis ein Exil-Australier vorbeikam, den sie mitkosten ließen und der ihnen stecken konnte: das schmecke wie **Cooper's Extra Stout**. Dann war alles klar.

Busen, der Gerät noch schöner, als er eh schon ist, durch die Applikation von Bierschaum, am besten dreimal täglich. Verfährt eine Dame in gleicher Weise mit ihrem Gesicht, wird sie vor Anmut, Reiz und gleißender Pracht bald nur so überschäumen.
Befand 1541 Herzog Wilhelms Hofapotheker Johann Casimir August Christian Saugfuss.

BV Stand in der zur Gänze unmodernen, nunmehr auf dem »Müllhaufen der Geschichte« (G. Hughes) gelandeten Nationalen Volksarmee für Besonderes Vorkommnis. Im alles andere als unmodernen und die Gegebenheiten des Seins wahrlich fokussierenden Getränkeeinzelhandel steht es für Bügelverschluß und ist seit geraumer Zeit daselbst auch kein besonderes Vorkommnis mehr, vielmehr eine wieder zur lieben Gewohnheit gewordene Biereinflaschung.

C

Cains 5,0% The Robert Cain & Company Limited Liverpool/Großbritannien. Neu in der Riesentonne an Tankstellen (siehe Tankstelle) zum Verkauf: C., ein Bitter Ale. Ist schon bitter, so ein Bitter Ale, das auf den teutschen Markt geworfen wird, um unter der Obhut von Faxe und im Kielwasser der unverwüstlichen Faxe-Kartusche (siehe Faxe) als ebensolche Großbüchse zu reüssieren. Dabei kommt das Ding wie auf Stelzen daher. Kontinentaler Schaum treibt hoch hinaus, kastanienschalenrote Flüssigkeit plumpst hinterher. Fast unliebsam gebärdet es sich. Klar, das Malz wurde schön traktiert. Reicht vielleicht zum trockenen Werkstattbier, aber ferner? Nach Genuß mehrerer Stücke Mohnkuchen gar dicklich.
Hoffentlich nur ein Probelauf, und ein mißglückter obendrein.

Campaign For Real Ale (CAMRA) Seit 1971 agitieren in Großbritannien Freunde des faßgereiften Ales gegen das Überhandnehmen von schalem und charakterlosem Bier. Der Begriff Real Ale bezeichnet ein Bräu, das im Gegensatz zu den marktbeherrschenden, exportfähigen Produkten weder pasteurisiert noch gekühlt, noch gefiltert wird. Real Ale muß die Brauerei in gärendem Zustand verlassen, Manipulationen des Kohlensäuregehalts sind nicht gestattet. Die Mitglieder von CAMRA – in Frankreich verfolgt CHT'I VERT ähnliche Ziele, auch die Beneluxländer, Skandinavien und Kanada kennen entsprechende Verbraucherbewegungen – haben durch ihre Arbeit zwar lokal operierende, unabhängige Brauer gestärkt. Doch nach wie vor produzieren zahlreiche Independent-Firmen ihren wohlschmeckenden Stoff, ohne

ausreichende Gewinne zu erzielen. Wer wissen will, in welchen Pubs man Real Ale trinken kann, braucht den *Good Beer Guide*, ein jährlich von den Kampagneros neu zusammengestelltes Konvolut. Darüber hinaus geben vertrauenswürdige Testergebnisse preis, wie **Old Bill Winter Warmer**, **Old Genie**, **Headbanger** und mehr als 700 weitere echte Biere eigentlich schmecken.
Bezugsadresse: CAMRA, 34 Alma Road, St Albans, Herts, AL1 3BW, Tel.: 00441727/867201, Bürozeiten: Mo – Fr, 9 bis 17 Uhr.

Carib Lager 5,2% Carib Brewery Champs Fleurs/Trinidad. Geht einen aus 80 cm Entfernung an. Nasivin nicht geboten! Gesport, trocken und fest. Achtung! Summt das Malz noch förmlich und furchtlos im Maul herum! Die Sache ist abgemacht.

Carioca Classic 5,0% Latino Do Brasil, unter Lizenz von Brasserie Huyghe Melle/Belgien. Wasserkaskaden, Südfruchtfrische. Im Finish lausig, waldreich, viel Vogellärm um nichts.
Anschlußfrage: Wie macht man Bier, das nach null, nach nüscht schmeckt?

Carlsberg »Probably the best beer in the world.« Sicher. Der Nächste bitte.

Celler »... das gönn' ich mir« Pilsener 4,9% Brauerei Carl Betz Celle. Farblich gesehen durchsichtig, sonst undurchsichtiges Bräu. Führt die Garde der Celler C-Biere an. Es folgt **Dunkel Festbier** (5,2%): So wird kein Dunkles gemacht. Als Zwickel (**Urtrüb**, 4,9%) auch nur ein Cwickel. Das Sortiment somit gänzlich in den Brunnen bzw. ins Celler Bierloch (siehe Wittinger) gefallen. Aber gut, »das Leben des Menschen ist kurz; wer sich betrinken will, hat keine Zeit zu verlieren!« (Arno Schmidt)

Chapeau Tropical Lambic 3,0% Brasserie De Troch Wambeek/Belgien. Hier wird ein längerer Artikel fällig. Eins nach dem anderen also.
a) Sofern Sie unter Belle-Vue (siehe Belle-Vue) nicht schon die basalen *Infos* zum Lambic als solchem eingesehen haben, an dieser Stelle folgende – auch als Ergänzung zu verstehende – Hinweise: Lambic meist obergärig; Lambic unter Einsatz von bewußt überaltertem, seiner Bitterstoffe entledigtem Hopfen; Lambic oft jahrelang in großen Tonnen nachgegärt; Lambic: eine wirklich alte, manchmal champagnerartige, wundersame Brüsseler Spitzenspezialität, auch anzutreffen westlich der europäischen »Traumstadt« (N. Ruge) schlechthin; das Angebot: von hier aus praktisch nicht zu überblicken. Mit spezieller Sauerkirsche dann gerufen Kriek; mit Himbeeren Fromboise. Gueuze, das »Bier der Bettler«: ein Verschnitt aus alten und neuen Lambics. Alles *roger*? Rücken Sie vor zu Punkt b)
b) Die weltoffene Sonntagszeitung *BamS* unterbreitete ihrer weltoffenen Leserschaft am 18. August 1996 einen Test »ganz neuer« Fruchtbiere »mit Bananen-, Kirsch- oder Kürbisgeschmack«; Titel: »Die Igitt-Biere«. Unter diesen auch Ch. – in der hier zu vergegenwärtigenden Ananasversion sowie als Fromboise, als Bananenbräu und als Kriek. Letzteres soll gar nicht »igitt«, soll »fruchtig und lecker« sein; ersteres »schmeckt nach nichts«. Banane »ein totaler Reinfall«: »Schmeckt ganz staubig« / »Gräßlich süß!« Fromboise? »Schön fruchtig, nicht zu süß«, »Ein frischer Mix, da stimmt der Geschmack«; Welch Sachverstand! O Aufschneider und Nichtsnutze, lest, sofern Ihr's könnt,
c) ein abwägendes, nachdenkliches Degustatorenwort: Scharfer Jauche-Geruch zwar, doppelt gesichert durch Korken und Kronkorken, doch alsbald rauschend sauersüßer, richtiggehend deliziöser Trunk, in unserer an angenehmen Überraschungen armen Welt ein Trostpflaster, das sogar besoffen macht.
Verstanden?
Und Sie?
Dann machen wir weiter.

Chimay Rouge 7,0% Brasserie Chimay/Belgien. Die unseren Zungen noch geläufigste Starkbiervariante und gleichsam rotgoldener Schlüssel zum Reich der belgischen Trappistenbiere. Von da stammen noch das trockenere **Blanche** (8,0%) sowie das alles überragende und den braven Übergang zum Tempel der Jahrgangsbiere vorstellende **Bleue** (9,0%).

Church Ale Im mittelalterlichen England üblicher Brauch, auch mal unter Gottes gestrengem Auge einen zu heben – und zwar bei der sog. Schlemmermesse, einer Kollektivberauschung sakralen Zuschnitts. In hiesigen Gefilden hatte die Kirche gleichfalls noch was anzumelden. Der Kurfürst August von Sachsen berichtete 1557, daß »die Bauern auf und an den hohen Festen ihre Sauferei bald am Vorabend des Festes anfangen und die Nacht über treiben und morgens die Predigt entweder gar verschlafen oder betrunken in die Kirche kommen und darinnen wie die Säue schlafen und schnarchen.« Sakrament!

Classic Pilsener 4,8% aus der Privatbrauerei Reichenbrand Chemnitz ist ein wahrhaft klassisches Pilsener benamst, das Zwickel oder **Keller-Pils** (4,8%) erfährt nur im Faß Verbreitung. Sinnvoll ergänzt wird die außerordentlich klug zusammengebraute Produktpalette durch das Tagesbier **Unser Helles** (5,2%) und das **Jubiläums-Premium** (5,3%). Ehedem wichtiger Bestandteil des DDR-Naturalienhandels. Nunmehr »gar nicht mehr so geheimer Tip« (R. Fripp).

Cluss Kellerpils 5,0% Cluss-Brauerei Heilbronn. Erklären wir hiermit zum keineswegs gewöhnlichen, aber auch nicht gerade außergewöhnlichen Zwickel.

Codex Hammurabi Erlassen im 2. Jahrtausend v. u. Z. Wir zitieren auszugsweise und merken der gebotenen Eile wegen nur an, daß es sich im folgenden um den ältesten

gesicherten Gesetzestext der zivilisiert-geschichtlichen Welt handelt. Zu Babylon ward also erlassen: a) Die Wirtin, die sich ihr Bier nicht in Gerste, sondern in Silber bezahlen läßt, oder die minderwertiges Bier verkauft, wird ertränkt; b) eine Priesterin, die eine Wirtschaft aufsucht oder gar eine Wirtschaft eröffnet, wird verbrannt; c) die Wirtin, die in ihrer Gaststätte politische oder staatsgefährdende Diskussionen duldet, ohne die Gäste der Obrigkeit auszuliefern, wird getötet; d) Bierpanscher werden in ihren Fässern ertränkt oder so lange mit Bier vollgegossen, bis sie ersticken.
Darauf ein Bit.

Cola-Bier Stellen Sie drei Weingläser, wahlweise drei Whisky-, Cola- oder Gurkengläser nebeneinander und auf Ihren Küchentisch. Nehmen Sie Platz, konzentrieren Sie sich, vergessen Sie nicht, Ihre Kochschürze (»Papi hilft gern«) anzulegen und die Augen zu schließen. Schreiten Sie nun zur ersten Probe. Schnüffeln, nippen Sie an **Park Blacky Schwarzbock & Cola**, einem wuchtigen, 2,9%igen Dunkelcolabock, der den Fettdruck verdient wie kein zweites C. Suchen Sie den Getränkehändler Ihres Vertrauens auf, und konfiszieren Sie das gesamte Park-Sortiment (siehe Park). Vergessen Sie unter keinen Umständen **Park Pirminator**, »das kräftige helle Bockbier« (6,9%). Erstatten Sie Anzeige! Kehren Sie spornstreichs nach Hause zurück. Kloppen Sie 2) **Karlsberg Mixery Bier + Cola + X** (3,1%) weg (siehe X im Mix), hauen Sie die Belegschaft, brandschatzen Sie den Getränkehändler Ihres Vertrauens, erstatten Sie keine Anzeige. Erst bei Glas Numero 3) und letztens: **Black Rider Cola Weizen**, 2,6% Patrizier Bräu Nürnberg, 23 kcal je 100 ml – da ziehen Sie dann gleich vors Bundesverfassungsgericht.
Haben Sie verstanden? Sind Sie durch? Beginnen Sie von vorne. Auf die Straße begeben Sie sich diesmal bitte mit unverbundenen Augen. Rest s. o.

Corona Extra 4,6% Cerveceria Modelo Mexico City/ Mexiko. Schmeckt und trinkt man weg wie nix.

Crashkurs Das Washingtoner Beer Institute bietet einen achtstündigen, Mittagspause und Kaffeetrinken eingeschlossenen »special one-day course« an, der die Grundlagen des Brauens lehren und Kenntnisse über alle weltweit relevanten »beer styles« vermitteln soll. Ob's hilft?

Crazy Ed's Original Chili Beer 4,7% Black Mountain Brewing Cave Greek Arizona/USA. Sieht aus wie Bohnenwasser mit grünem Partybockwürstchen. Das aber schmeckt extrem nach Chilischote, ja ist strenggenommen sogar eine. Vielleicht aber doch vergorenes Hot Dog. So genau weiß man das bei Crazy Ed nie. Die Sache mit dem Bier sollte er sich noch mal überlegen.

D

»Da ist Hopfen und Malz verloren!« Volksmund, metaphorischer Ausruf für »Jetzt ist alles aus!« oder »Bei dem hat alles keinen Sinn mehr!« Geht vermutlich zurück auf einen Bierbrauer, der sich im Rausch mal kolossal vertan und wirklich alles falsch gemacht hat: Statt das Malz zu schroten, im Sudhaus mit heißem Wasser zur Maische zu mischen, anschließend im Bottich abzuläutern und die so entstandene Lösung mit Hopfen zu kochen, verfuhr der Depp grad andersherum, schrotete, sott und läuterte den Hopfen, kochte den Brei mit Wasser und unbehandeltem Malz auf – und heraus kamen quaderförmige Hopfenbonbons mit erfrischend bekömmlichem Malzgeschmack, auch bekannt als Ricola Schweizer Kräuterzucker. Schmecken zwar auch lecker, aber das wußte der arme Bierbrauer damals noch nicht; daher ja sein Ausruf.

DAB Pilsener 4,8% Dortmunder Actien-Brauerei. »Zum Wohlsein« schreibt Ihr auf Euer Etikett. Darüber müssen wir noch mal reden.

Dachkammerbier Mit vollem Recht verächtliche Bezeichnung für schlechtes, wäßriges Bier, das wohl auch Hosenbrummer oder Puparsch hieß und allenfalls armen Poeten Vergnügen bereitete.

Darguner Klosterbräu 5,2% Darguner Klosterbrauerei. Breit wie ein Seebärenkreuz. Hätten wir auf Anhieb in Richtung Märzen verortet, obendrein überpasteurisiert. Da werden die Klosterbräutrinker wohl unter sich bleiben müssen.

Darmstädter Premium 4,8% Darmstädter Privatbrauerei Wilhelm Rummel. Viel Rummel um nix. Das leidige Premiumdesaster: Vergammelte Hefen an die vollmondgelbe Würzefront geprügelt. Notdürftig geschlagener Schaum. Und der Hopfen hat den Einsatz verpaßt.

DBU Abkürzung für Deutsche Biertrinker Union. Eine keineswegs konservativ optierende Kleinstpartei, die aus den »Wendewirren« erwuchs. Schloß bei den 1990er-Wahlen trotz mitreißender Forderungen (Schwerter zu Bierhumpen! Aufhebung der Polizeistunde! Anhebung der Mindestrenten! etc.) nur mit höchst unbefriedigenden 0,02% ab. »Wann wird der Mensch dem Mensch ein Bruder?!« (H. Tomayer) Die Zeit ist eben noch nicht reif. Wird sie es jemals sein?

Delirium tremens 9,0% Brasserie Huyghe Gent/Belgien. Ein ganzer Frühjahrsfrüchtekorb wird gereicht: Greifen Sie zu. Greifen Sie zur dreifachgegärten, in die – mit grünen Krokodilen besiedelte – Steingutimitatflasche gefüllten Frucht- und Früchtebombe! Denn das kann der Belgier wie kein zweiter, ein hefiges, fruchteinflößendes, brachiales und keine Spur schnapsiges, benzinverunreinigtes Bombenbier basteln. Es lebe Bakunin! Und der belgische Brauzauber sowieso.

Denner Lager Hell 4,8%. Schweizer Handelsmarke. Im oberen Flaschenhalsbereich milchig bis griesbreiig. Hat man so was schon gesehen! Im unteren Flaschenbereich (Flaschenbauch) nicht der winzigsten Rede wert. Selbst nach einem Abend mit Henninger (siehe Henninger) komplett, total, vollständig und über alle Maße abzulehnen!

Der Hausbrauer Dietz Bruckberg. Steht in schärfster Konkurrenz zum Brauer Dorn (siehe Bruckberger Dorn-Bräu), verweigert aber jede Aussage über das von uns unmittelbar nach Betreten der grundbürgerlich ausstaffierten, dunkelprächtigen Stube zur Sprache gebrachte »schärfste Konkurrenzverhältnis zwischen Dietz und Dorn, Dorn und Dietz«. In braune, durch einen schlichten Zinndeckel verschließbare Glaskrüge mit einem Fassungsvermögen von 5 l (heißen »5 l-Bembel«, was nicht verziehen wird) fließt nämlich unablässig das bronzestrahlende **Helle**, auf dessen Verköstigung sich anstehende Menschen mit flotten Sprüchen über den flotten Genuß, der einem zu Hause bevorstehe, pflichtbewußt einstimmen. Ein seliges Ambiente, und eine noch seligmachendere Tätigkeit ist das Zuendebringen von vier, fünf Gläsern »Brauer Weisse«, ein **Hefeweizen**, das sogar die Tester schätzen, überzeugt es doch entgegen der üblichen Stinkmoppligkeit dieser ganz speziell unangenehmen Sorte durch mittige Kohlensäureansprache, cremigen Körper, eine Gediegenheit von erlesener Eloquenz, ja, was sagen wir: von im Grunde nie geschmeckter Brillanz. Kommt direkt aus dem Faß. Darreichung (rel. Rarität!) auf Wunsch im 0,3 l-Glas.
Wichtige Zusatzinformation: Die »Hausbrauer Mütze« beläuft sich auf DM 6,50, T-Shirt 16,–, im Kombipack beides zusammen 20,–. Und am Ausgang ein Briefkasten: »Ihre Meinung bitte.« Aber gerne.

Desperados In Frankreich hergestelltes mexikanisches Bier, obgleich approximativ Mischgetränk, denn man setzt Tequila zu, und zwar als Geschmacksverstärkung für ein Bräu, von dem sich schwer sagen läßt, welchen dominanten Typs es eigentlich ist. Wir verstehen nicht ganz, aber meinen präsumieren zu können, daß D. der Frischewelle zu verdanken sei, denn neben den üblichen Ingredienzen wurden Glukosesirup, Zucker, Aromastoffe, Zitronensäure und Ascorbinsäure zugesetzt, damit das Immunsystem nicht kollabiert. Es braust und perlt auch gleich wie Brause, nimmt verdientermaßen die Färbung mexikanischen Wüstensandes an und beschreitet Pfade in ein Gefilde namens Terra incognita, heißt wohl: Orangenlimoland am HipHop-Strand.
Es ist – zum Verzweifeln. Lieber weglaufen und verdursten.

Diätbier Nicht nur zum Abspecken, sondern für Diabetiker und gelegentlich auch zum Wegschütten geeignet. Entspricht im Alkoholgehalt dem Pilsener. Der diätetische Effekt wird durch eine besonders hohe Vergärung erzielt. Diätbiere *sind* gern sehr schlank, fast ohne Körper. Ihre maßgeblichen Trinker *wären* es gern. Wir empfehlen die mutig gehopften. Wenn Sie sich nicht durch die häßlichen Etiketten abschrecken lassen. Unvergessen das legendäre Greizer Diabetiker (bis 1990).

Dichter Benötigen nach einer von Michael Krüger kolportierten Statistik im Schnitt jährlich 530 l Bier, um dichten zu können. Die Verbrauchsmengen staffeln sich gattungsspezifisch in geringe 40 l für den Lyriker, leicht zugespitzte 60 im Falle des Essayisten und horrende 190 l beim Stückeschreiber. Allen voraus saugt jedoch das Epik betreibende Genie nahezu 250, nämlich 240 l, macht 480 Flaschen oder 24 Normkästen Bier ein, was so viel auch wieder nicht ist.

Diebels Alt 4,8% Privatbrauerei Diebels Issum. Das Alt aus und von der Stange.

Die Franken Halbe 4,8% K. u. F. Weber Neunkirchen (siehe Wolfshöher). So programmatisch, so despektierlich. Soll ein »helles Vollbier« sein. Gustiert wurde es als ein helles Faulbier mit einzigartiger, ja empörender »Endfäule« (Th. Gsella). Die Lohnbrauerei gehörte endlich dem Satan!

Dingslebener Lava 5,2% Privatbrauerei Metzler Dingsleben. Eine ordentliche Caramalznote schleppt sich gemächlich durch den Nachtrunk. Unbeachtliche Nebennote, Nachteil der schwachen Vergärung. Mit etwas mehr Rezens wäre da eine Menge auszurichten. Dazu Lavalampen und Black Sabbath »Iron man«. Das reicht dann. Trotzdem ein schöner Stern am Thüringer Schwarzbierhimmel. Das Dingslebener **Edel Premium** ist kraft seiner 4,9% ein gutes Dingslebener Edel Premium, das **Edel Pils** nicht minder.

Dinkelacker Privat 5,1% Dinkelacker Brauerei Stuttgart. Gar nicht zugeknöpft. Mild entschlossen, ja aufgeschlossen und freundlich malzig. **Pils** (4,9%) ein heiteres Alltagsbier. Appetizer fürs allabendliche **CD-Pils** (4,9%) mit seinem sorgfältigst untergehobenen Aromahopfen. Mousseux strengster Observanz. Eine Klasse für sich.

Dinkel Naturtrüb 4,8% Apostelbräu Hauzenberg. Da wiehert das Ökomönchlein. Der Dinkel kann schon beim Mälzen angegoren sein? Sicher nicht beabsichtigt?

Dithmarscher Pilsener 4,6% Privatbrauerei Karl Hintz Marne. Hier wohnt der Hopfengott, der gütige, milde, nachsichtige, der es gut mit uns meint und uns auch langmütig vergibt, wenn wir mal ein anderes Bier trinken.

Dixie Blackened Voodoo Lager 4,95% Dixie Brewing Co. New Orleans/USA. Wäre es ein Ale, wie wir anfänglich auf Grund der Säure vermuteten, hätten wir auf Zwetschge getippt, Kollege Riedel erkannte auf Petersbirne. Doch es ist ein untergäriges Lager, und der Milz- äh: Malzbrand aus angeblich fünf Malzsorten weist die gebrechlichen Hopfennuancen in die Schranken. Seltsamerweise schien die Kohlensäure einen teuflischen Pakt mit der Schwerkraft geschlossen zu haben: Der Schaum kam gar nicht erst zustande. Himmelarsch und Sauerkraut! Nach zwei solchen Flaschen würden Sie vergeblich auf die dritte lauern.

Dom Kölsch 4,8% Köln. Kein ganz uninteressantes Kölsch. Nicht allzu süffig, hat aber eine mehlige Bittere. Im eigentlichen Sinne vollmundig ist es nicht, dafür schlicht. Es strömt nicht sanft durch den Mundraum, eckt dafür nirgendwo an. Insgesamt tendiert's geschmacklich und geruchlich von allen Kölschbieren am dezidiertesten in Richtung Pils. Bevor wir Warsteiner kaufen, greifen wir zum D.

Dominikaner Pils Premium 4,8% Hanseatische Getränke-Industrie Hamburg. Was man nicht trinken kann, soll man nicht besprechen.

Doppelbock Untergärige bayerische Starkbierspezialität. Erstmals 1629 von den Paulanermönchen im Kloster Neudeck für die Fastenzeit erdacht, denn Flüssiges bricht Fasten nicht. Salvator nannten sie ihr Bräu in Anlehnung an Sankt Vater Franz. Die mindestens 18% Stammwürze machen viel Wind um sich, und seither ist es Brauch, Pflicht und Sitte, den D. mit auf -ator endenden Bezeichnungen zu bestrafen. **Triumphator**, **Optimator**, **Pirminator** (siehe Cola-Bier), **Humurator**, **Maximator**, **Animator**, **Impulsator**, **Multiplikator**, Ventilator. Psychiator.

Dortmund Ehedem Hanse-Stadt mit entsprechenden Rechten, u. a., daß ihre Bürger seit 1293 ohne Auflagen Bier brauen und im näheren Umland verscheuern durf-

ten. Als D.s Bierbürger bis nach den dito am expandierenden Handel teilhabenden Städten Münster, Bielefeld und Minden ausschwärmten, gab es allerdings einen Riesenstunk. »Dortmunder Fahrzeuge wurden beschossen«, weiß *Das große Lexikon vom Bier* zu berichten. »Worauf die Dortmunder ihre Wagen bewachen ließen; wer beim Schießen auf die Fässer erwischt wurde, den ertränkte man in Bier«, einem bis heute meist hell-unentschlossenen Bräu auf der Basis schwefelsäurehaltigen Wassers. (siehe Wasser, das)
In München setzt man Karbonate ein. Wer Meister wird, entscheidet sich am letzten Spieltag.

Dortmunder Stifts Pils 4,9%. Wedelt, vor allem in der Bahn und aus der Flasche getrunken, mit einem lächerlich kupierten Hopfenschweif. Viel zu vollmundig, aber was: zu dortmundig. **Clarissen Bräu** (4,6%) birgt außer in Verbindung mit trauriger Farbe stehendem Schaum nichts Rätselhaftes.

Dortmunder Union Export 5,3% Dortmunder Union-Brauerei. »Das Original«, der Klassiker, von dem niemand mehr so recht was wissen will, die Ausstoßquantitäten an Export-Bier, gerade in seiner ursprünglichen Dortmunder Spielart, gelten insgesamt als rückläufig. Wunder nimmt das nicht: Der Ahnherr ist ein wenig behäbig (geworden), geruchsarm, halt spezifisch breit, malzbetont, Michael Jackson kritisiert seine »Kumpelhaftigkeit«, spitzfindige CO_2 läßt uns kaum aufmerken. Gewichtsklasse über 90 kg, Güteklasse 3. Auf dem Dortmunder liegt kein Segen. Auch das »Original« wird dereinst niedergestemmt sein. (siehe auch Brinkhoff's No 1; siehe auch Dortmund; siehe auch Dortmunder Union Siegel Pils)

Dortmunder Union Siegel Pils 4,8%. Versiegeln! Nicht anrühren! Versiegeln! Vergießen! Am besten verschütten.

Dosenbier Wer war eigentlich George Newman? Ein Lump allemal! Der einstige technische Leiter der US-amerikanischen Gottfried Krueger Brewing Company trägt erhebliche Schuld am wohl größten Unheil im Bereich allgemeiner Trinkkultur: dem Bier aus der Dose. Nach mehreren von ihm initiierten Testläufen, die leider nicht erfolglos blieben, führte seine Firma 1935 die Bierdose ein. Aus jetziger Sicht mutet das seinerzeit neuartige Produkt monströs an. Es wog dreimal soviel wie die heute verbreitete Büchse und war nur mit Spezialöffner aufzuhebeln. Zwei Jahre später lief dann auch in Deutschland die erste Dose vom Band. Mittlerweile wird sie – vor allem zur Freude des Marktführers Warsteiner – in allen relevanten Bevölkerungsschichten (Punks, Obdachlose, leitende Angestellte, Mecklenburger) als Statussymbol für was auch immer gehandelt.
Daß Bier aus Weißblech- oder Aluminiumdosen eine zwecks ellenlanger Haltbarkeit stark übererhitzte Brühe ist, stört diese Menschen nicht. Wenn man einem 1995 in der Zeitschrift *NeuroToxicology* publizierten Artikel glauben darf, stehen wenigstens die Chancen nicht schlecht, daß Dosenbiertrinker zu gegebener Zeit von Alzheimer heimgesucht werden – dem Aluminium sei Dank.
Wir nennen das Gerechtigkeit.

Drachenblut Spezial Märzen 5,5% Späth Bräu Furth. Volleigelbfarben, selbst die Bläslein eiförmig, klebt wie altes Ei auf der Zunge und will nicht runter.

Drehkronkorken »Export 33 – jetzt noch einfacher zu tragen; noch einfacher zu trinken!« Aber ach, kein herrliches Versprechen, ein Übersetzungsfehler nur: »zu öffnen« muß es heißen, und nicht »zu trinken«! Denn der Kronkorken der französischen Kleinstbierflaschen läßt sich neuerdings einfach per Hand abdrehen. (siehe auch Red Dog)
Schöner Triumph menschlichen Geistes über jahrmilliardenalte Gesetze der Abfülltechnik! Der auch zu begrüßen

ist, wenngleich er all das überflüssig macht, was man in sechs Wochen Bautätigkeit gelernt hat: zwei Bierflaschen an den Kronkorken derart gegeneinanderzusetzen, daß sich über ein elegantes und fast kraftfreies Verkanten die eine freudig öffnet. Das Problem der letzten, stets allein übrigbleibenden und somit kaum zu bezwingenden Flasche nämlich darf nunmehr als gelöst gelten.

Drewermann, Eugen Gab, gefragt, wie er es mit dem Fußball halte, am 23. Juni 1996, am Tag, als der Papst zum ersten Mal Berlin besuchte (ARD: »Es war ein Papst, wie man ihn kennt.«), in *ZAK* (ARD) zu Protokoll: »Ich habe ein Bier auf den Sieg [Borussia Dortmunds] getrunken, und das war für meine Verhältnisse sehr viel.«
Eine gewisse Nähe zu Walter Jens' legendärem Ausspruch »Ich habe in meinem Leben vielleicht eine Flasche Bier getrunken« – ist weder zu leugnen noch von der Hand zu weisen (siehe Jens, Walter), doch ähnlich unerforscht wie die Bierzugeneigtheit unserer sonstigen höheren Gottesmänner und Kirchenkritiker. Immerhin bleibt gewiß: »Man hat die Sache Jesu verraten.« (Eugen D. an gleicher Stelle)
Religionsgeschichtlicher Zusatz: Nämliche *ZAK*-Folge dokumentierte, daß Gott im Bayerischen einem seiner folgsamsten Schäfchen eingab, sie, die Maria oder Margarethe, sei ab sofort seine »Mucki«: »Du bist die Mucki. Gott ist die Muckigebärerin«, stellte ein Tonband mit des Weltenerbauers eigener Stimme unter Beweis. Fazit Gottes (O-Ton): »Es wird viele Muckis geben.«
Fazit D. (a. a. O.): »Sechs Siebtel der menschlichen Psyche liegen im Unbewußten.«
Bier soll hierbei nicht im Spiel gewesen sein.

Dreykorn Hell 4,8% Dreykorn-Bräu Lauf. Entschieden mehr als drei Gerstenkörner drin. Schaum gut bis sehr gut / gülden Haar / wohltuend zurückhaltend mit der CO_2. Hat was von Rahmbutter. Wie das? werden Sie fragen. Mindestens (Meier) zwo bestätigten's. Und der Hopfenkreisel eiert beschwingt. Somit die evtl. beste Wahl östlich von Nürnberg (und Nürnberg inkl.). Noch doller, obgleich ungeduldiger bei der Schaumbildung, das Sonne meidende **Pils** (4,9%): kirschkerniger Malzkörper plus buchenkronengleich darübergebreitetes, köstlich Bittere spendendes Hopfendach – oder ein lange Sommerabende mit der Hopfenkönigin versprechendes schattiges Gebüsch. Blumiger *kann* ein Bier nicht sein.

Dr. Knaust Legendärer Bierreisender und Vater der modernen Bierliteratur, der Biermarken allein schon an der Schaumgeräuschentfaltung erkennen konnte. Bereiste im 16. Jahrhundert nahezu ganz deutschsprachig Europa und legte seine Verkostungsergebnisse schriftlich nieder. 1575 reüssierte er bei Georg Baumann zu Erfurt mit *Fünff Bücher von der göttlichen vnd edlen Gabe, der philosophischen hochthewren vnd wunderbaren Kunst, Bier zu brawen. Auch von Namen der vornemsten Biere in gantz Teudschlanden vnd von derer Naturen, Temperamenten, Qualiteten Art vnd Eigenschafft, Gesundheit vnd vngesundheit, Sie sein Weitzen= oder Gersten=, Weisse oder Rotte Biere, Gewürtzet oder vngewürtzet. Auffs newe vbersehen vnd in vile wege vber vörige edition gemehrt vnd gebessert. Durch Herrn Heinrich Knausten, beider Rechten Doctor.* Wem fünf Bücher zuviel sind, der besorge sich *Der vollkommene Bierbrauer. Oder kurzer Unterricht alle Arten Biere zu brauen, wie auch verdorbene Biere wieder gut zu machen, auch alle Arten von Kräuter=Bieren. Nebst einem Anhang von Methsieden. Frankfurt und Leipzig, zu haben bey Carl Wendler, 1784,* die auf 208 Seiten gestutzte und leidlich aus dem Knaust abgemalte Kurzfassung. Da er die rauschinduzierende Wirkung des Bieralkoholes verschmähte, statt dessen das Bier primär als Nahrungsmittel, ja in Verbindung mit den aberwitzigsten Kräutern (siehe Kräuterbiere) als Medizin ansah, kann Dr. K. nicht als unser Vorbild gelten.

Drybier Haben uns Amerikaner und Japanesen vorgemacht. Sollte neben betonter Rezens vor allem ein mindergehopftes Getränk vorstellen, als Einstiegsdroge für

Nichtbiertrinker. Blieb letztlich nur ein wurmfortsätziger Bier-Mineralwasser-Blumentopf.

Dübels Brücker Dunkel 4,9% Bavaria-St. Pauli-Brauerei Hamburg. Soll eine dunkle »Pils Spezialität« sein, »teuflisch gut«, teuflischer als Duvel (siehe Duvel) wahrscheinlich, und dennoch, es ist ein vernagelt-törichtes Bier, weder Pils noch Bock, weder Fisch noch Trockendock, hopfenlau lavierender brotiger Brei, der zwischen – würden wir tippen – Export und Märzen seine ihm biermarktlückenspezifisch zugedachte Rolle spielen soll, soll er doch. Ohne uns. (siehe auch Qualität des Bieres)

Düssel Alt 4,8% Düsseldorf. Luftiger Schaum, leicht malzig, süßlich, für ein Alt zu wenig Bittere. Ohne große Ambitionen und deshalb auch ohne große Barbarismen, von unaufgeregtem Mittelmaß und heldenhafter Sanftheit. Verlangt indes ab und an nach Rachengold. Nicht nur am nächsten Morgen im Büro.

Dunkel Lange Zeit geschmähte Sorte. Im Westen wegen angeblicher Kalorien (dunkel mit dick verwechselt?), im Osten als Behelfslösung wider das Trübwerden des Bieres einschlägig bekannt, denn wie viele Biere da mit Blaulicht ausgeliefert wurden, weiß bis heute nur das Politbüro.
Am einfachsten durch Zugabe von Zuckerkulör zu bewerkstelligen. Am besten durch fein abgestimmte Mischung verschiedenster Farb- und Caramalze. In den letzten Jahren haben sich nach Vorbild z. B. von Mönchshof Kulmbach (siehe Schwarzes Pils) die Tore des Schwarzbierelysiums gewaltig aufgetan. Namentlich Thüringen soll hier genannt sein, von wo aus Marktführer Köstritz mit seinem Schwarzbier abräumt, daß es eine Art hat.

Durcheinandertrinken, das Findet beinahe täglich dort statt, wo sich keine passable Stammarke hat etablieren können, z. B. im schon mehrfach als heimtückisch

eingestuften Frankfurt am Main. Man rennt ins Geschäft, erwirbt planlos Dutzende von Biersorten, darunter auch mexikanische und senegalesische und ostrussische Bräus, und stürzt sie der unsortierten Reihe nach vor dem Fernseher hinunter.
Hat nichts mit ernsthafter Verkostung oder ungeschmälertem Vergnügen zu tun. Gleicht eher dem sprichwörtlich gewordenen Durcheinandertal Friedrich Dürrenmatts, der allerdings Wein soff. Was ihm auch nicht bekam.

Duvel 8,5% Brasserie Moortgat Breendonk/Belgien. Der Teufel hat den Schaum gemacht. Durch den muß man hindurch, um an diesen wahrhaftigen Gottestrank zu kommen. Unglaublich, daß und vor allem wie Hopfen und Malz bei solchem Alcool noch auf der Zunge agieren. Rekordbier. Kaum aufdringlich, wo doch ein deutscher Bock schon bei 7,0% sichtlich an Genießbarkeit verliert. Vielleicht wegen der obergärigen Hefe? Maître brasseur, wir wollen Vati zu dir sagen!

E

EBC European Brewing Convention. Erfand die vollkommen sinnlose EBC-Skala, auf der Malz- und Bierfarbe in EBC-Einheiten notiert werden. Ein Pils soll zwischen 6 und 8 EBCs liegen, das rötlich-bernsteinfarbene englische Ale 20 oder 30 oder 40 Punkte erzielen, und Stout sowie Porter bringen tadellos immer mehr als 150 EBCs auf die Waage. Von uns aus gern.

»Edda«, Satz der »Bierwort wird wahr«: Ein praxeologisch-mythologisches Semantikum der allerelendsten Sorte, virulent unter den Germanen (siehe Germanen, alte). Wurde während gemeinsamer Berauschungen eif-

rig hinausposaunt, denn die Germanen kübelten nicht bloß über die Versöhnung von Feinden, über die Anknüpfung von verwandtschaftlichen Beziehungen, über die Wahl von Fürsten und über Krieg und Frieden einen weg, sondern auch einfach nur, um sich irgendwie gegenseitig »besser zu verstehen«, du. Deshalb sagten sie stets munter den Satz der E. auf.
Von Dritten ernteten sie mit solchem Betragen jedoch das blanke Unverständnis. Tacitus und die Mehrheit der Römer machten in dem dauernden Gezeche nämlich schlichtweg »Trunksucht«, mangelnde Zivilisiertheit, unkontrollierte Leidenschaften und eine unerklärbare (stammesspezifische) Passion aus. Tacitus wissend: »Am wenigsten konnten sie den Durst vertragen.«

Edel-Pils 4,8% Private Brauerei Kanone Schnaittach. Milchblaß, ein wenig pastös (Malzrettungsring), doch höllischer Marathon-Hopfennachtrunk, ein gewaltiger Bittereböller in die Barrikade. Auch das **Vollbier-Hell** (4,9%) knallt. Satter Malzdauerbeschuß, guter linker Haken, das Getränk sinkt in die rote Hopfenecke, Pilsfreunde werfen Flaschen in den Ring, man will Nachfüllung, wir werden angezählt und rekognostizieren das **Vollbier-Dunkel** (4,9%) als die Kanonade von Malzmö. Gute Nacht.

Eder's Pils 5,0% Eder's Familienbrauerei Großostheim. Den Flascheninhalt mit diesem Etikett gibt (Brau-)Meister Eder als Pilsener aus, den Inhalt der Flasche mit dem Etikett **Eder's Export** (5,5%) für eben dieses. In beiden Fällen waren wir bereit, energische Zweifel anzumelden. Weder einen sortenspezifischen Unterschied noch überhaupt eines der dem Bier wesenseigenen und uns wohlvertrauten Merkmale haben wir ausmachen können. Feinherb (für Pils) und feinwürzig (für Export) sind alte Hüte und umschreiben nur unvollkommen einen seifigen Geschmack, dem wir vollste Verachtung zollten. Das **Privat Alt** (5,0%) hätten wir – Obergärigkeit beiseite – auch blind an der leicht größenwahnsinnigen Hausnote erkannt.

Efes Türkisches Pils. Nach dreistündiger Erkundungstour durch das wüstenheiße Ephesus: Was ein göttliches Labsal! Welch unvergleichlicher Freudenquell! Wie wunderbarer Osmanentrank! Ansonsten: völlig ungenießbar.

EG-Flasche Sagen alle zur mittlerweile marktbeherrschenden schlanken 0,5 l-Glasverpackung, die das dickbäuchige Bauern- und Hausbrauereienflascherl zum Verschwinden bringen wird. Ob der Begriff E. stimmt, ist deswegen noch lange nicht sicher.

Eggenberger Urbock 23° 9,9% Eggenberger Schloßbrauerei Vorchdorf/Österreich. Huhah! Das wird eine Spezialität sein! Eine »preisgekrönte Spezialität« sogar, mit umgehängtem edelschwarz-goldenem Garantieschein, auf dem der Braumeister für »eines der stärksten Biere der Welt« unterschreibt, Schwachsinn: unterzeichnet, weil es garantiert 23,0% Stammwürze herumwuchtet, deswegen ja Urbock 23°, hahahahahahi, dreihundert und mehr Jahre macht man das schon so – und, wollnmansagn, nicht übel, nicht verkehrt, schaumkräftig, bedächtig, wummsig, ein helles Starkbier in einer Farbe, die zum Naschen verleitet, halten Sie Ihren Daumen ruhig mal rein. Und? Furchtlos fordert der Hopfen sein Recht, das ist außergewöhnlich für solche Starkbierklötze, ein Urteil wie »Schnapssurrogat« dürfen wir uns nicht erlauben. Das wäre grundverkehrt. Sondern loben wollen wir diesen saustarken Trunk, ehrlich, der geht durch. Kann man machen. Sehr gut. D'accord. Da capo.

Egils Gull 5,0% Hf. Ölgerdin Egill Skallagrimsson Reykjavik/Island. Möwenexkremente, Tang und Walfischtran schmieren über moosige Hopfenbrocken hinweg, eine unverzeihliche, auch als »unmißverständlich« zu lesende Laxheit verweist auf locker ignorierte Erdung der Substanz. Kuhdung? Aber ja doch. Es stinkt halt nicht nur aus der Flasche, es stinkt auch im Mund. Wir hätten das gerne anders gesehen.

Eichener Pils 4,8% Eichener Brauerei Gebr. Schweisfurth Kreuztal-Eichern. Gar nichts. Bud- und Michelobähnlich. Hohl. Fast Gertrud Höhler. Als ob mit Mais. Exportieren wäre in Ordnung. Hier aber die Finger davon lassen. Anders das prima geratene **Gold**, ein Export mit 5,4%, äußerstem Schaumvermögen, honigvollsüß. Wird als »klar, würzig, frisch« beworben. Stimmt.

Eierbier Man nehme eine Zimtstange, 125 kg braunen Kandis, zwei Eier (Bodenhaltung) und ein Bier, werfe und schütte alles in einen Fissleredelstahltopf, stelle den Fissleredelstahltopf auf die Schnellkochplatte und erwärme das Bier, die zwei Eier, den Kandis (125 kg) und die Zimtstange so lange, bis eine heiße und ins Gelbbraune zielende zähe Flüssigkeit entstanden ist, die man E. nennt und umgehend als heißes E. zu sich nimmt.
Macht man bei Halsschmerzen. Macht man sonst nicht.

Einbecker Biere stammen aus dem Einbecker Brauhaus. Nein, jetzt kommt nicht der obligate Hinweis darauf, daß wir diesem Ort und seiner Brautradition die Bezeichnung »Bockbier« zu verdanken haben, ferner, daß es gar nicht nach angeblich soundsoviel Jahre alter Tradition gebraut wird, und demzufolge auch nicht, daß es nichts Besonderes ist. Ist es aber. Der **Helle Mai-Urbock** (6,5%) mit einer frischen Hopfennase, dem **Hellen** und dem **Dunklen Ur-Bock** (6,5%) eindeutig vorzuziehen. Unser Favorit bei nur einer Gegenstimme das **Brauherren Pils** (4,9%). So soll ein Pils sein. Glanz in der Farbe, Glanz in unseren Augen.

Einheitsbedingungen im deutschen Getreidehandel für Geschäfte in deutscher Braugerste Gibt es.

Einsiedler Landbier 5,2% Einsiedler Privatbrauerei. Ländlich-liebes Export. Und das sicher nicht nur für Einsiedler. Schlank, malzig-süß, fröhlich-rezent. Gut gelöst.

Einstand, der In mittelalterlichen Kaufmannsgilden und Handwerkszünften, in Vorzimmern und auf Baustellen üblich, sobald jemand »neu anfängt«. Der Neuankömmling stellt dabei mehrere Kästen Bier zur Verfügung, welche die Belegschaft wegbechert. Der E. soll weniger die Freude des Spendierenden über sein berufliches Fortkommen als vielmehr dessen Respekt vor den Kollegen demonstrieren. Durch den E. werden diese in ihrer Erfahrung und Autorität anerkannt und dennoch aus ihrer beruflichen Position herausgelöst (vermenschlicht) – jedenfalls dann, wenn die Typen später alle besoffen in der Ecke liegen. Der E. heißt übrigens E., weil dabei der Neuankömmling für die Kollegen (zumindest finanziell) einsteht. Der bei endgültigem Verlassen eines Büros, Betriebs oder Vereins meist gegebene Ausstand dagegen heißt Ausstand, weil man inzwischen die ganze dort versammelte Bagage nicht mehr ausstehen kann.

Eintagsfliege Wie wundersam Mutter Natur es doch eingerichtet hat, daß ein so verschwindend unerhebliches Geschöpf wie die E., sieht sie ihren einzigen Tag zur Neige gehen, sich selbst zur Neige – am liebsten zur Bierneige – aufmacht und dem süßen Tod entgegensummt. (siehe auch Fliege)

Eisbock Besonders starker Extrabock. Bock[2]. Aus der Tradition der winterlichen Anwärmgetränke, gereicht in Brauereien. Bockbier in den Eimer. Eimer ins Eis. Dann frieren lassen. Was nicht gefriert, sägt, wie Bier getrunken, unverzüglich an den Grundfesten Ihrer Wahrnehmung. Nachzuschmecken bei EKU 28 (siehe EKU) und Samichlaus (siehe Samichlaus).

Eisenbesen, kommunistischer Nach Franz Dobler das Bier (vgl. *Bierherz*, Hamburg 1994). Indes ders. via *Sprung aus den Wolken* (Hamburg 1996) allgemein und überblicksartig bezweifelt und zu bedenken gibt, ob nicht doch der Gewaltfaktor, der revolutionäre Großreinemacher

und Transmissionsriemen Bier vor allem i. S. des »Kneipens an öffentlicher Stätte« (*Rausch und Künste*, Tübingen 1994) unterdessen und unter generell stark veränderten bzw. verschobenen humanitären Umweltbedingungen dahingehend zu leiden und auch an Wirkung verloren habe, daß man im Grunde – mit Dobler – sagen muß: »Ich weiß nicht, ob Kneipen die echte Schule des Lebens sind.«
Weitere Nachforschungen zum Bier und im besonderen auch zur Perspektive einer Getränkerevolution sowie kommunistischen Umwälzung der Verhältnisse behalten wir uns dennoch vor. Und Nachfragen hinsichtlich des schlußendlichen Zweckes solcher Lexikoneinträge dito.

EKU Pils 5,2% Erste Kulmbacher Aktienbrauerei. Schaum geht so, bald etwas grob, hält aber. Trotz leicht malzorientierter Süße schlank. Mitglied der Feinherb-Mafia. Könnte eine Gallone besseren Hopfen vertragen. Das Gebotene kommt frostig. Bißchen maischig ab und an. Fazit: Von allem zu wenig. Massenbier. Das **Hefe Weißbier** (5,1%) wird bei Deininger in Hof als Brauertränensud abgefüllt, weil man es dort nie zu einem gescheiten Bier bringen wird. Karottenwasser mit Niespulver angesetzt wäre die plausibelste Entsprechung. **EKU 28** klettert auf gewagte 12,4 bis 13,5%. Serviert eine spritige Nase. Penetrant süßlikörig. Muß es nicht geben. Höchstens als vegetabilen Brotaufstrich.

Element, fünftes Der Wirckliche Geheime Staatskantzler Aloysius Wiguläus Xaverius Freiherr von Kreitmayr sprach im 18. Jahrhundert vom Bier als dem fünften E. der Bayern. Spaßeshalber, versteht sich.

Elephant Beer Carlsbergs Starkbier mit 7,5%. Ausladend, fett und plump. Ein Grund mehr, das Bockbier abzuschaffen.

Elfenbeinküste, die Sollte von Herrn Gsella behandelt werden. War aber zu faul. Hätte wissen können, daß man dort **Mamba** braut, ein laut Internet (siehe Internet, das) »weiches, süßliches« Bier. Ähnliche Aktivitäten im Sudan, in Tansania und in Äthiopien.

Engländer Der erste bierorientierte Marketingspezialist Th. Simon (siehe Werbung) macht im Zuge neuartiger Exportchancen auf dem Weltbiermarkt folgende Besonderheiten hinsichtlich engländerspezifischer Bedürfnisdispositionen oder -dispositive geltend: »Der Engländer ist stark individualistisch, und auch der Arbeiter ist im Vergleich zum deutschen Arbeiter viel mehr objektiv. Er hört sich die Meinung des anderen sehr wohl an, sogar sehr gerne, und – um den Gegensatz zu den eben [siehe Werbung] festgestellten Eigenschaften des deutschen Bierkonsumenten schärfer herauszustellen – er adoptiert diese fremde Meinung nicht, sondern sucht sich aus den verschiedenen fremden Meinungen mit eigener Überlegung ein selbständiges Urteil zu bilden. Daraus folgt, daß man jeden Konsumenten sozusagen einzeln beeinflußen muß, und das beste Mittel hierzu ist dies, daß man ihn dauernd und intensiv auf die Ware und ihre Vorzüge aufmerksam macht, mit Plakaten, durch fortgesetzte Hinweise auf die Ware und ihre Vorzüge in Anzeigen, Bildern u. a. Der Engländer muß bei der Bildung seines Urteils unterstützt werden, indem man ihm, für ihn unbewußt, ein günstiges Vorurteil einimpft.« (siehe auch Etymologie)

Erbacher Premium Pils 4,9% Erbacher Brauhaus. Siehe ziemlich genau Schmucker.

Erblichkeit/Genetik Wie die *taz* am 6. April 1996 kolportiert, trägt beinahe ein Drittel aller finnischen Mannsbilder (Männer, Herren) einen sog. »Bierbauch« (siehe Bierbauch). Und weiter: »Die Gesundheitsbehörden wiesen jetzt entschieden darauf hin, daß der Bierbauch *nicht* *erblich* bedingt ist, sondern die Folge ungesunden Essens und mangelnder Bewegung.« Und damit eben *nicht* vom Bier kömmet.

Erbschaft Nicht zu verwechseln mit Erblichkeit (siehe Erblichkeit/Genetik). Zählt zum Bereich der Freundschaftsbekundung post mortem. Nach einer Meldung der Agentur Reuter hinterließ ein britischer (siehe Engländer) Bauer »seinem Freund 450 Liter Bier – etwa 1000 Gläser des Gerstensaftes.« – »Damit der Freund des Verstorbenen auch lange von seiner feucht-fröhlichen Erbschaft profitiert, verfügte der Bauer, daß sein Anwalt wöchentlich das Geld für 35 Gläser in der Lieblingskneipe der beiden Freunde deponiert.«
Dort könnte er mit Uwe Johnson (siehe Dichter) Bierwettkämpfe bestreiten. Leider ist der schon tot. Trotzdem sei, so der Anwalt des heimgegangenen Bauers, »das Bier-Erbe der rechte Weg, seines Mandanten zu gedenken«, denn dieser spreche dem Bier mit durchschnittlich 4,5 Litern pro Tag auch ganz gerne zu. Bzw. sprach. Der Erbschaftsantreter verstarb nämlich unterdessen (Leber-Versagen). Wie Uwe Johnson. Wie auch der britische Bauer.
Was ein mehrfach verkettetes Unglück und Mißgeschick!

Erdinger Weißbier Dunkel 5,6% Weißbierbrauerei Erding. Das Schaummirakel schlechthin. Spritzig, rezent, klar, schöner Malzduft, karamelig, voll. Ohne Frage ein großes Bier. Dem **Weißbier Hell** (5,6%) eindeutig vorzuziehen. Dieses eher breit, weniger ausgeprägt. Irgendwas fehlt da? Richtig. Ist ja filtriert.

Erektion, Bier und Vermutlich Urbild aller negativen Dialektik. Einerseits zieht die Bierverdauung literweise Blut vom Hirn ab in den Magen, wo es den Alkohol auftrinkt und sich dann selig in die Körpermitte kullern läßt. Statt aber nun, wie vom blutleeren Hirn befohlen, restlos in die Genitalien zu fluten, schwappt es in maroden Kleingrüppchen unwägbar hin und her; es ist halt besof-

fen. Mit Adorno zu sprechen: In dem, das doch die Lust erst evoziert, liegt ihre Verhinderung beschlossen – Geilheit pendelt aus.
Nein, stimmt nicht. »Neu: Bier für alle Positionen«, enthüllte *Bild* am 17. April 1996. »Bier, das sexy macht. Es heißt **›Kama Sutra‹**, wie die alte indische Liebeskunst. Produzent Umesk Parmar: ›Einige der Liebesstellungen des Kama Sutra sind etwas schwierig. Unser Bier können Sie in jeder Lage trinken!‹ Das Bier wird mit viel Hefe gebraut, soll die Sexuallust anregen.«
Als ob's da mangelte!

Erstes Laufer Weissbier 5,0% Brauerei Simon Lauf. Pumpender Schaum. Stetige »Stachelbeere« (B. Schiffner). »Stachelbär?« (H. Lenz) »Bonbon!« (H. Lenz) »Waldbeersaft mit Zitronenschuß.« (Th. Gsella) Suchen Sie sich was aus.

Erzquell Pils 4,8% Erzquell Brauerei Siegtal Siegen. Sieg auf der ganzen Linie! Sieg! Sieg!! Sieg! »Oberbergisch Siegerländer«. Das Deutschländer-Würstchen unter den Wurstbieren.

Eschenbacher Export (5,3%), **Pils** (4,9%), **Urtyp hell** (4,6%) Brauerei Wagner Eltmann. Unsere subtilen, aber kritischen Anmerkungen haben der Brauerei nicht behagt, ähnlich wie uns das Bier. Darüber streiten wir uns jetzt vor dem Landgericht in Bamberg. Wir werden weiter berichten. Beachten Sie die nächste Auflage.

Eschweger Klosterbräu 4,8%. Wird von derangierten Besuchern des jährlich ausgerichteten Open Flair-Festivals benutzt, um x-beliebige Unterhaltungskünstler an den Rand des Untergangs zu bringen; einmal qua seiner düsteren Rauscherzeugungsqualitäten, zum anderen, weil es sich gut auf eben jene werfen läßt. Warum? Das interessiert ja doch wieder kein Schwein. Uns am allerwenigsten.

Essener Kronen Export Vielversprechend honigfarbenes, trotzdem preisgünstiges Bier aus dem Dienstleistungszentrum des Ruhrgebiets. Nachweislich getrunken am 5. Juni 1977 während der Abiturfeier der damaligen 13b des lokalen Carl-Humann-Gymnasiums. Elf Junge Männer schleppten zwei Kästen in den Essen-Steeler Stadtgarten, tranken aus und kotzten hernach einvernehmlichst die Rabatten voll; immerhin drei wanden sich in längerfristigen Magenkrämpfen. Laut seither gültiger Legende soll das Bier nicht faul gewesen sein. Sondern wohl prinzipiell weniger gut bekommen. (siehe auch Brechen, das)

Ester, die 1) Weiblicher Vorname. Ohne brautechnische Relevanz. 2) Kohlenwasserstoffe, die durch Veresterung der höheren Alkohole entstehen. Sind die wichtigsten Bukettstoffe des fertigen Bieres und unmittelbar an den Hefestoffwechsel gebunden. Ester suffixen auf -at: Äthylacetat, Isomylacetat, Isobutylacetat, Phenylacetat, Äthylcaproat, Äthylcaprylat. Von den 60 Estern, die wir im Bier gefunden haben, halten die 6 o.g. nachweislich für die Geschmacksrichtung ihr Suffix hin.

Etikett, das Verrät dem Kenner, der es zu lesen versteht, einiges: etwa Stammwürze, Alkoholgehalt, Abfüllort. Vor allem aber: den Markennamen. Weltweit existiert lediglich eine einzige Biermarke, deren Flaschen aus leicht einsichtigen Gründen nicht etikettiert, weil in Wiener Billa-Märkten für 2 Schilling 90 verkauft werden.
Mitte der achtziger Jahre verzichtete andererseits die Prager Brauerei Staropramen ganz auf das E. Papier war knapp, Farbe nicht. Angewandte Kennzeichnungsstrategie deshalb: Applikation von bunten Klecksen auf Kronkorken. Gelb für Helles, grüne Tupfer dem Pils.

Etwas begießen Die heute nicht mehr gar so oft gehörte Wendung, man müsse »dies und das begießen«, geht auf folgenden Sachverhalt zurück: In Mittelalter und früher Neuzeit war es üblich, jeden sich bietenden festlichen Anlaß zu nutzen, um gemeinsam durchs Dorf zu ziehen und die Bierschenken von innen zu inspizieren. So auch bei Taufen. War die kirchliche Zeremonie erledigt, nahm man den Täufling unter den Arm, ging ins Wirtshaus und verpaßte sich allmählich eine ordentliche Trunkenheit, die so manches Malheur im Schlepptau führte. Bisweilen ließ man den Täufling einfach liegen, bevor es in die nächste Schenke ging, manchmal wurden dem Knaben auch einige Humpen eingeschleust, und zumeist goß man im allgemeinen Übermut auch das eine oder andere Krügerl über ihn, wie um die schon vollendete kirchliche Handlung abermals zu bekräftigen. Nach einer Weile wurde die Bier-Taufe sicherheitshalber noch dreimal wiederholt, worauf, um diesen Vorgang zu loben und zu preisen, einige Zusatzrationen in die Schlünde und über Mäuler, Hände und Füsse der Feiernden flossen, schlußendlich alle nicht mehr wußten wohin mit sich und dem Bier und der Täufling, begossen wie ein junger Hund, ins Bierfaß fiel, wo seine Eltern schon lagen. Nun ja, irgendwann gaben Kirche und Obrigkeit die Losung aus, daß der Täufling unmittelbar nach der Segnung zu Hause untergebracht werden und die Gemeinde gefälligst alleine zechen solle. Da die Beiwohnenden nun nicht mehr den Täufling begießen konnten, entschlossen sie sich, die Taufe und das Taufen im allgemeinen zu feiern, sprich: das Begießen zu begießen, und alles nahm überhaupt kein Ende mehr.

Etymologie Schwankende Forschungslage: Das *Wörterbuch des Deutschen* (Berlin 1993) gibt vor, der Ausdruck *Bier* gehe auf ahd. *bior*, mnd. *ber*, afries. *biar* und aengl. *beor* zurück (anord. übrigens gar *bjorr*). Aengl. *alu* hingegen soll den Ursprung für das heutigentags auf der Insel gern getrunkene leichte Ale abgeben und seine germanische Entsprechung in *alup* finden. Hm. Ob die Menschen

jemals alup, geschweige denn bjorr oder alu zu sich genommen haben? »He, du Sack, wirf ma 'n frisches Dosenalu rüber!« Eher unwahrscheinlich. »Die Etymologie ist ungesichert«, gesteht man denn auch mau und beschämt ein.
Anders die großen Gebrüder Grimm. 1854 schrieben sie in ihr fabulöses *Deutsches Wörterbuch* hinein: »BIER [...], ein wort recht gemacht, um unterschiede der völker und stämme zu lehren.« Na na. Den Gothen immerhin wird jedes Mitspracherecht verweigert, »der goth. form [...] entrathen wir ganz«, indessen auch »bei Schweden und Dänen kein *bier* erscheint.«
Das hat sich ja bis heute nicht wesentlich geändert. Demzufolge favorisieren Grimm & Grimm eine gesamtdeutsche Lösung, wonach sich die Bezeichnung *biere* zügig von Germanien aus über ganz Europa ausbreiten konnte, weil eine Einigung hinsichtlich *biber* (Trank) und lat. *bibere* (trinken) irgendwie allen ziemlich eingeleuchtet hat. Nur dem Engländer wieder nicht! Der bestand nämlich auf sein albernes *alu* – »wegen der ähnlichkeit des biers und öls«.
Verzeichnet sind im gesamtetymologischen Hintergrundzusammenhang des weiteren die Komposita »afterbier, dorfbier, erntebier, hausbier, kindelbier, klebebier, klosterbier, lagerbier, merzbier, mittelbier, nachbier, pechbier, pfingstbier, sommerbier, stadtbier« u. a. in den Konsistenzen sauer, roth, dick, fett, feiszt, halb, doppelt und gut. Wer das alles weggeschüttet hat, möchte man heute gar nicht mehr wissen.

Eulenspiegel 1) Ostberliner Schmunzelzeitschrift. Nicht sehr witzig. 2) Sagenhafter Volksheld des Spätmittelalters. Will als Brauknecht in Einbeck (siehe Einbecker) anstatt guten Hopfen des Braumeisters Hund – Hopf mit Namen – appliziert haben. Sehr witzig.

Euler Bier Sagenumwobenes Ex-und-hopp-Export der Privatbrauerei Euler in Wetzlar, einer Stadt, von der man wenig hört, von E. sogar noch weniger.

Europameisterschaft Endspiel, 30. Juni 1996: BRD – Tschechische Republik, Endstand 2:1. 0:1 Berger, 1:1 Bierhoff, 2:1 Bierhoff. *Bild* am 1. Juli 1996: »Bier, Bier, Bierhoff!«

Evangelisch »Evangelisch – aus gutem Grund«, lautete der Titel einer 1995 initiierten Werbe- und Mitmachaktion der hessischen Landeskirche. Im Angebot neben Haftaufklebern und Notizblöcken der Zehnerpack Kugelschreiber für drei Mark, der Sonnenschirm mit violetter Paspelierung für DM 70,–. Den Bierhumpen (drei Mark) zierte ein griechisches Kreuz. Unsere geschätzte Tante *FAZ* kommentierte: »Die evangelische Kirche geht mit der Zeit: Im Anfang war das Logo, und das Logo war auf dem Bierglas«, um schließlich anzuerkennen, daß es durchaus gute Gründe fürs Evangelischsein geben möge. Aber: »Man sollte sie dann allerdings auch nennen. Und dafür könnte sich die Predigt vielleicht doch eher eignen als ein Bierglas.«
Es wird der Kirche eine Lehre sein.

Export Untergäriges, helles Vollbier. Noch bis weit in die siebziger Jahre hinein das bevorzugte Biergetränk der Exportnation BRD. Nur zögerlich vom Pils abgelöst. E. sollte weniger gehopft sein und ein robuster malzbetontes, aber lieber nicht ganz so breites Aromenspektrum vorweisen. E. wird stärker als Pils eingebraut – was vielleicht ein Fitzel-Fünklein Tribut an den nur noch im Namen fortwirkenden Ursprung beinhaltet. Unter 5,0% Alkohol geht da nix. Der etwas schwächere bayerische Bruder wäre dann das Helle.

F

Fauser, Jörg Ritt die bislang schärfste Attacke gegen den bundesdeutschen Sektwahn (siehe auch Suchtverhalten). »Sekt ist Schwund«, rief er der *tip*-Leserschaft seinerzeit (Heft 19/1983) zu, Sekt müsse weg, Sekt »wohin man blickt. Überall das obszöne Pfftttt!, dieser erbärmliche Plastikkorken, in allen Winkeln der Republik der brechreizerweckende Geruch dieses schaumigen Gesöffs, das den Magen ruiniert, den Verstand vernebelt und den Kreislauf einmacht.« F.s Widerstandsphilosophie – schlicht und wahr: »Dabei wäre, wie so oft im Leben, das Desaster zu vermeiden gewesen, wären wir nur beim Naheliegenden geblieben, beim Bier.« Allein, DGB und Familienministerium verhindern nach wie vor weitreichenden Bierkonsum am Arbeitsplatz. Schade und zugleich scheiße.

Faxe 5,3% Faxe Bryggeri Fakse/Dänemark. Unterhaltsamer Wettbewerb im Sommer vor der Tankstelle (siehe Tankstelle): Wer es schafft, die aus Panzerstahl gefertigte Dose mit den bloßen Händen auf die Hälfte ihres Volumens zusammenzuquetschen, darf die andere Hälfte austrinken. Aber auch nach der Leerung tut sich so mancher schwer, die 1 l-Kartusche weiter als ins nächstbeste Gebüsch zu pfeffern. Weil die Wertstoffverpackung so schwer ist. Und deshalb kaum zu packen ist. Usw.

Feinherb Genickschußvokabel. Wie milder Pfeffer, schwarzer Schimmel. Sollte auf keinem Etikett stehen und über keines rechtschaffenen Biertrinkers Zunge kommen. Gemeint ist wohl: schön bitter, aber nicht so richtig. Hier lassen wir nur wenige Ausnahmen gelten. Das Exportpendant: mildwürzig.

Feldschlößchen Pils 4,9% Feldschlößchen Brauerei Dresden. Grobporiger, aber haltbarer Schaum, dezent, aber gut-edel gehopft. Schnittiger Nachtrunk. Orientiert sich sehr am Holsten Pils (siehe Holsten), dessen Herren es ja mittlerweile auch gehört. Das **Export** (5,2%) hinterließ keine verwertbaren Eindrücke. Bedauerlich. Der **Ur-Bock** wieder eine Schaumoffenbarung: Sitzt wie ein dicker Mullpfropf auf dem Getränk. Kaum wegzukriegen. Das darunter liegt dann mit 7,0% bald ein wenig träge im Glas, schwer im Bauch und auch im Kopf. Beim St. Holzbock! Der **Schwarze Steiger** (4,8%) ausgesprochen hopfenhöffig, auch wenn vermutlich nur Kulör oder etwas Farbmalz für die Tönung zuständig ist. Kein echtes Schwarzbier, aber ein Komplement zum süßeren Lausitzer Dunkel (siehe Lausitzer). Die Region um Dresden dürfte diesbezüglich keine Sorgen mehr haben.

Feldschlößchen Pilsener 4,9% Feldschlößchen Brauerei Braunschweig. Wahrscheinlich topographisch bedingt macht sich der schlechte Einfluß der Holstener Kratzhopfenmafia stärker bemerkbar als bei der zweiten Tochter (Feldschlößchen Dresden). **Silber Krone** ist mit seinen 5,1% das dementsprechende Export. Höchstens als Versöhnungstrunk für Ihre Schwiegermutter geeignet. Wofern sie bisher noch kein Bier getrunken hat. Sie können sich aber auch mit der Brauerei versöhnen und das formidable **Duckstein** aus dem Faß trinken. Rotblond, schwarzteefarben. Wattigster Schaum, sehr angenehm herber Anflug, keineswegs holziger Nachtrunk, obwohl auf Buchenscheiten gereift.

Feldschlößchen Premium 4,8% Feldschlößchen Brauerei Greiz. Das Bier zum Buch, welches Sie gerade in den Händen halten. Sehr löbliche Hopfengabe (wie auch im Fall von **Feldschlößchen Kristall**) zum schlanken Malzkörper. Der **Bock** angenehm hell, (F.W.) bernsteinfarben. Zurückhaltend in der Rezens, guter und voller Antrunk. Geht beträchtlich zu Blute! Vorsicht!

Felsenkeller Pils 4,8% Feldschlößchen Brauerei Dresden. Schön hell, rezent, steht dem Feldschlößchen Pils Dresden (siehe halt ebenda) um einiges nach. Schwach akzentuiert, bald zu schlank, schreit nach mehr Hopfenengagement.

Felskrone Pilsener 4,8% Linden-Brauerei Unna. Wozu das Namenverwirr- und -wuselspiel? Siehe gleich Regenten (die F.-Dose). (Die Flasche aber noch grausamer, deshalb siehe besser nicht. Oder eben doch.)

Festschrift Entweder in abwaschbaren Schulbuchumschlag (Schultheiss) eingebundene oder notdürftig kaschierte Blattsammlung mit Farbphotos, Chroniken, Stichen, ausgewogenen Texten und Tuschzeichnungen. Dient der kritischen Würdigung des jeweiligen Auftraggebers. Als älteste Aktienbrauerei Deutschlands feiert die Mainzer AB 1959 zum hundertjährigen Bestehen »Erzeugnisse ihres Gewerbefleisses«. Schultheiss läßt verkünden, der Faschismus sei »eine bewegte Zeit« gewesen und endete leider Gottes mit dem Verlust umfangreicher schlesischer Gründe und Besitztümer. Und das Ruhrgebietsunternehmen DUB setzt anläßlich seines Hundertsten auf technische Details, betriebswirtschaftliche Daten und schöne Sätze wie diesen: »Doch ebenso wie die Männer der Kohle und des Stahls unverdrossen zupackten, so spuckte auch die Belegschaft der DUB in die Hände. Es waren die Ruinen ihres Unternehmens, dem sich die meisten seit vielen Jahren eng verbunden fühlten. Und dieser Geist war es, der das unmöglich Erscheinende letztlich doch möglich machte – den Wiederaufbau der größten deutschen Brauereibetriebe, eines der bekanntesten Brauerei-Unternehmen des Kontinents.« Wenn das der Führer noch hätte erleben können! (siehe auch Krieg und NS-Zeit)

Fiedlers Bock im Stein 7,0% Fiedler GmbH Koblenz. Machten einst Joghurtbecher mit ausgehöhltem Fuß glauben, sie enthielten große Mengen des köstlichen Lebensmittels, so erwartet man auch aus der karaffengroßen 0,5 l-Steingutflasche mehr, mehr Bier diesmal. Was fließt, wurde hellgelb getönt, ist fruchtig im Finish, rezent bis brausig, gar nicht dampfwalzenbreit. Aber zu teuer. Es lohnt der Preisvergleich. (Ausnahmsweise.)

Finger Eine geringfügig aus der Mode gekommene Maßnahme zur wundersamen Biervermehrung (siehe Biervermehrung, wundersame) beschreibt Heinrich Heine: »Die besten Kunden der Köchin, auch genannt die Meisterin, einer Hexe, waren Bierwirte, denen sie die Totenfinger verkaufte, die sie noch aus der Verlassenschaft ihres Mannes zu besitzen vorgab. Das sind Finger eines gehenkten Diebes, und sie dienen dazu, das Bier im Fasse wohlschmeckend zu machen und zu vermehren. Wenn man nämlich den Finger eines Gehenkten, zumal eines unschuldig Gehenkten, an einem Bindfaden befestigt im Fasse hinabhängen läßt, so wird das Bier dadurch nicht bloß wohlschmeckender, sondern man kann aus besagtem Fasse doppelt, ja vierfach so viel zapfen wie aus einem gewöhnlichen Fasse von gleicher Größe. Aufgeklärte Bierwirte pflegen ein rationaleres Mittel anzuwenden, um das Bier zu vermehren, aber es verliert dadurch an Stärke.«
Im Sommer 1995 wurde aus München gemeldet, daß der bei Kreissägearbeiten abgetrennte Mittelfinger eines Bauarbeiters mit eiskaltem Bier gerettet werden konnte. Der Notarzt fand zwar zwei Finger, aber auch bloß Bierflaschen vor, um die »Replantate« auf dem Weg ins Krankenhaus zu kühlen. Der Mittelfinger ließ sich retten, der andere nicht, was nicht am kalten Bier lag. Die Verletzungen am Zeigefinger waren so erheblich, daß der operative Eingriff mißlang.

Filmriß Tritt selten nach reinem Bier-Abend auf. Sonst weiß man über den F. nichts.

Filtration, die Hier wird das Bier filtriert. Am gebräuchlichsten ist die Zugabe von Kieselguren, mikroskopisch kleinen Körnlein mit poröser und daher fast unendlicher Oberfläche. Um die Plätze an den porösen Häkchen balgen sich nun verbliebene Hefezellen und Eiweiße, um von einem Filterkuchen am weiteren Zusammensein mit dem filtrierten, nunmehr klaren Bier gehindert zu werden. Ein schmerzlicher Abschied. Das Filtermaterial besteht in der Regel aus Zellulose, früher wurde auch gern Asbest genommen. Diese Filterdinger sind durchlässig, aber nur bis zu einem gewissen Grad. Die blankgeputzten Biermoleküle sind klein und wohlfeil und können behende durchschlüpfen, die Gur mit der ollen doofen Hefe und sonstigem (Zigarettenstummel, Mäusekadaver, Schuhe) ist zu groß und prallt ab. Sie und die Verschmutzungen dürfen nicht mit in die Drucktanks, von denen aus die Flaschen- und Faßabfüllung (siehe Flaschen-/Faßabfüllung, die) gespeist wird, denn sie schaden den empfindlichen Füllorganen.
Neben dieser Oberflächenfiltration gibt es noch die Tiefenfiltration und die Adsorption, die sich die genuine Neugier der Hefen und Eiweiße zunutze machen. Dazu sind Irrgänge in die Filterplatten geschnitzt worden. Ihrer Natur folgend, verirren sich die schlunzigen Trübstoffe und landen mitsamt dem Filtermaterial auf dem Sondermüll. Die blanken Bierteilchen, Sie wissen es längst, treffen sich im Drucktank.
Größere Brauereien filtrieren schärfer, auf daß die Haltbarkeit im Supermarkt garantiert sei, meistens jedoch auf Kosten des Geschmacks. Gar nicht filtrieren ist ein nicht mehrheitsfähiges ästhetisches Anliegen, also empfehlen wir den goldenen Mittelweg. Doch auch auf ihm gilt: Ausspritzen nicht vergessen!

Flasche, die Ein Glasgefäß von zumeist grünlicher oder brauner Farbe, in welchem ein beträchtlicher Anteil gebrauten Bieres seinen beschwerlichen Weg von der Abfüllung zum Konsumenten zurücklegt. Weitere gebräuchliche Bezeichnungen: Kanne, Halber, Kerl, Granate; Molle, Pulle, Ding. Pfütze oder Vogel. Handy.

Flaschenform Ergebnis eines hochkomplexen Verfahrens. Es gibt die Owens-Maschine, die Vakuum- und die Speisermaschine. Alle drei formen Flaschen, z. B. Bierflaschen. Das ist der Kenntnisstand von 1958 (H. Stadler/F. Zeller: *Die Flaschen- und Dosenfüllerei,* Frankfurt/Main 1958). Der heutige?
Fragen Sie doch bitte jemand anders.

Flaschenhals, abgebrochener Darf einfach nicht passieren, kommt aber immer mal wieder vor. Beim Versuch, den Kronkorken (siehe Kronkorken, der) von der Bierflasche (siehe Flasche, die) zu hebeln, bricht deren F. mit ab. Das ist nicht nur ärgerlich, sondern gilt unter Flaschenbiertrinkern als ganz, ganz schlechtes Omen, gleichsam als Menetekel, und das besagt: Wer einen F. abbricht, muß in Zukunft mit dem Schlimmsten rechnen. Wer gar abgebrochene Bierflaschen austrinkt, mit dem Allerschlimmsten. Ein Aberglaube nur, mag sein, aber meist ist ja was dran. Deshalb Bier aus abgebrochenen Flaschen lieber in den Ausguß kippen und das Flaschenpfand (siehe Flaschenpfand, das) für einen guten Zweck spenden. Auch wenn's weh tut, aber nur das hilft, sich möglicherweise gegen die unheiligen Folgen abgebrochener Flaschenhälse zu wappnen.

Flaschenpfand, das Hat während der Arbeit (siehe Verkostung, die) an diesem Buch über manch schwere Stunde hinweggeholfen. Die eingelösten Probeflaschen sicherten uns finanzielle Unabhängigkeit, aber auch Schön- und Gesundheit manch fester Speise.

Flaschen- und Faßabfüllung, die Hier werden die Flaschen und die Fässer mit Bier vollgemacht. Es wirkt das isobarometrische Prinzip, welches verhindert die Schaumentwicklung.

Vor allem wortblinde Weibspersonen bilden den Stamm der doppelt freien Lohnarbeiter, die am Flaschenabfüllband Mehrwert schaffen. Unverzüglich nach Schichtbeginn gehen sie daran, anderen Kollegen unzüchtige Praktiken in Aussicht zu stellen. Dem Schichtmeister brüllen sie unsittliche Angebote ins Ohr oder bringen stark derangierte erotische Kampfliteratur in Umlauf.
Wundersame Parabel beschreibt die gezielt geworfene Bierflasche, kühnen Bogen dieser oder jener gebrauchten Damenhygieneartikel. Die Adressaten ihrer ehebrecherischen Absichten gefallen sich nicht minder in Eigentums- und Sittendelikten. Da wird auch Weibes oder Geldes halber gerauft und in den Flaschenscherben gesielt und gesuhlt, denn die von Affektlabilität und psychomotorischen Störungen heraufbeschworenen Situationen scheinen selten geeignet, die Auseinandersetzungen auf sachlicher Ebene fortzusetzen.
Fleißig hat der Schichtmeister als Unparteiischer die Verstümmelten dann zum Hallenausgang zu tragen, da sich die Notarztwagenfahrer entschlossen weigern, diesen Ort zu betreten. Die geschulterte Menschenlast tönt seine Arbeitsschutzbekleidung mit der Farbe, die dem Auto an den Verkehrsampeln gemeinhin Einhalt in der Anmut der Bewegung gebietet. Rot ist der Kittel von Hilfsarbeiterblut, aus Wunden, gehauen im ehrlichen Streit, Mann gegen Mann, Mann gegen Frau, Mensch gegen Glasscherbe und Fallgesetz. Nur manchmal gelangte das isobarometrische Prinzip zur Anwendung, nachdem notdürftig Zigarettenstummel, Mäusekadaver oder Schuhe aus den empfindlichen Füllorganen gepuhlt worden waren. Denn sie schaden den Flaschen, passen vielmehr gar nicht hinein.
So erfuhren es jedenfalls viele, die zu Zonenzeiten Okkasion hatten, als Aushilfsschichtmeister in einer Brauerei zu wirken. Heute ist natürlich alles ganz anders. Heute wird in der Flaschenabfüllung nur noch eins gemacht: Flaschen werden abgefüllt. Und anschließend gewogen (siehe Tausendkorngewicht). Wenn Sie etwas über Faß-

abfüllung erfahren wollen, lesen Sie diesen Text noch mal und setzen jeweils statt »Flasche« »Faß« ein.

Flecken, macht keine Macht es doch.

Flensburger Pilsener 4,8% Flensburger Brauerei Emil Petersen. Rezent bis dorthinaus, passend zum Hopfenblumenstrauß. Bei jedem Schluck setzen wir Hüte auf, um sie vor dieser Zelebration des Brauens ziehen zu können. Tun Sie das gefälligst auch!

Fliege Im Bierglas anzutreffen. Liebt an der Bierglaswand klebenden Rest- und Altschaum, dem insofern und untadelig die Funktion zukommt, die F. zu nähren und ihr ein paar genußvolle Lebensminuten zu bereiten.
Ein zirka gleichnamiger Talkshow-Moderator gab solchem Betragen eine ganz andere, gewissermaßen unappetitliche Wendung. (siehe auch Eintagsfliege)

Foster's Pils 4,8%. Korrektes Apostroph-S. Bevor durch Holsten auch in Flaschen angeboten, diente F. Angehörigen der NATO-Truppen europaweit als Feierabendprogramm. Wir waren Zeugen, da in Karup/Dänemark eine halbe Kompanie von dusseligen Fernmeldern hinter ihrem Radarschuppen zum Konsum der australischen Dosen schritt. Sie wußten's nicht besser.
Noch heute macht man glauben, »Hopfen und Hefe aus Australien« fänden Verwendung.

Frachtgut Am 11. Juli 1836 erhielt die Nürnberger Brauerei Lederer von der ersten deutschen Eisenbahn, der sog. Ludwigsbahn, die am 7. Dezember 1835 eröffnet wurde und zwischen den Städten Fürth und Nürnberg Verbindung schuf, die Erlaubnis, zwei Gallonen Bier gegen eine Vergütung von je sechs Kreuzern an den Wirt *Zur Eisenbahn* und nach Fürth zu senden unter der ausdrücklichen Bedingung, besagter Kneipier habe beide Fässer sofort nach Ankunft des Zuges in Empfang zu nehmen und abzuholen. Des weiteren sollte Direktorialkommissär Dr. Löhner, wie es in der Verfügung heißt, Sorge tragen, daß dieser kleine Anfang der Güterbeförderung in gehöriger Ordnung vor sich gehe, um solchen möglicherweise später ins Größere und sogar ins Große ausdehnen zu können.

Franken Bräu 4,9% Mitwitz. Typisches helles fränkisches Vesperbier. Ganz locker zu trinken. Ganz locker an einer besseren Benotung vorbei.

Frankenheim Alt 4,8% Düsseldorf. Schmeckt leicht verbrannt wie jedes Alt und ansonsten flach, nasal und zurückhaltend süß. Die Bittere hat sich stillschweigend davongemacht, zurück bleibt eher Malz als Bier. Man kann es unseretwegen trinken, z. B. beim Softporno-Glotzen. Man kann es aber auch lassen.

Franken Hell Eine perfide Abweichung vom soliden Brauhandwerk, eine geradezu eschatologisch anmutende Dämonie teuflischster Provenienz, ein Müll-, ein Neben-, ein Abfallbier der Hauff-Ateliers, die gerade ihre Spitzenwertung und -position (siehe Hauff) aufs Spiel setzen, ein zwar an Besseres als Schäff (siehe Schäffbräu) gemahnendes Helles, aber doch ein brackiges Gewässer mit »mäanderndem« (R. Fripp) Alpdruck fatalster Geschmacksbeleidigung – ja, es ist kaum zu beschreiben.

Frankfurt am Main Stadt des schlechtesten Biers, der schlechtesten Kneipen und des schlechtesten Magistrats. Der führte in den achtziger Jahren nämlich eine Biersteuer ein, die zum Ausritt in umliegende Taunusdörfer nötigt. Nur gibt es da nicht mal schlechtes Bier.

Franziskaner Hefe Weizen Dunkel 5,0% Spaten-Franziskaner-Bräu München. Tapfer gehopft. Gabelfester Schaum. Sonst für einen der Marktführer nicht außergewöhnlich. Manchmal wie Tauwasser plus Kohlensäure. **Hefe Weizen Hell** (5%) kein Unterschied.

Freiberger Pils 4,9% Freiberger Brauhaus. Breit, dunkel, brandig, brotig, lasch, enttäuschend. Schon für das Etikett anläßlich der Zwangsansiedlung der neuen Braustätte auf der grünen Wiese gehörten sie dreimal gehauen.

Friedenfelser Pilsener 5,0% Schloßbrauerei Friedenfels. So mittel bis gelungen. Gleiches gilt für das süffige **Edel**, mit 5,2% ein ordentliches Märzen. Was daran »exclusiv« (mit c!) sein soll, gab uns zu raten auf, darüber erwarten wir hilfreiche Belehrung und Unterweisung. Unserer unmaßgeblichen Meinung nach eine vordere Sortimentsplazierung erzielt das Zoigl **Schwarzer Ritter** (4,8%). Etwas trocken, etwas rauchig, ahornsirupfarben und doch überzeugend. **Urtyp Hell Exclusiv** (4,8%): vollwürzig, ziemlich wohlgetan, ein kleiner Handstreich. Und das Etikett kommuniziert: »Friedenfels – felsenfest in Qualität«. Außer in der Grammatik-Abteilung weiß man hier, was zu tun und richtig ist.

Friedrich II. Brauer und Bierpropagandist. Wetterte gegen das bürgerliche Modegetränk Kaffee. Hielt Bier als Kräftigungsmittel und Rauflustförderer für unerläßlich, um sein Soldatengeschmeiß auf Trab zu halten. »Es ist abscheulich, wie weit es mit der Konsumtion des Kaffees geht«, selbst Bauern seien an die schwarze Lauge gewöhnt worden. F.s wichtigstes Anliegen: »Was wollen denn die Leute? Ich bin in meiner Jugend mit Biersuppe aufgezogen. Unsere Väter kannten nur Bier, und das ist das Getränk, das für unser Klima paßt [...], mithin können die Leute dort so gut mit Biersuppe erzogen werden.« Ach ja.

Friedrich IV. von der Pfalz Sprach Wein und Bier überaus tüchtig zu und führte ein frühes *Tagebuch eines Trinkers* mit Eintragungen wie »Gestern bin ich wieder voll gewest« oder »Wieder einen guten Rausch gehabt.« Literarhistorisch und alkoholexegetisch aber keinesfalls ähnlich bedeutend wie Eugen Egners nicht zu überbietendes Opus *Aus dem Tagebuch eines Trinkers* (Zürich 1991). Kaufen und lesen! (siehe auch Wicküler)

Früh Kölsch 4,8% Köln. Ein Kölsch mit hartnäckig gutem Ruf, ein, wie immer wieder verlautbart wird, »Spitzenkölsch«, von ausgezeichneter Weichheit und Süffigkeit. Rein, rund, weich und süffig. In Wahrheit stinkt das F. Matt, müde, muffig, fast faulig zieht es in die Nase. Zu Hilfe gerufene Tester assoziierten Brackwasser und Schlingpflanzen, einer wollte das Bier in den Setzkasten seiner Oma zurückstellen, die meisten hatten Tränen in den Augen. Herr Köbes, retour.

Frühschoppen »Beim Frühschoppen ließ sich Studienrat W. von Zechkumpanen einen dicken Bären aufbinden. ›Vor der Ronneburg findet ein Stierkampf statt.‹ Herr W. hatte solch Gemetzel im Spanienurlaub gesehen, fand's widerlich. Der Lehrer ging zur Polizei: ›Unternehmen Sie etwas.‹ Beamte versprachen dem Stierfreund: ›Machen wir.‹ Nun ist des Studienrats Welt wieder in Ordnung.« In diesem Diktat befindet sich nur ein Fehler: Natürlich hätte es Bierfreund statt Stierfreund heißen müssen. (Quelle: *Bild Frankfurt,* 21. Januar 1993)

Fuchsbeck Brauerei Fuchsbeck Sulzbach-Rosenberg. Aus dem Platzregen ins *Orth-Bräu,* genauer: ins **Helle**, das erfrischt und labt, doch fehlen tut's an beinahe allem, was der Schafskopfjugend wurscht ist. Deshalb trinkt sie auch das auf Flaschen gezogene **Pils** (5,0%), ein Landbier, dem Verbreitung über die wundersame Hügeloberpfalz hinaus mit gutem Grund bis auf weiteres verwehrt bleibt.

5216 Biere gibt es landesweit, behauptet die Warsteiner-Fernsehwerbung im März 1996. »Veristische Werbung« (Stefan Ripplinger, *junge Welt,* 6. April 1996)? Wohl doch eher eine bezweiflungswürdige Angabe, denn wie wir auch hin und her gezählt haben, 'raus kamen immer nur 5215.

Fürst Class Pilsener 4,9% Thurn und Taxis Regensburg. Aromahopfen ja, aber nicht bei solch lädierten Pilsenern. Fehlende Rezens, mangelhafter Schaum, kein Körper. Fahrt Taxi! Seid Fürsten! Macht sonst was! Aber keine Pilsener! **Postmeister Doppelbock** (6,5%): Hoppla, da geht die Schneckenpost ab. Das **Fürstengold Märzen** (5,3%) ganz zu vergessen. Ehrenrettung: das in Schierling gebraute **Schierlinger Roggen**. 4,7%, weicher Einguß, entschlossener, nahezu hartnäckiger Schaum. Hefetrüb. Ein gutes Hefe. Mit wertvollem Hinweis auf den eigentlichen Sinn des Reinheitsgebotes. Und das **Helle** (4,9%)? Heftig aufwallender Schaum. Böhmischgelb? Waliser Sandgelb! Immerhin.

Fürstenberg Premium Pilsener 4,8% Fürstlich Fürstenbergische Brauerei Donaueschingen. Für baden-württembergische Verhältnisse eine brisante, gewagte, feurige, im Sinne der Pilsherstellungskunst wundersame Verknüpfung von mildem Malzkörper und filigran ausgepegelter Bittere. Via Etikett zeichnet Joachim Fürst zu Fürstenberg höchstpersönlich verantwortlich für sein seit 1283 gebrautes, füglich fürstlich zu nennendes Edelgetränk, und manch ein nach oben benannter Bierdiaspora und -fatalität verschlagener Student oder Holzarbeiter wird es ihm auch in vierhundert Jahren noch danken.

Fußball, Bier und Wer den Fußball liebt, schätzt auch Soul und Bier. Dieses Klischee, versichert Nick Hornby in seiner Autobiographie *Fever Pitch* (dt. *Ballfieber*, Hamburg 1996), erfreue sich in Großbritannien seit den sechziger Jahren anhaltender Geltung. Auf dem Kontinent kennt man solch schöne Vorurteile nicht. Vor allem hiesige Fußball-Anhänger dürften nämlich in der Mehrzahl keine Ahnung von Soul haben. Und Bier trinken sie auch nicht. Hamburger Fans z.B. schlucken Holsten, und die Kameraden aus Berlin kippen Schultheiss ab. Beide Getränke verhalten sich zu Bier bestenfalls wie Tischfußball zu Fußball.

G

Gär-/Lagerkeller, der Also, die Ausschlagwürze ist gekühlt, hört jetzt auf den Namen Anstellwürze und hat die Temperatur, daß man die Hefe zugeben kann. Ab damit in den Gärbottich. Der Bierläufer – so heißt der im G.-/L. Beschäftigte – muß immer sorgfältig die Gänge zwischen den Behältern ausspritzen. Zu den Behältern darf man nicht Pfanne sagen, nicht nur, weil kein Stiel dran ist. Die Hefe tut ihr Werk, das da heißt Hauptgärung, macht aus Zuckern Alkohol und Kohlendioxid. Das Ergebnis nach grob einer Kalenderwoche ist Jungbier geheißen und wird zur Nachgärung in geschlossene Lagertanks oder -fässer verfügt. Das heißt Schlauchen. Bierläufer! Ausspritzen nicht vergessen! Dazwischen kann auch noch aufgekräust werden, also frische Würze hinzu, daß es nur so schäumt. Der Schaum, der da gebildet wird, heißt Kräusen. Daher Aufkräusen.

Das Bier lagert, um sich und sein Verhältnis zur Umwelt zu klären. Das geschieht beschleunigt in zwei bis drei Wochen, konventionell in drei Monaten, bei möglichst konstantem Druck, damit das Kohlendioxid in Form von Kohlensäure gebunden wird, und bei immer niedrigeren Temperaturen. Vier, drei, zwei Grad. Untergärige Hefe setzt sich ab (siehe Hefe, die), obergärige wird von oben abgezogen und will es etwas wärmer haben. Eine Sauerei jedesmal. Ausspritzen! Hin und wieder schauen die Kollegen Biersieder vorbei, trinken ein Zwickel, eins, das noch nicht filtriert ist (siehe Filtration, die), animieren die Bierläufer zum Rauchen (nachdem sie ausgespritzt haben) oder stellen Betrachtungen über den Weltenlauf an.

Gaffel Kölsch 4,8% Köln. Ist ein schlimmes Kölsch. Als »Spezialität« gepusht, riecht es schon nicht gut, schmeckt herb parfümiert (»Moschus«) und beweist letzthin eine rundherum verachtenswerte Miefig-, Piefig-, Null- und Nichtigkeit.

Gagel Hauptbestandteil einer Kräutermischung, die vor allem im 15. Jahrhundert dem Bier beigemengt wurde. Verlieh süßlichen Geschmack, verstärkte die Wirkung des Alkohols und verwandelte das Getränk in ein wahres Rauschmittel. Erst später trat der Hopfen an die Stelle des G., weil die Obrigkeit dessen beruhigende Wirkung eruiert und erkannt hatte. »Für sie war es eine durchaus willkommene Nebenwirkung, wenn der teilweise exzessive Biergenuß die Untertanen eher ruhigstellte und nicht noch zusätzlich aufrührerisch stimmte«, schrieb der Volkskundler Ingo Konrads. Nur die halbe Erkenntnis. (siehe Klassenkampf, Bier und)

Gambrinus Hätten es die Sumerer und die Ägypter (siehe Ägypter) nicht getan, dieser Mann hätte das Bier erfinden müssen. Wurde zwischen dem 16. und 19. Jahrhundert hartnäckig als Schutzpatron der Brauer, als König oder Gott des Bieres, Dionysos von Mitteleuropa und Bacchus der Westpfalz, Heiliger und gewaltiger Zecher in Abbildungen, Chroniken, Trinksprüchen, Inschriften, Versen und Liedern verehrt.
Der Ursprung des Gambrinus-Mythos ist ungewiß. Zurückgehen könnte er mit einer gewissen Wahrscheinlichkeit auf den Brabanterkönig Johann I. (»Jan Primus«), 1251 bis 1294, der seinen Sieg in der Schlacht bei Worringen 1288 mit einem größeren Biergelage feierte und später zum Ehrenmitglied der Brüsseler Brauergilde avancierte. Bestimmt verdankt er seine Existenz auch einem Lesefehler. Der von Tacitus in seiner *Germania* erwähnte Stamm der »Gambrivii« nämlich wurde über mehrere Epochen, Bearbeitungen und Abschriften hinweg umgedeutet und verfälscht, bis er im 16. Jahrhundert

als Trinkergestalt »Gambrinus« wieder auftaucht. Sicher ist jedoch auch, daß sich der Name G. aus der Verballhornung des für den Braumeister in Klöstern geläufigen Titels »Cambarius« herleiten dürfte. Und klar ist schließlich, daß diese ganze Philologie zu gar nichts führt. Nächstes Stichwort.

Gambrinus Lagerbier 4,7% Pivovar Gambrinus Plzen/Tschechien. Kein offener Tadel möglich und nötig. Doch lau, zaghaft, unreiner Antrunk. Hebt sich andererseits wohltuend vom **Gambrinus 10%** (meint hier Stammgewürz) ab. Dies ein typischer Repräsentant der böhmischen Marken, die schwerfällig in einem Refugium aus exportorientierten Leichtbieren operieren. Falls es so was überhaupt geben kann und darf.

Gang, aufrechter Vgl. Ernst Bloch, alle Werke. Hat mit ihm außerdem die Bewandtnis, speziell wiederum das hier verhandelte Bier zeichne für Hominidisierung und evolutionsgeschichtlichen Drive verantwortlich. Die Überlieferung in Gestalt der Gilgamesch-Sage besagt, daß ein zotteliger, sehr ruppig agierender Affe »zu einem sauberen, aufrechten Menschen wurde: durch das Bier.« (*Das große Lexikon vom Bier*, Wiesbaden o.J; im folgenden alle beweisführenden Zitate hieraus) Wie ging das? »Enkidu aß das Brot, bis er satt war.« Okay. »Er trank das Bier, sieben Krüge voll.« Wie es später auch die Bibel andeutet. »Da entspannte sich sein Inneres, und er ward heiter. Sein Herz frohlockte, und sein Angesicht strahlte. Er wusch sich den zottigen Leib mit Wasser, salbte sich mit Öl – und ward ein Mensch.« Woher, zu guter Letzt, weiß man aber das alles so genau? »Wir wissen das alles so genau, weil die Sumerer ein ungemein ordentliches, buchhalterisch exaktes Volk waren.« Die heute ausschließlich in München universitär gelehrte Koptik (Wissenschaft von der Keilschrift) unterrichtet nämlich, es lägen »sogar Bescheinigungen der Brauerei-Chefs über empfangenes Getreide vor« sowie Berichte von aus »langen Saugrohren« gezogenen Bieren »in

vielen Stärkegraden, von tiefschwarzem Vollbier [Esel und Männer] bis zu wässrigem Gelabber [das entsprechende ›Emmer‹ für die Damenwelt und mit Zimt etcetera]«. Ferner hatte jeder Anspruch auf täglich Bier – »zwei bis fünf Kannen.« Allein, die Gottstellvertreter (siehe Pfarrer/Priester) kannten schon damals keine Scham noch Grenzen, was man sich jedoch seitens weltlicher Regulationsinstanzen im Hinblick auf ein störungsfrei verlaufendes Gesellschafts- und Zusammenleben bald nicht mehr gefallen lassen wollte: »Die Priester verlangten für eine Beerdigung sieben Kannen Bier und 420 Brote. Das war sehr viel; eines Tages gab es deshalb Ärger. König Urukagina setzte schließlich fest, daß die Priester für die Bestattung eines Toten nur noch 80 Brote und drei Kannen Bier verrechnen durften.«
Erst Max Weber griff im beginnenden zwanzigsten Jahrhundert diesselbe Idee einer »Rechenhaftigkeit« des Daseins wieder auf. Auch in diesem wichtigen Punkt der modernen Sozialwissenschaften verdanken wir also dem Bier und seiner wechselhaften Geschichte eine Menge Anregungen und Antizipationen (H. Marcuse et al.) sowie schließlich die Möglichkeit des utopischen Vorscheins des aufrechten Gangs als Verwirklichung von Emanzipation schlechthin (Bloch).

Ganser Kölsch 4,8% Leverkusen. Wird primär an Tankstellen feilgeboten, odiert unverschämt herb und aufdringlich wie betrunkene Männer in öffentlichen Verkehrsmitteln, ist ordinär kohlensäurehaltig, unangenehm wäßrig und schmeckt des weiteren schlecht.

Garde Kölsch 4,8% Köln. Tänzelt ziemlich lustlos auf der Zunge und wirkt zerstreut. Sieht allerdings gut aus, golden, fast eiig, selbst Stuttgarter Reclam-Heftchen verblassen daneben. Ein schönes Bier also.

Gas-Nuclei, die Die haupt- und nebensächlich aus Eiweiß- und Hopfenkolloiden bestehende Hülle verhindert bei plötzlicher Druckentlastung (Flasche auf, Tankexplosion) das schnelle Übertreten des im Bier gebundenen Kohlendioxids in die Atmosphäre (Treibhauseffekt). Man kann auch Schaum dazu sagen.

Gasthausbrauereien Da wollen wir füglich unterscheiden zwischen den im Frankenland praktizierenden Kleinstbrauhäusern mit eigener Schank, den privaten Neugründungen (z. B. Vogel/Karlsruhe) und der Verwässerung des Prinzips durch Zwergausleger großer Brauereien (z. B. Hövel/Thier), die sich vor den Fanten mit rustikaler Gemütlichkeit und Erlebnistrinkerei schmücken. Meist trinkt der Gasthausbrauereiengast Zwickel (siehe Zwickelbier) und hat die Braugeräte vor Augen (was angesichts mancher dergestalt gebrauter Biere mit dem Zeigen der Folterinstrumente identisch ist). Wir halten uns an die erste, auch mal an die zweite Gruppe. Andere haben wir im Sektor der Markenbeschreibungen gebührlich erwähnt.

Gatzweiler Alt 4,8% Düsseldorf. Das ist irgendein Alt, völlig kalt läßt das einen. Außer primitiver Süße in Geruch wie Geschmack und einer notdürftig drapierten Kohlensäurehaltigkeit, durch die das Zeug wohl stärker schäumen soll: nackte Kargheit.

Gebäck Peanuts, Chips und Zwiebelringe / Sind des Trinkers Lieblingsdinge. // Ist das Bier schön kalt gestellt / Geht's los (abgebrochener Versuch)

Gegner des Bieres Weit reichen bierfeindliche Tätigkeiten in die Geschichte zurück. Anläßlich eines alamannischen Wodansfestes zerstörte der heilige Columban mit Unterstützung des HErrn persönlich ein riesengroßes Faß Bier, indem er's einfach umblies. Der Dichter und Freund Ulrich von Huttens Eobanus Hesse »war ein großer, schöner, wohlgebauter Mann mit prächtigem Bart und martialischem Gesichtsausdruck, ein ausgezeichneter Fechter, Tänzer, Schwimmer und leider auch ein Trinker«, merkte sein Biograph D. F. Strauß an. »Nichts ermunterte ihn so sehr zum Fortfahren in dem frommen Werke seiner Psalmenübersetzung, als daß sein Erfurter Mäcenas, der reiche Arzt und Bergwerksbesitzer Georg Sturz, ihm jedesmal einen Krug Wein vorsetzte, so oft er ihm eine neue Nummer brachte.« Das Bier lehnte der unmäßige Saufaus als »schädliches Gebräue« und infolgedessen mit gesicherten medizinischen Argumenten radikal ab. Michel de Montaigne erzählte aus seinem harten Leben: »Man kann sich an alles gewöhnen. Auch ich habe das gelernt – allerdings hat es mir manchmal etwas Mühe gekostet, und nun schmeckt mir alles, was irgendwo zur Nahrung gehört – außer Bier.« Auch gut.

Einen ersten echten Höhepunkt erreichte die Bierverachtung im pilzigen, alten J. W. v. Goethe, der bekanntlich das dummachende Rauchen ablehnte und im selben Zusammenhang den Herrn Knebel belehrte, zum Qualmen gehöre »auch das Biertrinken, damit der erhitzte Gaumen wieder abgekühlt werde. Das Bier macht das Blut dick und verstärkt zugleich die Berauschung durch den narkotischen Tabaksdampf. So werden die Nerven abgestumpft und das Blut bis zur Stockung verdickt. Wenn es so fortgehen sollte, wie es den Anschein hat, so wird man nach zwei oder drei Menschenaltern schon sehen, was diese Bierbäuche und Schmauchlümmel aus Deutschland gemacht haben. An der Geistlosigkeit, Verkrüppelung und Armseligkeit unserer Literatur wird man es zuerst bemerken, und jene Gesellen werden dennoch diese Misere höchlich bewundern.« Ein überschätzter Mann, töricht und gedankenfaul. Aber das Maul aufreißen.

Der Fall Friedrich Nietzsche: Er war im Alter von achtzehn Jahren als Schüler der sächsischen Landesschule Pforta nach dem Genuß von vier Bier angeheitert erwischt und daraufhin vom Primus zum Dritten in der Rangordnung zurückgestuft worden. Während seiner Bonner Studentenzeit schloß er sich aus Renommeegründen der Verbindung Franconia an und nahm an Sauftouren und Biermensuren teil, die mindestens drei Seidel erforderlich machten. Da blästerte er wohl mit: »Wer niemals einen Rausch gehabt, der ist kein braver Mann.« Nach Hause meldete er allerdings, auf den Kommersabenden (siehe Bierkomment, der) herrsche keine »Biergemüthlichkeit«, sondern vielmehr »allgemeiner Seelenschwung«. Im verbindungseigenen Bierblatt veröffentlichte er das possierliche Poem »Die Frankonen im Himmel«. Später veränderte der wackere Philolog seine Auffassungen zu einer »nimmerstill-pathetischen Ablehnung des Biers – als des Symbols von Biedersinn und Philisterei« (E. Henscheid), posaunte herum, der Geist der Deutschen werde durch ihr Bier und ihre Zeitungen niedergehalten, und rief voller Abscheu in den besternten Himmel hinauf: »Wieviel Bier ist in der deutschen Intelligenz!«

Franz Grillparzer, einer weiteren und zugespitzten personifizierten Biergegnerschaft, wurde 1854 von König Maximilian I. als nachgerade »würdigem Repräsentanten der österreichischen Dichtkunst« der Michaelsorden verliehen. Während des Gratulationsgangs grantelte der Meister: »I trink ja doch nur Wein, was soll mir da schon so'n komischer bayrischer Bierzipfel!«

Klarer sah und faßte die Lage unter nicht unbedingt dichterischen, nichtsdestotrotz weit gefaßten Gesichtspunkten Kaiser Wilhelm II. zusammen: »Diejenige Nation, die das geringste Quantum von Alkohol zu sich nimmt, die gewinnt.« (siehe auch Marx, Karl/Engels, Friedrich; siehe auch Nationalneigung zum Trunke, deutsche)

Geisteswelt, aus Natur und Heißt eine Reihe kleiner Schriften der Sammlung wissenschaftlich-gemeinverständlicher Darstellungen des B. G. Teubner Verlages zu Leipzig. In der 333. Lieferung von Dr. A. Bau über »Bierbrauerei« rät man 1911: »Da das Bier durch langes Lagern beim Konsumenten nicht besser wird, zumal da Flaschenbier im Gegensatz zum Wein an Güte dann leicht einbüßt, ist es ratsam, nicht ein zu großes Lager zu halten, denn das frischeste Bier, das beste Bier!«

Dem ist auch heute nichts hinzuzufügen.

Genießen Stichwort, zu dem uns eine der gegenwärtig daddeligsten Einrichtungen des Preßwesens mit der Schrotflinte vor dem trüben Auge gezwungen hat. Via *FAZ-Magazin* und seine Abteilung »Lifestyle Boulevard« wurden nämlich am 19. April 1996 (Heft 842) in der unwesentlich spannenden Subsparte »Geniessen Boulevard« die bis dato aaldoofsten Geniesser-Tips erteilt, nämlich »Bier für Weintrinker«-Ratschläge. »Bier für Weintrinker«. Man lasse sich das auf der gespaltenen Zunge zergehen: »Wer Prosecco di Valdobbiadene mag, ist mit dem obergärigen Bier – Kölsch oder Alt – gut bedient.« – »Wer Granatenweine mit viel Körper am liebsten trinkt, hält sich an einem Pilsner Urquell oder einem bayerischen Starkbier fest« und gibt sich die Kugel. Und »wer klassische Bordeaux-Weine bevorzugt, macht mit einem Veltins, einem Bit, einem Warsteiner oder Köpi nichts falsch«, weil jetzt schon alles reichlich egal ist und des Werbepartners Herzilein hüpft und lacht.
Unser aufmerksamer Leser Heribert Lenz meint – weiterdenkend, weitersinnierend –, man sollte mal so was wie »Zigaretten für Nichtraucher« machen.
PS. Den Unfug vom Zaun brach der sonst weithin untadelige Bier-»Guru« Michael Jackson, aus dessen voluminösem, klassikerverdächtigem Hauptwerk *Bier international* (Bern und Stuttgart 1994) die *FAZ* dann auch abgeschrieben haben dürfte. Die Rubrik »Biergenuß für Weinliebhaber« listet Wein-Pendants unter den Bieren auf, zum Beispiel »ein echtes, hopfiges Pilsner« für den Freund trockener Weißweine. Für uns als Freunde des echten, hopfigen Pilseners darf es dann pedantisch ruhig noch mal ein echtes, hopfiges Pilsener sein. (siehe auch Wein)

Genscher, Hans-Dietrich Kreuzte nicht nur des öfteren in Kölsch-Kneipen, sondern bekannte auch öffentlich, daß er jederzeit bereit sei, dem Kölsch gegen den »Alleinvertretungsanspruch des bayerischen Bieres im Ausland« die Stange zu halten. Ähnliches machte Scheel mit dem Alt. Altbundespräsident Scheel. Haha.

Gentner Pils, **Urtyp Hell** und andere Sauereien sind im Zeichen der Privatbrauerei Gentner und des Minnesängers erhältlich. Bei einem Besuch der Stadt Wolframs-Eschenbach wird man auf viele »Germanisten« treffen. Man überlege sich das wohl.

Germanen, alte Brauten, tauschten und verschenkten Bier, wie es ihnen gerade paßte. Scheint noch heute eine gewisse Bewandtnis damit zu haben.

Germania Pilsener 4,5% Frankenthal/Pfalz, wo man noch aufs Label druckt: »Made in Germania«. Wenn da nicht der Wurm drin ist.
Ob gegebenenfalls Verquickungen mit Ratskrone (siehe Ratskrone) im Spiel sind? G. ist ein bißchen brotig, ein bißchen vorlaut gehopft, und trotzdem – und wir sagen's ungern – muß konzediert werden: Es mundet.

Gerste Grund- und Ausgangssubstanz des ganzen Bierprozesses, horrenden Qualitätsschwankungen ausgesetzt wegen entweder zuviel Regen oder zuviel Sonne oder Käfern. Wird gemälzt usf. (siehe Malz; siehe Malzbereitung) Fürs Weizenbier mit Anteilen von Weizen vermischt, man kennt aber auch das Resultat.
Keimt die G., stapft der Mälzer barfuß durch den schleimigen Brei und prüft, ob die Fieberkurve stimmt. Zu heiß darf es der G. nämlich nicht werden. Wohltemperierung (zwischen sechzehn und achtzehn Grad Celsius) ist der Schlüssel zum Erfolg, der *dooropener* zum guten Bier, weshalb Aristoteles dafür gleich den Namen »Gerstenwein« reservierte.

Gerstenkorn, das 1) Akute gerstenkorngroße Staphylo- oder Streptokokken-Infektion der Liddrüsen mit Eiterdurchbruch nach außen oder innen. Brautechnisch ohne Bedeutung. 2) Von einer Spelze umhüllter Mehlkörper mit Keimling und Wurzelanlage.

Gessner Bräu Pilsener 4,8% Gessnerbräu Steinach. Schaum so feinporig wie Zigarettenfilter. Ein braves Gebirgspils. Kompliment. Nennen Sie uns weiterhin bei »drei« ein besseres Festbier als das **Festbier** (5,2%), und wir spenden fünf Mark an die Aktion »Flüssig Brot für die Welt«.

Getränkemarkt Euphemismus für »Bierlager«; allerdings werden hie und da tatsächlich bis zu drei Sorten Wein, zwei Gläser Mineralwasser und sechs Tröpfchen O-Saft angeboten. Ganze Viertel beziehen ihre Flüssigkeit aus diesen wohngebietsnah plazierten Märkten, wobei sich ein Kastensystem bewährt hat: Die dort Arbeitenden stammen durchweg aus unteren Kasten und gelten wegen ihrer meist legeren Kleidung als unberührbar. Auch müssen sie nicht viel auf dem Kasten haben, sondern nur einen auf den anderen stapeln. So sind die Getränkemärkte seit jeher ein beliebtes Feld für Spitzenkalauer aller Art und gelten, auch weil in der Regel bis zu sieben dicke Männer tatenlos herumsitzen, während der schmächtige Kassierer alle Arbeit tut, als kryptokommunistische Genossenschaften freier dicker Männer, wobei Bauchlederschürze und/oder Jogginganzug Pflicht sind. (siehe auch Tankstelle, Getränkemarkt und)

Getränkemarkt, Bierprobe im Schiebetüren öffnen sich. Der Einkaufswagen kreischt. Frau steht hinter Bistrotisch, quäkt unverständliches Zeug, fuchtelt mit Flasche Bier. Bier? Hier? Im Getränkemarkt? Umsonst? »Ich mische Ihnen Karlsberg Ur-Pils und Karlsberg Alkoholfrei, halb-halb. Daaas schmeckt!« Wirklich? Ehrlich? »Hat den ersten Preis im Alkoholfreiebierewettbewerb gewonnen. Probierense mal!« Hält Plastikbecher hin. 0,15 l. Man trinkt. Man möchte speien. »Uuuund? Lecker, wa?« »Sehr lecker, aber wir bevorzugen Spaten Pils«, wird gelogen, bis die Balken verbogen. Die Vettel gackert und lacht. Wir rauschen davon, beladen das Vehikel mit Spaten Pils, knallen um die Ecke und in die Kassenhäuscheneinfahrt, da ist zu

hören: »Einzelflaschen? Nöö.« Unter Zuhilfenahme eines zufällig mitgeführten Klappspatens peitschen wir uns ins Freie.
Und so fehlen in diesem Buch: **Karlsberg Halb-und-halb** und **Spaten Pils**.

Getränkestützpunkt, der Nie war den Bemühungen um die Kohärenz der Dinge in der Zone mehr Erfolg beschert als bei der Genese des Begriffes G. Wohl verwahrt lag in diesem Terminus der streitbare Charakter der Flüssigkeitsaufnahme als Brückenkopf im Rencontre gegen das Dasein. Wie profan, ja nüchtern und läppisch sich »Getränkeabholmarkt« dagegen liest.

Gewährsleute Die uns mit Vor- und Ratschlägen, Tips, Hinweisen, Empfehlungen, Begutachtungen, Schenkungen, Erkundungen, Erklärungen, vor allem aber Bringediensten hilfreich zur Seite standen: Bernd Dittrich, Franz Dobler, Bernd Donner, Markus B. Eberwein, Eugen und Manuela Egner, Gerhard Fischer, Nils Folckers, Stefan Fragner, Jörg Holetzeck, Uwe Hastreiter, Gustav Jacobsen, Monika Jonischkat, Dirk Jurkschat, Hans Kantereit, Hans-Dieter Kotoucz, Hartmut Krüger, Harald Lippert, Georg Peter, Michael Riedel, Anne Roth, Hans-Wolfgang Roth, Uli Safran, Frank Schäfer, Frank Schulz. Ihnen sei gedankt. Mögen sie qua Erwähnung an dieser Stelle ewigen Ruhm und Geld und alle Verehrung dieser Welt auf ihren Häuptern versammeln.

Giesler Kölsch 4,8% Brühl. Riecht aus der Entfernung würzig, nähert man sich aber dem Glas, verfliegt das Odeur, wird immer flacher und kommt schließlich auf der Schaumkappe zum Erliegen. Die immerhin mag und mag nicht weichen, was wahrlich kein Zeichen für Reinheit ist. Kurz und knapp: ein Bier wie unrasiert, geeignet für Fettige-Haare-Gedächtnis-Trinkhappenings oder für wenn man erkältet ist.

Gilden Kölsch 4,8% Köln. Die blasse, leicht kränkliche Farbe steht in profundem Gegensatz zum vertrauenerheischenden, seriösen Etikett mit altdeutschen Lettern. Ansonsten ist das G. grundsolide – und nicht nach altdeutscher Manier. Der angenehme, ausgewogen würzig-patinierte Geruch findet seine Fortsetzung im süßlich-herben Durchtrunk. Endlich ein leichtes, bekömmliches Kölsch, das man sich bedenkenlos zurüsten kann und soll.

Gilde Ratskeller Pils 4,9% Gilde Hannover. Ein vielfältiges Malzbankett, verstärkt durch einen unglaublich tolles Hopfendessert. Würden wir zu unseren 53 Lieblingsbieren rechnen, macht dann 54. Plus das beinahe listig gehopfte **Lindener** (Chaostage) **Spezial** (5,1%). 55.

Giraf Strong Beer 6,9% Albani Breweries Odense/ Dänemark. Ein Bock? Na, Nashorn? Giraffensabber? Prickelnd, keine Frage, im Prinzip ein starkes helles Lager und bockig. Ein bisserl trocken. Sehr bockig. Deutlich rezent, war schon angemerkt. Könnte durchaus postwendend Schmerzen evozieren. Als Bock. Tja, hm. Lassen wir das mal.

Glaabsbräu Pilsener 4,9% Glaab & Co. Seligenstadt. »Hopfenbetont« heißt hopfenbetont, klar. Aber deshalb mit »Hopfensorten aus deutschen Anbaugebieten« herumpromenieren – das macht weder Sinn, noch stimmt es gefällig. Den Schokoladenquerverweis im Nachtrunk möchten wir uns gleichfalls verbitten. Das **Dunkle** (5,2%) ist dunkel.

Gläser Eindringlicher als jede dreiviertelstündige VWL-Vorlesung verdeutlicht ein handgeschriebenes Plakat in der Kölner Kneipe *Alcasar* bierökonomische Zusammenhänge: »Wer Gläser klaut, wird Bier teurer!«

Glückauf Schwarzes Premium 5,1% Glückauf Brauerei Gersdorf. Trotz oder wegen einer alert-mineralischen

Note ein vollblütiges Schwarzbier. Achtung Köstritz! Here comes trouble. **Pils** (4,9%) hingegen eigenartig schwach. Siehe Köstritz. Für das **Edel Hell** (4,8%) ist »edel« gar kein Ausdruck, eher unpassend.

Göller Freyungs Pilsner 5,0% Brauerei Zur alten Freyung Zeil. Die Zeil liegt in Frankfurt am Main. In Zeil am Main, knapp dreißig Kilometer westlich von Bamberg, stellt man G. schon seit 1514 her – mit bemerkenswerten *results*, die da lauten: ein Pils der Extraschmeck- und Extrabekömmlichkeitsklasse. »Unseren Kunden möchten wir hiermit ›Danke‹ sagen für ihre Treue zu ›Göller-Bier‹«, verneigt sich der Braumeister höchstpersönlich, und wir lupfen die Kappe, sagen von Herzen »Danke« und traben traurig heim nach Frankfurt am Main. (siehe Henninger)

Goldener Fasan Slowakisches Bier. Auf der Flasche liest man auch »Golden Pheasant« oder »Zlaty Bazant«. Heißt aber dasselbe, nur in Englisch und Slowakisch. Wurde, so steht's rot auf weiß auf dem Back-Etikett, in der Sahara, im Himalaja, in Ozeanien und 1979 auch im Weltall getestet. Kein Witz! Nach zehn bis zwölf Flaschen fühlt man sich durchaus schwerelos. Das Gegenteil bewirkt der Genuß von des Goldfasans schwarzem Bruder. **Cierny Bazant** wird man dafür am nächsten Morgen um so leichter los. Samt restlichem, jetzt eher dünnflüssigem Darminhalt. Schmeckt anständig tschecho-slowakisch und ist weltberühmt – in Odessa am Schwarzen Meer, wo es hauptsächlich zu haben ist.

Gold Pils 5,2% Brauerei Fässla Bamberg. Ist seltsamerweise stärker als das **Hell** eingebraut, zeigt unzuverlässigen Schaum, zuviel Gold in der Farbe, daher stärker exportverdächtig, erschließt sich schwer. Mehr die Füllung für das dritte Glas. **Lagerbier** (5,0%) überzeugt mit einem schon fast in Bronze hereinspülenden Vollgelb. Entschlossene Malzhegemonie inklusive Karameleinflüsterungen, dazu die passende Hopfenflankierung. **Echtes**

Bamberger Zwergla (5,3%): Blinkend und funkelnd propellern goldene CO^2-Perlen nach oben. Der beste Schaum des Hauses – und eine Hymne wert. Dunkel und kräftig, das einzige Märzen bisher, wo die quirligen Hopfengeister ihren Meister finden.

Gose Kaum eine Sorte hat in jüngster Zeit eine solch verschlungene Irrfahrt zwischen verschwommen-alten Bezeugungen, neuen Herstellern und neuen Trinkern erfahren wie die heute nur noch in Leipzig ausgeschenkte obergärige Bierspezialität. 1966 war der Braubetrieb staatlicherseits eingestellt und erst 1986 und diesmal privat wieder aufgenommen worden. Seither versuchten sich eine Ostberliner Weißbierbrauerei und einige andere Unternehmen an der Produktion von G.
Recht hat der Mann, der diesem Bier eine gewisse Eigenwilligkeit zuschreibt, ebenso wenn er meint, der Name lasse sich von der Stadt Goslar, ihrem eigentlichen Herkunftsort, ableiten. Daneben brauten Quedlinburg, Halberstadt, Blankenburg, Aschersleben, Wernigerode, Osterwieck u. a. nach Gosenart. Dr. Knaust (siehe Dr. Knaust) bezeichnet die G. als zunächst süß, dann weinig, heute dürfte man eher Vergleichen zu den Weißbieren Raum geben. Mit erfrischend-sauer wäre der Sachverhalt treffender beschrieben, und Gewürze (Koriander) gab man auch zu. Über die Bekömmlichkeit gehen die Meinungen gelinde auseinander, da es heißt: Es ist zwar ein sehr gutes Bier die Goslarische Gose / Doch wenn man meint, sie sei im Bauch, so liegt sie in der Hose. Im Gegensatz zum Genuß gilt es nicht als Mutprobe, auf den mit den belgischen Gueuze-Bieren ähnlichen Wortstamm hinzuweisen.
Das bei allem interessante Biergetränk liebt die Mehrzahl nicht, die Anstrengungen der Gosenschenkenrekultivierung stoppten innerhalb der Stadtgrenzen von Leipzig. Dort trinkt man G. fleißig mit Sirup oder Kümmel, läßt sich zur Genese unterrichten, und mit ein wenig Glück erfährt man, daß es die löbliche Brauerei Schneider zu Weißenburg ist, die neuerdings mit kundiger Hand nach

Gosenart und ausschließlich für die leicht kabarettistisch verkitschte Gosenschenke in Leipzig-Gohlis braut. Vielleicht gelingt der große Sprung mit Flaschenabfüllung; die ist auch in der Diskussion.

Gothaer Pils 4,9% Brauerei Gotha. Schaumbergrekord auf dem Glas von 4,91 cm Höhe. Sonst gilt es nichts zu vermelden. Ein Pils halt.

Gottsmannsgrüner Pils V. Kochsche Brauerei Berg. Viel Körper, viel Schaum, viel Hopfenaroma. Das Schaumwunder aus Oberfranken. Sonst eher unfränkisch. Ähnlich könnten die angeblich so herben norddeutschen Biere schmecken, wenn deren Brauer das Sagen hätten und nicht dahergelaufene Marketing-Gigolos. Dazu ein passendes **Export**, ein hervorzuhebendes **Dunkel** und ein lobenswerter **Doppelbock**.

Grafenkrone 4,9% Brauerei Pilsator Berlin. Nachdem wir wieder Luft bekamen, suchten wir nach Worten. Fernglastaugliche Schaumlinsen? Hopfenhimmel voller Arschgeigen? Da verschlägt es auch nichts, daß Ihr auf einen 0,1% stärkeren **Pilsator** macht.

Grafenwalder Pils 4,8%, gebraut für Lidl Stiftung & Co. Neckarsulm. Mit dem Kinde auf dem Rad Zwischenstopp beim Imbißbulgaren. Einer, der die Obliegenheiten des HErrn versieht. Den Durstigen gibt er Trank, den Hungrigen Speise. Wieviel denn ein G. koste? 2 Mark. Basarmiene aufgelegt, das Balg habe aber nur, leiderleider, 1 Mark dabei. Ob man nicht? Der Bulgare hört gar nicht hin, hängt viel lieber seine Augen ans Kind, welches nun unvermittelt heftigen Eiswunsch anmeldet. Parbleu! Also gut: Eis und Bier für 1 Mark. Wir erteilen ihm den Segen und trollen uns.
G. ist über jedes Lob erhaben, stellten wir später fest. Da hat er dennoch ein Geschäft gemacht.

Greifensteiner Pils 4,5% Brauerei Watzdorf, neuerdings in Lohnbrauerei irgendwo. Gut malzig, mit leicht befremdender, fruchtiger Nuance. Kein Körper. Für das Auffinden auch nur einer Spur von Hopfen bedarf es pfadfinderischer Fähigkeiten und Fertigkeiten.

Greizer Diabetiker Pils 5,4% Vereinsbrauerei Greiz. Legendäres Zahlungsmittel zwischen Pleiße und Werra. 38 Bittereinheiten. Ganze Ethnien lebten im Rhythmus dieser (raren) Belieferungen. Für die Bierfahrer wurden Kapellen aufgeführt, man räumte ihnen das jus primae nocti ein. Seit 1990 nicht mehr zu haben. Dafür jedoch das **Schloßpils** (5,0%). Möge da die hopfengebende Hand niemals zaudern. Die Eindrücke beim **Bock** konzentrierten sich stark auf seine 6,7%. In dieser Höhe möchten wir auch unsere Honorare verzinst wissen.

Greser, Achim Wüstester Schenkelklopfer und größte rhetorische Instanz zwischen Lohr am Main und Frankfurt am Main. Konterte anno 1995 Litaneien des Redakteurs Schmidt über die elende Biersauferei vor Redaktionsschluß: »Bier macht auch nicht tot.« Macht sich hingegen ein Wirt oder eine Wirtin anheischig, mit Hinweis auf die Sperrstunde (siehe Sperrstunde) den weiteren Ausschank von Bier zu verweigern, preist G. die Segnungen des Bieres an sich in den panegyrischsten Harmonien, bedenkt die Wirtsperson mit ausgesuchten Belobigungen, stellt ihre prinzipielle Auserwähltheit heraus und segnet die bald außerplanmäßig doch noch genehmigte Extrarunde. Mögen Wirtin und Wirt aber trotz umfangreicher Gunstbezeugungen einfach nicht mehr, fahren infernalische Flüche und Verwünschungen auf sie hernieder, und nur unter anhaltend deutliche Mißstimmung signalisierenden Ausdrücken wie »diese Toren«, »Narrenkappen« und »Menschenfeinde« verläßt G. das Lokal. Vor der Tür legt G. nahe, via Taxi ins nächstbeste, mit Nachtkonzession ausgestattete Lokal überzuwechseln und den gerade verlassenen Laden zuvor noch gründlich zu brandschatzen.

Auf der Heimfahrt verschenkt er stangenweise Zigaretten, die er »irrtümlich im Jet-lag« gekauft habe.

Grohe Pils 4,8% Brauerei Grohe Darmstadt. Schmeckt gut.

Grolsch Premium Pilsner 5,0% Grolsche Bierbrouwerij Groenlo/Niederlande. Schönste Erinnerungen. Kistenweise verbraucht auf Booten auf Fahrten auf niederländischen Grachten. Weitere Importeure gesucht!

Grosswald Pilsener Grosswald Brauerei Heusweiler. Auf der Rückseite steht: »AUSGEZEICHNET Unser naturfrisches Quellwasser – das ideale Brauwasser! Eine Voraussetzung, die nicht jeder hat. Jährliche Auszeichnungen bestätigen diese besondere Qualität.«
Wer zeichnet da aus? Und was? Die unmerkliche Hopfenanspielung, die sich stickig unter den Gaumen schiebt und allda ablagert, als wüßte sie nicht, wohin die Reise gehen soll? Oder zeichnet sich G. durch seine lachhaften 4,5% quasi lo ipso aus? Als Räuber-Hotzenprotz-Bräu?
Für sachdienliche Hinweise wurde eine Belohnung in Höhe von 15 Pfennigen ausgesetzt.

Grünes Bier Als Aphrodisiakum. Genau, das muß jetzt auch noch sein. Und zwar stante pede von Sailerbräu (siehe Rauchenfelser Steinbier). Es soll Weizenbier, Energy-Zusätze, Waldmeister sowie Piranha-Samen enthalten und heißt **Landorra**. »Wontorra« hätte auch gepaßt.

Grutbier Bis weit ins 16. Jahrhundert hinein stark verbreitetes, spontan gärendes, ungehopftes Bier, vornehmlich unter Verwendung diverser Kräuter (siehe Kräuterbiere und ihre Wirkung), aus welchen Gründen und unter welchen Plagen auch immer getrunken. Sensiblere Zungen befanden, diesem Teufelstrank fehlte nur noch der Schwefel. Das nächste Szenebier?

Guest Ale Ein schöner englischer Brauch ist es, nicht nur nette Menschen bei guten Getränken zu Gast zu haben, sondern auch gute Biere in nette Kneipen einzuladen. Statt im Knebelgriff der Großbrauereien Langeweile aus dem Zapfhahn zu verbreiten, können britische Pubs lokale und saisonale Biersorten mit phantasievollen Namen in stetigem Wechsel ausschenken. Auf einer Tafel über dem Tresen wird das aktuelle Angebot verkündet: z. B. **Flowers Original**, **Spring Fever** oder **Easter Ale** im Frühjahr, **Old Growler** aber zu jeder Jahreszeit. Ist das Faß leer, gibt's die nächste Sorte. So geht's doch auch.

Guinness Stout 5,0% Guinness Brewing Co. Dublin/Irland. In seinen sandig-sahnecremigen Schaum, der flach auf einer imposanten dieselschwarzen Flüssigkeitssäule ruht, malt man Gesichter. Punkt. Punkt. Komma, Strich – das weiß jeder.
Notabene: Im Mutterland des G. wird die Flaschenversion sträflich gut in bronxartig ausgeleuchteten Supermarkthinterzimmern versteckt. Deshalb sinkt das Alkoholvolumen auch gleich rasend ab. Versucht ist man, die eingedeutschte Variante für Zichorienkaffee mit Stickstoff und Kohlendioxid zu halten. Der anfänglich irisierende Eindruck verliert sich in jenen allzu zahlreichen Kitschpubs, die unsere Breiten wie ein unschöner Traum überziehen. Carotrinker kommen voll auf ihre Kosten. Die Originale tückisch von Milchsäure angefallen: **Draught Guinness** (4,2% Irland/USA), **Draught Flow** (4,1%), **Bottled Guinness** (6,0%), **Continental Guinness** (5,0%), **Strong Bottled Guinness** (7,5%), **Guinness Extra Stout** (5,5% GB), **Guinness Extra Stout** (4,2% Irland), **Bottled Guinness** (4,3% Irland). Über irische Biere wird gern gemunkelt, sie enthielten Austernextrakt. Stimmt natürlich nicht. **Black Velvet** übrigens ist G. und Champagner. Die gleichnamige Niederlassung braut zudem das bald zu vernachlässigende, am Alt orientierte **Kilkenny** (5,5%). Soviel zu Guinness. Nun zu Gundel.

Gundel Seit 1602 aus Barthelmesaurach, wo der Barthel den Most holt. Und wieder abzischt.

Gutmann Brauerei Fritz Gutmann Titting. Marmoriertes mildes Ocker-**Hefeweizen** (5,2%). Keine weiteren Fragen.

H

Ha.! – Ka.? So heißen Pilskneipen, z. B. in Frankfurt/ Main, Habsburgerallee. Hätte Arno Schmidt nicht besser lösen können.

Hacker-Pschorr Edelhell 5,5% Hacker-Pschorr-Bräu München. Auch gezogen auf einzig an Tankstellen und bei ALDI geführte Einwegflaschen. Wir haben's dennoch in uns hineingetestet, und weil H. – großes Gelöbnis! – außergewöhnlich langweilig, öde, witzlos ist, muß auf eine Pointe verzichtet werden.

Hajek, Taddeus Leibarzt des deutschen Kaisers Rudolf II. und Verfasser der zweiten umfänglichen Schrift über das Bierbrauen (1588). Blieb trotzdem weithin unbekannt. (siehe auch Dr. Knaust)

Haltbarmachung, die Strenggenommen zählen hierzu alle Maßnahmen, die einem Bier und seinen Brauern das sofortige Wegtrinken/-schütten ersparen. Beginnt mit dem Kochen der Würze, der aseptischen Wirkung des Hopfens, der Vermeidung respektive Geringhaltung des Sauerstoffzutritts in allen Herstellungsphasen inklusive Sauberkeit und Filtration. Nicht zu vergessen der Alkoholgehalt. Am berüchtigsten wahlweise die Hochzeitkurzerhitzung vor der Flaschen- und Faßabfüllung bzw.

das Pasteurisieren danach. Den Pasteurgeschmack kennen Sie als brotig-brandig-brenzlige Komponente, die Ihre Supermarktbiere ausnahmslos gleich schmecken läßt. Noch prägnantere Resultate werden dann erzielt, wenn das Bier über längere Zeit unter konstanter Sonneneinstrahlung verbringen durfte und demgemäß ungeniert in quallige Alterung übergeht. Wir schätzen den Mut kleiner Brauereien, auf das rabiate Filtrieren und Pasteurisieren nach Möglichkeit zu verzichten. Geht aber nur bei kurzen Transportwegen und kleinem Versorgungsradius (um den Kirchturm/Hosenstall). Was hat der Allgäuer auch ein Jever oder Warsteiner zu saufen?

Hannen Alt 4,8% Hannen Brauerei Mönchengladbach. Entspannen mit Hannen, das können wohl nur noch Leute mit langen, seitengescheitelten, lötkolbenondulierten Haaren, biermannverdächtigen Schnurrbärten und »Trompetenhosen« (G. Henschel), die selbst die Bratwurst mit Stäbchen essen würden. Hätte an sich das Zeug zu einem passablen Dunkel. Aber nein, es muß ja Altbier sein.

Hansa Pils 4,8%. Als Sixpack der Hansa Vertriebsgesellschaft Bad Sassendorf. »Die erste Flasche netzt nur Lippen und Kehle. Die zweite verscheucht meine Einsamkeit, die dritte durchdringt meine grimmigen Kutteln. Die vierte Flasche erregt leichten Schweiß – alles Schöne des Lebens schwindet durch meine Poren dahin; die fünfte – ich kann das Wasser nimmer halten. Die sechste ruft mich in das Reich der ach was weiß ich denn, die siebente Flasche, halt! Das ist ja schon der nächste Sixpack.« So beschrieb der chinesische Dichter Han Sa die Wirkungen eines Sixpacks H. bereits vor mehr als einem Jahrtausend. Dem haben wir nichts hinzuzufügen. Wenn Sie's trinken wollen, so ist das Ihr Bier.

Harley Davidson Beer 4,9%, irgendwo USA. Mit geringfügigen Feinmechanikölbeimengungen, damit sich die Biker, zu deren bevorzugtem Getränk diese Dosensoße hat arrivieren können, beim »Schrauben« auch mal einen Fehlgriff leisten können. Bißchen Zwiebelschale, bißchen Holzkohle. Wird als Schaumbremsflüssigkeit verjauchten Flüssen in Nordamerika beigegeben. Wir sind bereit, der Brauerei, wo immer sie sich versteckt hält, den Status einer kriminellen Vereinigung zuzusprechen.

Hartmann Edel Pils 4,9% Familienbrauerei Hartmann Würgau. Ein durchaus nicht alltägliches Pils, großzügig hopfiert, satte Farbe, ein höherer Spund vielleicht noch. Der **Felsentrunk** (5,2%) überzeugt bernsteinfarben, hantiert vollsüffig. Die schöne Rauch-, beinahe Whiskynote macht das Bräu auch für nicht Exportverdächtige interessant. Der **Erbschänk 1550** (5,2%) ist ein sehr gutes Schwarzbier. Die angekündigte Spur mehr Hopfen täten wir uns doch wünschen. Bei allem Durst nach Tradition: augenblicklich und nach unserem Kenntnisstand Nummero 3 hinter Köstritz und Gersdorf. Hartmann, sei unser Erb- und Mundschänk!

Hasseröder Premium 4,8% Hasseröder Brauerei Wernigerode. Seit der Übernahme durch Gilde (siehe Gilde) auch nach dem deutschen Einheitsgebot gebraut. Nicht zu seinem Nachteil. Höchste Zuwachsraten in der Ex-Zone. Kirschharzfarben. Anfänglich opulenter Schaum, einigermaßen standfest. Angenehm zurückgenommene Malzsüße, ausdrucksvoll aromagehopft, es grüßt zuweilen das Frankenland. Schmeckt allen, die von westdeutschen Designerbieren den Kanal voll haben.

Hauff-Bräu Gut etablierte mittelgroße Brauerei in Lichtenau, ein Ort, der ab sofort gepriesen wird, denn das dort gebraute **Pils** (5,1%) ist so frisch, fröscher und forscher geht's nimmer. Wenn nicht franken-, so doch weltweit bestes Finish.
PS. Manch einer liest das Etikett nicht »Hauff«, sondern »Sauff«. Soll dann auch recht sein.

Haustrunk, der Form der Lohnzahlung in Naturalien an Beschäftigte der Brauindustrie. Vorbeugend dem Bierdiebstahl zudem. Gebräuchlich sind zwei Liter pro Tag und Nase. Muß genügen. Auch Deputat genannt, welches freilich noch längst keine Deputierten aus seinen Empfängern macht. (siehe auch Haustrunk: Rechtsprechung)

Haustrunk: Rechtsprechung Nicht-geldwertes Wirtschaftsgut, welches der Arbeitgeber, der Brauer oder Brauereibesitzer, seinem Lohnsklaven gütig gewährt. Strittig die Steuerfreiheit des H. Ihrer Rechtsnatur nach ist die Gabe eines H.s (auch Milch »in gesundheitsgefährdeten Betrieben«) schwankend, sowohl auf der Seite des Leistungsempfängers als auch auf jener der Leistung, des ausbeutenden Brauers mithin. In steuerrechtlicher Hinsicht gilt nichtsdestotrotz seit dem 6. November 1971 (BAnz 1971 Nr. 220): »Werden Haustrunk, Freitabak, Freizigarren und Freizigaretten in größeren Mengen als in den nach Ziffer 1 bis 3 in Betracht kommenden Mengen unentgeltlich oder verbilligt überlassen, so gehört der gesamte Wert zum steuerpflichtigen Arbeitslohn.« (zit. n. Assessor Winfried Pürschel: *Die Steuerfreiheit des Haustrunks*, Berlin 1975)

Hawaii, auf Gibt es seit zwanzig oder hundert Jahren kein Bier. Wird Zeit, daß da mal jemand für Ordnung sorgt.

HB Mai-Bock 7,2% Staatliches Hofbräuhaus München. Kraftbierodeur steigt auf, gepixelter Schaum stemmt sich hinterdrein. Kein Zweifel: ein starkes Dunkles, da wird regelrecht Zustimmung gefordert. Soll sein, auch wenn – das Mäkeln hat ja gar kein Ende – die allzu gefällige, dem common sense und seiner gedanklichen Insuffizienz willfahrende Coverzeichnung getadelt werden muß, wonach der Begriff Bockbier als Bier des Ziegenbockes zu remetaphorisieren und damit verständlich zu machen sei. Trotzdem nimmt die mondäne Balance zwischen Malzbrummen und Rezens für ein Bier ein, das der gar beinahe allerorten üblichen Schrotigkeit und krachledernen Holzschuppenmentalität gehörig sich verweigert und somit zu Recht die Auszeichnung ins Felde führen darf, »Münchens ältestes Bockbier« zu sein. Mahlzeit.

Hebendanz Hell 5,0% Brauerei Hebendanz Forchheim. Wir schauten ein gutes Bier. Deutlich ansprechen lassen sich Bernstein in der Farbe, überzeugende Lieblichkeit im Geschmack.

Hecken-Biotope In Metzingen entfachte Anfang 1986 der Bund für Umwelt- und Naturschutz (BUND) eine Kampagne gegen Dosenbier. Seine hauptamtlichen Dosen-Fahnder entdeckten »Dosen-Hecken-Biotope«, stadtweit gebe es keine Rabatte und keinen Busch ohne Wegwerfdosenhaufen mehr, obwohl die »Umwelt- und Klimakiller« sogar vom Bundesumweltamt die denkbar schlechtesten Öko-Noten erhalten hätten. Damit liegt Metzingen im bundesweiten Trend. 1995 konsumierte Deutschland Bier aus 5 Milliarden Ex-und-weg-Behältern. Die Umwelt-Noten werden auch keinen Deut besser.

Hefe, die Man kennt die H. als Backhefe, Weinhefe oder Brauhefe. Hier interessieren diese mikroskopisch kleinen Einzellerpilze nur als Brauhefe. Sie enthält ein Ferment, die Zymase, durch das die H. imstande ist, den beim Brauen entstandenen Malzzucker in Kohlendioxid und Alkohol aufzuspalten. Schön macht sie das.
Wir haben Wissenschaft von obergäriger (Saccaromyces cerevisiae) und untergäriger H. (Saccaromyces carlsbergensis). Obergäriges Brauen ist das bei weitem ursprünglichere Verfahren, da es höhere, also nahezu normale Temperaturen verträgt (15 bis 25°C). Im Anschluß an die Hauptgärung sammelt sich die H. an der Oberfläche des Jungbieres und darf abgeschöpft werden. Die untergärige

H. kann es nur im Kalten (5 bis 9°C); sie setzt sich am Gefäßboden ab. Obergärige H. steht für fruchtigere Aromata und früher auch für geringere Haltbarkeit, die untergärige H. ist die Mutter des Lagerbieres.
Unsere freundlichen Pilze stellen ihre Tätigkeit ein, wenn die für Vermehrung und Unterhaltung verfügbare Malzzuckerverpflegung zur Neige geht. Darüber hinaus macht sie der Alkohol auch ein wenig schummrig, so daß dem Alkoholgehalt in Bieren eben auch natürliche Grenzen gesetzt sind. Wir unterstützen diesen Gedanken.

Hefen, wilde »Arbeiten« laut Michael Jackson »unrationell und undiszipliniert« und reichern deshalb z. B. Lambic-Biere mit weinartigen Geschmacksnuancen an. Gut so.

Hegel, G. W. F. Dem Rausch kaum verwandt ist seine Systematik. Aber die Ehrendoktorwürde verschaffte er Jean Paul (siehe Paul, Jean) ohne Quengeln. Beim Bier.

Heineken 5,0% Heineken Brouwerijen Amsterdam/Niederlande. Nicht gerade ein Bierbetrug, doch bemerkenswert bleibt, wieso und warum und weshalb ein wahrscheinlich relativ fehlerfreies und doch grämliches untergäriges Bier wie dieses als »Weltmarke« gehandelt und insofern durch die de facto »größte Brauerei Europas« allüberall lanciert zu werden vermag, »denn es schmeckt wirklich jedermann« (Gilbert Delos). Denn das dürfte das Problem sein.

Henninger Dunkler Bock 6,7%. Dosenabfüllung. Am Gestehungsort (Frankfurt/Main) noch nicht gesichtet. Wird offenbar bevorzugt gen Osten verbracht. Insofern schlüssig bei *Kaufland* in Saalfeld gekauft.
In die Tonne. Aber schnell. Es sei denn, Sie haben ein Flair für Karamelbier, was es zur Zeit offiziell noch nicht gibt, aber Henninger braut ja sogar zusammen, was als unmöglich gilt. Nämlich Bockbier in der Dose. Ein lupenrei-

ner Skandal, um den sich jemand kümmern sollte. (siehe auch Henninger)

Henninger Kaiser Pilsner Henninger-Bräu Frankfurt am Main. Bleibt mit 4,8% knapp unter der hessischen Mindestvolumenprozentgrenze und wird »rund um den Henninger-Turm« zusammengeköchelt, wo Profiradrennen stattfinden (Didi Thurau). Ein unreifes, unausgegorenes, fahles Bräu, das immer wie von vorgestern schmeckt und auch durch ausgedehnte Werbekampagnen und die in jüngster Zeit erfolgte Einführung neuer formstarker Kästen keine Fortschritte erzielen konnte.
Lieblingsbier des Frankfurter Wohnungsmaklerclans (Didi Thurau). Jetzt mal eine rauchen.

Herborner Edel-Pils 4,7% Privatbrauerei Bärenbräu Herborn. Riecht erst herb, riecht dann tümpelig, riecht dann gar nicht mehr. So der Geschmack. Obgleich das Etikett Pralinen und Marzipan versprach. Verdammt. Auch zum **Classix Herborner Dunkel** (4,5%) keine nennenswerten, keine bemerkenswerten Berichte. Malznote nur bei gutem Wetter (Fernsicht). Und vielleicht die rostbraune Farbe. That's it.

Herforder Pils 4,8% Brauerei Felsenkeller Herford. Eigentlich müßte an dieser Stelle unser »Feinherb-Verdikt« zum Tragen kommen. H. ließ uns trotz seiner »schon sprichwörtlichen« Bekömmlichkeit merkwürdig unbeeindruckt. Ja, wir glaubten fast an eine dornige Bittere im Nachtrunk.

Herrenhäuser Premium Pilsener Aus der Privatbrauerei Herrenhausen bei Hannover. Unschwer zu lesen: 4,9%. Das war's dann aber auch. Im Ansatz bierähnliches Aroma, wie mit purer Gewalt pasteurisiert. Müde schaukelt die Kohlensäure nach oben. Starke Tendenz zum Lagerbier oder was in der Art, wir kriegen langsam die Krise.

Könnte trotzdem oder gerade deshalb an der Leine durchaus ein sog. Szenebier sein. 0,33 l-Flasche mit sage und schreie Schraubverschluß. Auf! Zu! Weg! Der Umwelt zuliebe.

Hersbrucker Edel-Pils 4,6% Bürgerbräu Hersbruck Deinlein & Co. Säuerlich, richtiggehend stur. Die Hopfennachbrennerstufe hinterließ Schmauchspuren auf der Zungenunterseite. Also völlig falsche oder fehlgeleitete Apperzeption bzw. Ansprache des Bieres. Somit wieder mal gar nicht »edel«, sondern schurkisch. Oder schurkenhaft. Sein Partner, das **Lagerbier**, gleich lasch (4,6%), *thin* und matschig, die Holland-Tomate unter den Brotzeitbieren.

Hessenhöfe Landbier 4,8% Hessenhöfe Niddatal. Großzügig beschäumt. Das können wir leiden: nicht angeben, wer's gebraut hat. Sonst strenges Landbier.

Hessisches Löwenbier Premium Pilsner 5,0% Genossenschaftsbrauerei Malsfeld. Erhältlich in einem Radius von zwanzig Kilometern um das semantisch voll ausgereifte Dorf Malsfeld. Nehmt noch Wasser aus örtlichen Mineralquellen dazu, und fertig ist ein Pils, mit dem man der Bitburger-Fraktion gehörig Beine machen könnte.

Heubacher Albfels Premium 4,5% Hirschbrauerei Heubach. Nicht pastorisiert, Pardon: pasteurisiert. Nimmt geringere Haltbarkeit in Kauf, dafür sichere und saubere Belieferung des Um-den-Schornstein-Gebietes. Sehr löblich. H. hat freilich keine bleibenden Impressionen bei uns hinterlassen, das **Uralb Spezial** (4,8%) dagegen schon eher. Das **Weizen Kristallklar** (4,7%) mit einem Anflug von Banane, das **Hefe Weißbier** (4,7%) apfelig und würzig nach Pflaume. Überredet.

Hexenbräu 5,4% Brauerei Hürlimann Zürich/Schweiz. Spritig, unrein. Kann man höchstens Hexen mit austreiben.

Heylands Premium Pilsener 4,8% Heylands Brauerei Aschaffenburg. Unser Gutachten: Ein saublödes Bier. Akte geschlossen.

Highlander Finest Whisky Malt Beer 5,3%, vertrieben durch Henninger Frankfurt. Da fehlt das Komplement. Hopfen, Bucheckern, Eicheln, Tierkohle, irgendwas. Schaum anfangs kompakt, aber nicht haltbar. Honignote. Brezelgeschmack. Als Malzbierhybride mißlungen, wie zu konstatieren ist. Kitschbier. (siehe Kitschbiere)

Hinano Premium Beer 4,9% Brasserie de Tahiti Papeete/Tahiti. Der Schaum ein flinker Renegat, nicht durch Nachschenken zum Bleiben zu bewegen. Bronzemedaille in Hopfen. Aufgeweckt das beinahe vollmundige – Moment: das sehr verzagte, kaum vorhandene Malzaroma, das absolut gar nicht vorhandene Malzaroma.
Wir gehen jetzt nach Hause.

Hirsebier Volumenarmes Bier auf Hirsebasis, das bis in dieses Jahrhundert hinein eines der verbreitetsten Alkoholika Westafrikas war. Dort mit doppelter Funktion: als Allklassen- und Alltagsgetränk beiläufig zu den Mahlzeiten gereicht oder, weil für »Mut und Kraft« verantwortlich, bei der Arbeit getrunken, wird es auf Grund seines hohen symbolischen Wertes jedoch desgleichen während religiöser Feiern verköstigt. Das bei diesen Gelegenheiten Tage andauernde kontinuierliche Zechen ist stark formalisiert und wird durch Trankopfer, Trinkweihen und Trinkspiele ergänzt. Es dient der Animierung wie der Verfestigung von geschlechtlichen, familialen, religiösen und wirtschaftlichen Bindungen; Trunkenheit kann das Ergebnis sein, »ist aber nicht Trinkziel« (vgl. *Rausch und Realität*, Köln 1981).

Hochfürst Pilsener Für das H. und den dazugehörigen **Zwickel** der Brauerei Hacklberg in Passau hat sich der bekannte Bierpoet Reiner Kunze auf eigene Hoffnung, aber auch auf Ersuchen des Bischöflichen Klerikalseminars St. Stefan folgende Werbezeilen in Zimmerlautstärke einfallen lassen: »Die etiketten deiner flasche sollen wimpern haben // Der letzte Schluck / eine züngelnde schlange / (keines menschen / tod noch wunde, nur // erinnerung an eines jeden / einziges bierchen)« Schön, nicht.

Hochstift Pils 4,9% Hochstiftliches Brauhaus Fulda. Neuer Vorschlag fürs Bekennerschreiben: Mit irgendwelchem runzligen Hopfen und wahllos herausgegriffener Braugerste aus woweißwoher wurde dieses Sowiesopils der Premiumklasse traditionslos gebraut. **Schwarzer Hahn Original Rhöner Landbier** (4,9%): Verdünnt sieht es dachziegelrot aus. Zugegeben überflüssig.

Hoegaarden Witbier 5,0% Brasserie Hoegaarden/Belgien. Erstaunt lesen wir von unvermälzter Gerste und unvermälztem Weizen sowie geringem Anteil Hafer. Das weißbierverwandte Ergebnis kann sich trinken lassen. Zuckrig, pampelmusig, spritzig. Auch von Koriander geht die Rede. Mit **De Verboden Vrucht** (8,8%) hat dieses gar nicht mal so alte Brauhaus einen dunkelroten Klassiker kreiert. Auch hier wieder Koriander, dazu Aromahopfen erster Güte und feinster Alkohol. Beim Austrinken wünschen wir gutes Gelingen.

Höllhuber, Dietrich/Kaul, Wolfgang Verfasser des Buches *Die Biere Deutschlands* (Nürnberg 1993). Können und dürfen alle Bierflaschen anfassen, aufmachen, trinken und beurteilen. Nur vom Schreiben sollten sie die Finger lassen.

Hönig Pils 4,8% Brauerei Hönig Tiefenellern. Als Export lassen wir's durchgehen. Als ein gutes. Sorgfältig auf 12,0% stammgewürzt, anschließend rigoros vergoren. Hier wurde vorher nachgedacht.

Hövels Original Bitterbier Hausbrauerei Hövel Dortmund/Brauerei Thier. Bier des Verlegers Bittermann, Dortmund, auflagenstarke 5,5%, obergärige Sonderbarkeit, die in Altrichtung spielt und eine gerechte Punkteteilung vor Augen hat. Wir befinden uns aber erst in der siebzigsten Spielminute. Da kann noch einiges passieren. »Bitte die leeren Flaschen nicht verschließen!«

Hoffmann, E. T. A. Erster Alkoholmonteur der Literaturgeschichte. Drehte unter Mithilfe von Wein und Bier (siehe Bier, das) sein »inneres Fantasie-Rad an« und »trank, um sich zu montieren«. Ergebnis: organische Betriebsstörungen, frühzeitiger Kolbenfresser, astronomische Hinterlassenschaft (d. i. nicht beglichene Wirtshaus- und Werkstattrechnungen).

Hofpils 4,7% Gefco Getränke GmbH Schwabach. Gewächshaushopfen mit darmwarmem Agraralkohol angesetzt, dann hinter schwäbischen Gardinen vorsichtig Weißblech drumgerollt, damit nichts wegläuft. Die mundbemalten Dosen geschultert, schicken die Braubehindertenwerkstätten, den Mitleidsbonus nutzend, ihre Drückerkolonnen in den Billigkramhandel zum Klinkenputzen. Da fällt es schwer, in der Hose zu bleiben.

Hohenfelder Lappmann's Dunkel/Pilsener 4,7%/ 4,8% Privatbrauerei Langenberg. a) Ach nö; b) maliziös malzig, hochtrabend hopfig. Wir können nicht zu jedem Bier eine ganze Seite verfassen.

Holnsteiner Vollbier 4,8% Schloßbrauerei Holnstein. Wacker und metallisch in Richtung vollschlank, was ja bei einem Hellen kein Vergehen ist. Die Bestürmung ließen unsere Geschmacksknospen freudig über sich ergehen.

Holsten Pilsener 4,8% Holsten-Brauerei Hamburg. In den Protokollen des II. Hamburger Hopfenkonviviums wurde folgendes festgehalten: Die Bitterkeit hält sich am längsten. Unerkannt passiert sie die Lippenrotgrenze, umstreicht die Zähne und befeuchtet den Gaumen. Erst in der dunklen Tiefe des Schlundes entfaltet sie ihre übel proportionierte Wirkung. Pelzig breitet sie sich am hinteren Ende der Zunge aus und kriecht ganz langsam nach beiden Seiten weiter. Kurz, das 96er H. müssen wir refüsieren. Daran ändert auch der **Maibock** (7,0%) grundsätzlich nichts. »Kernig« rufen uns die einen zu, »ein wenig nach Baumrinde« die anderen. Es ist eine Not! Den Duft müsse man sich bildlich vorstellen, haben wir mal gelernt. Hierzu sind uns dann doch nur obszöne Kronkorkenmännlein eingefallen. That's what's H. about.

Honigbier Gebräu aus vergorenem Honig, das – anders als der Germanen (siehe Germanen, alte) Honigwein (Met) – mit Hopfen oder hopfenähnlichen Stoffen versetzt wird. In Ostafrika bis ins letzte Jahrhundert hoch angesehen und vor allem im Rahmen komplexer ritueller Feiern verabreicht. Da Honig und H. Obereigentum des Königs oder der Königin waren, galt die Bewirtung mit H. als besonderes Privileg, das nur verdienten Kriegern und großen Herrschern gewährt wurde. Auf Grund der globalen Säkularisierung auch Luxusgetränk gesellschaftlicher Eliten geworden, nahm das H. seinen Weg in öffentliche Honigbierstuben, die sich bald den Ruf von Trinkerstätten und Radaubrüderbuden erwarben. (siehe auch Hirsebier)

Honig, heißes Bier mit Wird gern bei sog. White-Trash-Parties gereicht, wo die Leute komplett neben der Mütze laufen und überhaupt jeden Dreck (geschmacklose Klamotten, Klamauk, schreiend gute Laune) goutieren. Also *insane* sind. (Mitnichten erkältet.)

Hopfen, der Humulus Lupulus. Legten wir, rein hypothetisch, einen Schöpfungsakt zugrunde, wäre die Annahme berechtigt, der da oben habe auf den Hopfen allein einen eigenen Tag verwandt.
Kletternde Staudenpflanze aus der Familie der Hanfge-

wächse. Im gemäßigten Klima, auf kalkreichen, feuchten Böden gedeiht er am besten, daher erzielt der H. bei kalkreichen Brauwässern auch bessere Ausbeuten. Auf den Kulturflächen des H. sind 5 bis 8 Meter hohe Stangen oder Drahtgerüste zu beobachten, an denen man die mehrjährigen Pflanzen emporlockt.

Man baut nur die weiblichen Pflanzen (der H. ist zweihäusig) an (außer in Großbritannien freilich, aber was soll's), weil nur deren holde Dolden den Brauhopfen ergeben. Diese noch jungfräulichen Blütenzapfen werden im August und September gepflückt (siehe Hopfenpflückerkrankheit). Und ähneln kleinen grünen Kiefernzapfen, leider verdirbt ihre kostbare Ladung schnell.

Ein guter H. soll reichlich das Lupulin genannte Hopfenmehl enthalten. Es gleicht goldgelbem Staub und zeichnet für die angenehme Bittere verantwortlich. In der Hopfendolde und ihren klebrigen Drüsen wohnen ferner die ätherischen Öle, die für eine ordentliche Aromaentwicklung Sorge tragen. Sie sind extrem hitzeflüchtig und werden dem Sud meist erst gegen Ende des Kochprozesses zugesetzt. Üblich auch das Hopfenstopfen in die Lagertanks.

Doch nicht nur in geschmacklicher Hinsicht ist der H. für das Bier von größter Wichtigkeit, sondern auch im Sinne der Haltbarkeit und Schaumentwicklung. Er ist aseptisch und bändigt den Milchsäurebacill, und seine Gerbstoffe erzwingen mit ihren Kollegen vom Malz das Ausflocken des Eiweißes, d. i. der Erbfeind klaren Bieres.

Der klassische H. wird in Zatec (Böhmen) angebaut. Ebenfalls sehr geschätzt die Hopfenvorkommen in Tettnang, Spalt und in der Hallertau. Für ein Pils verwendet der Brauer den teuren Aromahopfen, für Export, Bock etc. den billigeren Bitterhopfen. Angeboten wird er in Form von gepreßten Dolden, gefriergetrockneten Pellets, als harziger Extrakt oder gemulcht, mit Baldrian verklebt, als Beruhigungstee.

Hopfenpflückerkrankheit Kopfschmerz, Schläfrigkeit, Konjunktivitis (»Hopfenauge«), papulöse, auch pustolöse

Hautrötung, Gelenkbeschwerden bei Hopfenpflückern. Bei Frauen auch Zyklusstörungen durch den hohen Östrogengehalt des Hopfens (siehe Hopfen, der).

Horkheimer, Max Laut Eckhard Henscheid (*Das große Anekdotenbuch*, Zürich 1983) machte das lange Jahre administrativ, pekuniär und auch theoretisch führende Mitglied der Frankfurter Schule gern und oft in »Binding-Brauerei-Aktien!« und anderen Frankfurter Erzeugnissen (»Parole: Auch noch Henninger kaufen!«; siehe Henninger) – sogar während der Niederschrift des gemeinsam mit Adorno verfaßten Hauptwerkes der Kritischen Theorie, der *Dialektik der Aufklärung*, welche im amerikanischen Exil abgefaßt und seitens H. nicht immer mit der letzten Konsequenz vorangebracht wurde (man vgl. etwa das deutlich ihm zuzuschreibende und unter Kopfschmerzen abgerungene Kant-Kapitel). Andere Quellen bezeugen H.s Champagner-Anhängerschaft (»Als Kind erhielt ich bei festlichen Gelegenheiten ein halbes Glas, das mit Respekt getrunken werden sollte.« In: *Dämmerung*), und im dritten Stock des Frankfurter Fachbereichs Philosophie (Dantestraße) ist noch heute eine winzige, dunkel gerahmte Photographie zu besichtigen, die den großen Spiritus rector von Interdisziplinarität und unversöhnlicher Kapitalismusanalyse in ausgelassener Stimmung zeigt – mit Pappnase und einem frisch gefüllten Sektkelch in der erhobenen Hand.
Endgültig geklärt ist H.s Rolle hinsichtlich der signalgebenden Präferenz- und Vorbildfrage – ob Bierfürst oder Büttel der herrschenden Champagnerkaste – folglich noch immer nicht.

Hümmer Lagerbier 5,0% Brauerei Hümmer Breitengüßbach. Wenn ein untergäriges, malziges, säuerliches (nach Rosinen schmeckendes), hochgespundetes, honiglich ausschauendes Lager beabsichtigt war, dann ist es Hümmer voll gelungen.

Humbser Pils 4,9% Brauerei Humbser Geissmann Fürth. Nahe zero das, was wir als Schaum bezeichnen würden. Na, aufs neue »von traditionell guter Qualität«. Wir fürchteten das **Export** (5,4%) – es schäumte besser und zeigte sich von der ärgsten, um nicht zu klagen: der blümerantesten und bösesten Seite, da brandige Flutwellen den Kehlkopf umtosten. Nie ward der Rede vom »schnapsigen« Bier höherer und genauerer, genauer: exakterer Sinn verliehen. Lieber zum doppelten Korn oder zum Dreykorn (siehe Dreykorn) greifen.

I

Ice Beer Die kanadische Großunternehmung Labatt (siehe Labatt's) hat's möglicherweise ausgeheckt, Sailerbräu (siehe Rauchenfelser Steinbier) setzte vor Jahren sein Ice-Rifing-Konzept in die Welt und beschenkte zukünftige Abnehmer des icegeriften Icebieres mit einem Stück Ice-Rifing-Wald. So groß war danach die Freude, daß zunächst Licher (siehe Liegende Druckbehälter) im Juni 1996 das eigene **Ice Beer** als erstens »neu« und zweitens »eisgebraut – eisfrisch – überraschend mild« bewerben ließ. Nicht dumm, zog Binding mit einem sog. **Icebeer** (4,9%) nach, dürfte aber übersehen haben, wie Carlsberg (siehe Carlsberg) bereits seine glassplitterübersäte Silberbüchse mit **Ice Beer** (5,0%) in die Tankstellen hatte pressen können.
Eiskristalle, die später wieder herausgefiltert werden, erzeugen auf alle Fälle ein, verrät wiederum Binding, »crisp & smooth« *feeling* respektive Geschmackstiming, und sie werden richtig liegen, denn Carlsbergs *creation* stinkt noch stärker. Riecht wie Gelbe Tonne.
Reinkloppen könnte man in den vermaledeiten Haufen von I. nuckelnden Freizeit-Kretins, dabei möchten wir

lieber ein Eisbär sein, am kalten Polar, dann müßten wir nicht mehr schrei'n. Alles wär' so klar.

Imperial Russian Stout 10,0% Courage Ltd. Staines/ Großbritannien. Über 200 Jahre auf der Welt. Verdankt seinen Namen dem regen Exportgeschäft dazumal, vor allem nach Rußland zu Katharina II. und zum fetten Zar. Auch Verbindungen hinwärts Finnland und Estland undsofort. Man nennt das I. in der Fachliteratur ein »komplexes Bier«. Weiß Gott. Sein monströser Alkoholgehalt resultiert aus der Notwendigkeit, lange Reisen unbeschadet überstehen zu müssen. Einmal angekommen, sprachen die Kenner noch am Kai folgende Sätze: »O wie freudig begrüßen wir dich, du Bombenbier unter den Winter Warmers, du selig Gebräu zum Schutze unserer frostigen Glieder. Und schmeckest wie kein ander Getränk unter des Zaren Obhut und des Beefeaters Manufakturgewalt. Denn deine Intensität, sie erinnert an die konzentrierte Süße eines Pedro Ximénez-Sherry. Dein Röstgeschmack verschmilzt mit rauchigen, an Teer erinnernden, gebrannt-fruchtigen Esternoten und alkoholischem Geschmack. Man denkt pausenlos, o furchtloses Bier, an Kakao auch oder höllisch starken Kaffee an einem garstigen Winterabend ohne Kaminfeuer. Deine Fruchtigkeit, mutiger Kombinator bester Sitten und Braugebräuche, erinnert an die verbrannten Korinthen am Rand eines frisch aus dem bullernden Ofen kommenden radgroßen Kuchens oder an den traditionellen englischen, o brüderlich verbundenen Christmas Pudding mit seinen getrockneten und kandierten Primafrüchten. Dein Alkohol zum Schluß, du Fest und Feier, du Glut unseres eisigen Herzens und unserer eisernen Gebeine, suggeriert einen Schuß Schnaps im Kakao, Kaffee, Pudding oder Kuchen.« (frei n. Michael Jackson: *Bier international*, Bern und Stuttgart 1994)
Und dann wurde ziemlich stark getrunken. Ohne Schnaps, denn der war schon drin. Schwierig zwar, das I. aus dem Phiol herauszulotsen und ihm Mut zur wenn

auch kleinen Schaumbildung zuzusprechen; doch es ist ja auch reines Öl, eine Heizdecke, mit Diesel betrieben. Immer und allzeit kaltstartbehilflich. Taugt für jede Sibirien-Durchquerung. Auch erstes Jahrgangsbier der Welt noch. Sollte lang gelagert werden. Im Radkasten oder im Iglu. Wir lassen Sie mit dem Bier jetzt mal allein.

Internet, das Ein großes, unbekanntes Land, das Entdeckungen, *news* und Schrott sonder Zahl für uns bereithielt, nachdem der allzu unbekannte und literaturbetrieblich noch immer mißachtete Oldbeat-Dichter Gustav Jacobsen dessen Pforten für uns geöffnet hatte: Da schnurrten Hunderte von Seiten aus dem Drucker heraus, Tausende von *sheets* und weißderpfeifensack Themen und Dateien und *server* offenbarten sich uns, nichts als Bier, Bier und abermals das blöde Getränk – unter Diskursgesichtspunkten recht absonderlicher Art und in Form von Selbstbrauanweisungen, Literatur*hints*, Kampagnenadresslisten, Prosa, Lyrik, Poesie. Depeschen eines irgendwo tätigen Wirtes zur *Top Ten* seiner meistverkauften Biere, diverse Angebote für Bierclubmitgliedschaften und eine Aufstellung der Gewinner des 95er-*Great American Beer Festival Award.* Und den Lorbeerkranz trug in der Disziplin »American Lager« ausgerechnet Red Dog (siehe Red Dog) davon. Und so geht es weiter.
Was aber gibt uns zuletzt ein gewisser William Safford mit auf den Weg? »The first question to ask yourself is: ›do‹ you want to drink?« Ob der oder ob das I. noch alle beieinander hat?

Irseer Klosterbräu Pils 5,0% Klosterbräu Irsee. Erloschen und verlassen wirkendes Zwickel, die sonst mit einem solchen zu verbindenden Eigenschaften konsequent negierend. Unter einem blubbernden Unstern steht die Koinzidenz von Malz und Hopfen allhier. Nichts wie weg (damit).

J

Jackson, Michael Primo: Beliebter farbiger Schlagerinterpret. Secundo: Verfasser des beliebten *Pocket Beer Book*, zu teutsch: *Bier. Über 1000 Marken aus aller Welt* (Bern und Stuttgart 1995). (siehe entsprechende mehrfache Querverweise)

Jackson, Wanda Keinesfalls weder mit Michael Jackson (siehe Jackson, Michael) noch mit Michael Jackson (siehe Jackson, Michael) verwandt. Gesangskoryphäe, die, unterstützt durch Chor und Orchester, 1967 und 1970 insgesamt sechs deutschsprachige *Songs* zusammenknallte. Das Booklet der 1991 aufgelegten CD *Santo Domingo. Ihre deutschen Aufnahmen* präsentiert sie als mühselig getarnte Schlageralkoholikerin in kaum gefaßter Haltung beim Bierzapfen: Ein »historisch« zu nennendes Photo und der nicht minder spirituelle Beitext fügen sich zu einem – puh – »bizarren« Ensemble oder unserethalben auch Emblem. »Das Maß ist voll«, wortspielt die Plattenfirma, denn »Wanda Jackson« äußerte selbiges mutmaßlich »hinsichtlich der überlauten Beat-Schwemme«. Zuletzt rundet dieser PR-konzeptionelle Kryptowahn die – heute muß es heißen – »Identität« von Schlagerplärre und Bierbeplärrung in folgendem, an dieser Stelle nicht mehr weiter auszuleuchtendem Wortlaut sämtlich ab: »Außer der Gewißheit, ein neues Publikum gewonnen zu haben, bringt Wanda noch etwas nach Amerika mit: Das ihrer Meinung nach ideale Party-Getränk ›Bier‹. Ihr Kommentar: ›Durst wird durch Bier erst schön.‹ Sie hat sehr viel dazugelernt.« Doch. Z. B., »Bier« in Anführungszeichen zu sagen. (siehe auch Musik)

Jacob Altbayerisch Hell (4,7%) Brauer Jacob Bodenwöhr. Den Ausdruck unserer herben Enttäuschung hat zunächst das Landgericht München untersagt. Nicht aber: Man braucht es nicht. Oder in den klassischen Worten Jörg Lauterbachs: »Braucht kein Mensch.«

Jägermeister »What is a Jagermeister? It is a German herbal liquor. It is NOT beer.« (Doug Ferrell, ferrell@exchange.thl.fl.us)

Jahnsbräu Pilsener 4,8% Jahnsbräu Ludwigstadt. Turnvater Jahn hätte seine Freude daran gehabt, wir haben sie nicht so. Mitnichten aufregend. Aufgeregt haben uns dafür das ewige Hausierengehen mit diesem ewigen Felsquellwasser, die peppigen Etiketten und die unsaubere Hopfeneinflugschneiße, die den hinfälligen Körper – bei auffallend hefiger Nase – decouvriert.

James Boag's Premium 5,0% Tasmania (S.A. Sodiane Neufchateau). Bekannt als »Jimmy«, wer immer Bescheid weiß. Egal. Selten jedenfalls ein so vollendet hopfentouchiertes, trocken-süffiges Frischbier getrunken. Wie geschlagen der Schaum, nicht mal die füllige Süße, woraus immer sie sich speisen mag, schadet, ein fehlerfrei gezupfter Malzakkord kadenziert, und nun singet! Singet! Jubilieret! Seid froh und gehet davon!

Jan Dubbel 7,0% Arcense Stoom Brouwerij/Niederlande. Den Herzog J. registrieren wir als Gegenpart zu Jan Primus, den sie uns als Gambrinus (siehe Gambrinus) verkaufen wollen. Der Hopfen bleibt in der Schmollecke, lehnt die Mitwirkung im Geschmackskollektiv ab. Verständlich: Beim Schaum dachten wir auch zuerst an Soßenkuchen. Wenn Sie Gefallen an dekorativen Flaschen finden und auch sonst nichts anderes zu tun haben, stellen Sie sich diese Marke ins Regal. Nur nicht aufmachen.

Janka Bräu Premium-Pils 4,7% Lagerbierbrauerei Janka Zwiesel. Gewiß umständlicher Titel, nichtsdestotrotz, so hört man, das einzige oder zumindest eines der wenigen Biere hierzulande, welches gefertigt wird mit unfiltriertem Quellwasser und wohl deshalb 1994 den Silbernen DLRG-Preis einfuhr.
Stimmt gar nicht: Es war der Silberne DLG-Preis, und den gab's komplett zu Recht wegen des glitzernden, mikroskopisch strukturierten Schaums, einer rachenraumfüllend beträchtlichen Frische und Lässigkeit sowie aller anderen lobenswerten Eigenschaften, die man jetzt bitte mal selbst rausfindet.

Jenaer Burschenpils 4,8% Städtische Brauerei Jena. Kupferbronzenes, ausdrucksloses Pils aus dem nördlichen Thüringen mit krawattigem Schaum. Leicht spritig im Antrunk, roch nach Pech und alter Bartbinde. Schmeckte nach Lagerkeller, nach Untergrund. Galt unter Honecker als untrinkbar, ließ oppositionelle Bartträger mit der objektiven Realität uneins werden. Werbeslogan: »Jenaer je lieber«. Die Einheimischen standen dem Bier ablehnend gegenüber. Mußte nach einer vernichtenden Kritik in *Titanic* 4/1994 verboten werden.

Jenlaine Bière de Garde Ambrée 6,5% Brasseurs Duyck Jenlaine/Frankreich. Entre nous: gutes Crossover aus einem guten Bock und einer guten Beerenauslese. Oder Tokaijer mit Schaum. Tja, der Franzmann.

Jens, Walter Tübinger Rhetoriker und »poeta doctus«. Äußerte sich 1990 anläßlich der Fußballweltmeisterschaft in TV und Printmedien mehrfach und wiederholt über seinen Bierkonsum mit dem Bemerken: »Ich habe in meinem Leben vielleicht eine Flasche Bier getrunken.« Eine Flasche? Wirklich nur eine? Heißt es denn nicht schon bei den alten Lateinern: Fluit melius post pocula sermo, nach dem Trunke fließt die Rede besser? Eine gleichwohl nach allen Seiten hin unauslotbare Äußerung, die den *Titanic*-

Humorkritiker Hans Mentz so stark lachen machte, daß ihm dabei ein Rad vom Schreibtischstuhl absprang. Der Tübinger Stammtisch »Unser Huhn« im *Waldhorngrill*, 1 Minute vom Bahnhof, verfaßte unter Einsatz seiner vereinten Kräfte ein ganzes Buch darüber und ist, in voller Kenntnis des Jensischen oder Jensschen oder Jenensischen Gesamtwerks, zu der einhelligen Auffassung gelangt: Dieser Satz wird bleiben. Fünf Jahre später und abermals via TV zeigte sich J. jedoch uneinsichtig und beschied apodiktisch und in völliger Verkennung der literaturhistorischen Lage einer jungen Reporterin, es handle sich um einen »ganz unwichtigen Satz«.

»Jetzt ein frisch gezapftes Pils!« Ritueller Ausruf einer großen deutschen Sekte, deren Mitglieder an die reinigende Kraft des Durstes glauben. Zur Sommerszeit begeben sie sich an Orte, zu deren Warenangebot ein frisch gezapftes Pils nicht zählt (Wander-, Radtourwege, Meeresinseln, Afrika). Dort hocken sie sich in die Sonne, bilden einen Kreis, und jedes Sektenmitglied ist gehalten, o. g. Text zu rezitieren, wobei das Aufsetzen einer Leidensmiene unbedingte Vorschrift ist. Dieses Ritual wird stündlich bis zu elfmal wiederholt und endet erst mit der Rückkehr der Gereinigten an die heimische Biertheke.

Jever Pilsener 4,9% Friesisches Brauhaus zu Jever. Dahin die friesische Herbe, dahin ein weiland wegweisendes Pilsbier, dahin der hopfige Imperativ. Fulminante Rezens machen sie durch dürftigen Schaum wett. Die Hopfeninsuffizienz erfährt Momente tragischen Ausmaßes. So wurde mit einiger Vehemenz aus einem erstklassigen Spitzenprodukt ein durchschnittliches Erzeugnis gemacht. Warsteiner (siehe Warsteiner) ist damit freilich nicht einzuholen.

Jever logopädisch Sprich: Jefer. In der Werbung heißt es: Jewer. Aber die Jeveraner sagen: Jefer. Deswegen bekommt, wer korrekt Jever ordert, immer und überall außer in Jever kein Jever, sondern ein Hefe. Mach' einer was dagegen!

Joachimsthal Bei den Bergleuten von J. scheint es einst so wüst zugegangen zu sein wie auf einer Bauernkirmes. Der Pfarrer predigte jedenfalls im Jahre 1557: »So sind auch alle Schankhäuser voll, nicht allein an Feiertagen, sondern auch in der Woche. Auch die Weiber halten ihre Bierorte und machen leer Geschirr und kugeln auf dem Tisch wie die Bauernweiber. Jungfrauen wollen nicht nippen und lippen, sondern lernen nun auch saufen und schlingen.« Mit den Weibern stand es wohl auch anderswo nicht zum besten. So erließ um die gleiche Zeit der Rat von Heilbronn das Dekret: »Den Weibern, so dem Trunk ergeben, sollen vom Stadtknecht Zettel an den Kopf geheftet werden mit den Worten: Versoffene Krugurschel.«

John Bull Bitter 4,5% Burton-on-Trent/Großbritannien. Aus einer Pale-Ale-Gegend (siehe Bass). Kräftiger Hopfencharakter soll hier typisch sein. Gemeinhin. Beim Bitter Ale (siehe Ale). Wir können das nicht sehen. Und Sie? Schreiben Sie uns!

Josef Schneider's Hell 4,8% Kleines Brauhaus im Altmühltal. Mit dem Apostroph-S hamses ja. Donnerbalken! Wir lassen letztmalig die »Warnglocke« (G. Rubenbauer) läuten. Des Bieres Reintönigkeit davon unberührt. Trotzdem wäre es psychologisch wichtig, mit einem etwas weniger trägen, etwas spurtstärkeren Bräu nachzulegen: Das malzzackige Märzen namens **Privat** (5,5%) erfüllt die Erwartungen. Behende, schaumsicher und hellrostrot tänzelt es grazil an der Außenlinie, sogar die ungewollt bedachten Lungenbläschen quietschten vor Glück. Ein Präsent an den Biertrinker. Mittelfeld das helle **Weizen** (5,5%), kein Heilsversprechen, profane Aprikose.
Gesamtbilanz: einige echte Höhepunkte, und kaputtgemacht haben sie nichts.

Judas Ischarioth Karl Julius Weber sagt in *Demokritos oder hinterlassene Papiere eines lachenden Philosophen* über die Erfindung des Bieres: »Judas Ischarioth soll das Bier erfunden haben, als er das Kunststückchen seines Meisters, Wasser in Wein zu verwandeln, nachahmen wollte.« Durchaus vorstellbar – war es doch auch der hinterlistige Judas, der auf die Frage des Kellners nach dem letzten Abendmahl: »Geht alles zusammen?« zu antworten verstand: »Nein, bitte getrennt.« Belegbar ist Webers Darstellung jedoch nicht. Und Abraham a Sancta Clara stellt im Kapitel »Der Bierbräuer« seiner Schrift *Etwas für Alle* unwiderlegbar fest: »In gantzer heiliger Schrifft geschicht gar kein Meldung von dem Bier, woraus dann glaublich zu schliessen, daß zur selben Zeit dieser Trunck nicht im Brauch gewest. Es hat Noe einen Rausch gehabt, aber nur von Wein; Es hat Loth einen Rausch gehabt, aber nur von Wein; Es hat Holofernes einen Rausch gehabt, aber nur von Wein. Von Bier ist gäntzlich nichts zu finden.« Versöhnlich schließt er an: »Obschon von dem Bier und Bierbräuern die H. Bibel kein Meldung thut, so ist es gleichwohl wahr und klar, daß sie gute, fromme und ehrliche Leuth seyn, auch der gantzen Gemein allerseits wohl anständig. In Seeland ist ein Bierbräuer, mit Nahmen Tholen, wunderbarlicher Weis von Todten auferstanden, und nachmahls einen so strengen und gottsförchtigen Wandel geführet, daß er nicht ohne Mirackel und Wunderwerck von dieser Welt geschieden.«

Jünger, Ernst Die Säkulargestalt hat, wie eigentlich zu allem, so auch zum Bier ihren Senf dazugegeben und der deutschen Brauindustrie einen Verbesserungsvorschlag unterbreitet: »Vielleicht wäre es gut, das Bier anstatt mit Hopfen mit Stechapfelkörnern zu bittern oder mit Fliegenpilzen.« (siehe auch Gagel; siehe auch Jens, Walter)

Juhnke, Harald Deutschlands wohl größter Volksheld und Zeitungstrinker (»Entertainer«). Läßt sich seit Jahrzehnten periodisch zulaufen (siehe Filmriß), wird anschließend eingeliefert und berichtet dann der *Bild*:

- mit welchen Folgeschäden er diesmal in welcher Klinik liegt,
- welche Promille-Höhe erreicht wurde,
- welche Ehefrau/Gefährtin er nach Auskunft der Betroffenen vermöbelt hat und
- daß es ganz bestimmt nicht wieder vorkommt (»Juhnke: Jetzt ist wirklich Schluß!«).

Für geschätzte 50 *Bild*-Aufmacher zeichnet J. das Copyright; dem bisher letzten (»Juhnke: Jetzt Entzug!«) sollen aber, so die offizielle Verlagspolitik, noch mindestens genauso viele folgen.

Jungfernpisse, die Derbsprachliches Synonym für alkoholarmes bzw. alkoholfreies, vulgo kastriertes, mithin solches Bier, das zwar aussieht wie richtiges Bier und sogar ein wenig danach riecht, aber keinen Deut so schmeckt. Es schmecke eben eher wie J., sagen klipp und klar die, die es wissen müssen, ohne daß damit denen, die es nicht wissen können, sonderlich geholfen wäre. Denn wie um Himmels willen, fragen jetzt nämlich die, schmeckt denn eigentlich J.? Wie alkoholarmes bzw. alkoholfreies oder auch kastriertes Bier, antworten da die Experten. Logisch.

Jungfrauen Kauten im Reich der Inka die gekochte Maismasse vor, weil es nur ihnen möglich war, das sakrale Getränk, welches man Bier hieß, zum Gären zu bringen. Heute überholt.

K

Kältetrübung Wird die Bierflüssigkeit extrem unterkühlt, klammern sich die Geschmacks-, Geruchs-, Schaum- und Schönaussehteilchen fest aneinander. Obendrunter, untendrüber, wo jeder grad am anderen Platz findet, bis mikroskopisch kleine Klümpchen entstehen, die wir mit bloßem Auge als Trübung wahrnehmen. Schmeckt, riecht und schäumt nicht mehr. Sieht auch nicht mehr schön aus. Erwärmt man wieder, klärt sich alles neuerlich auf. Drei- bis viermal wiederholbar. Dann haben sich die Teilchen aneinander gewöhnt und wollen zusammenbleiben. Sie heißen dann Wegschütt-Teilchen.

Kafka, Franz Fand Gefallen am Bier und hatte des öfteren Bier-Appetit. Vom Krankenlager schrieb er in einem Brief gequält: »Wie leicht ging es damals im Bett, wenn sie kamen, und dabei hatte ich nicht einmal Bier, allerdings Kompott, Obst, Fruchtsaft, Wasser, Fruchtsaft, Obst, Kompott, Wasser, Fruchtsaft, Obst, Kompott, Wasser, Limonade, Apfelwein, Obst, Wasser.« Berichtet wird, es habe ihn während seines Sterbeprozesses so sehr nach Bier gelüstet, daß er sich eins vortrinken ließ.

Kaiserhof Pils 4,8% Privatbrauerei Frank Neunburg v. Wald. Hier hält der Hopfenkaiser hof. Aus was Ursach das Bier so heißet. Was dachten Sie denn! Die Anmeldung für eine Audienz kostet 65 Pfennig (ohne Pfand).
Wegtreten!

Karl der Große Bewies wahre Größe durch die Verabschiedung seiner Güterordnung »Capitulare caroli magni de villis« (792/800), mit der die Bewirtschaftung der

königlichen Güter geregelt wurde. Die Gutsverwalter waren ihrzufolge verpflichtet, jederzeit Bier und Schnaps vorrätig zu halten. In Notsituationen hatten sie Fachleute zu versammeln, die »an Ort und Stelle für Uns gutes Bier brauen« (vgl. Gert Fischer u. a.: *Bierbrauen im Rheinland,* Köln 1985). Auch wenn K. das Wort »Professionalisierung« vermutlich gar nicht kannte, so dürfte er doch die Professionalisierung des bislang im Nebenwerb oder Subsistenzbetrieb praktizierten Bierbrauens entscheidend vorangebracht haben.
Nach dieser Tat regierte er noch einige Jahre erfolgreich und starb dann.

Karlsberg Homburg/Saar. 1) **Ur-Pils** (4,8%), matt, schmal, nicht der Rede wert. 2) **Dunkler Bock** (6,5%), volle Malzknüppelei mit hopfigem Nachbeben (gemessene elf Sekunden), erstaunlich, auch wenn's nicht jeder mögen wird. 3) **Black Baron** (4,9%): Aus der sensorischen Entsprechung metallischer Oxydation formt sich ein allenthalben verblüffend energischer, jedoch flüchtig ausgeprägter Korpus. Von einem Dunklen ist mehr Präsenz zu erwarten. 4) und ganz neu: **Vollwürziges Bier**, Bügelverschluß, öliger Ausguß, gelbbraun, pilsähnliche Duftmarke, neumodische Mixtur im Sinne einer demnächst mit Wucht einsetzenden Rustikalwelle der allerbeklopptesten Art. 5) siehe Cola-Bier, sofern Interesse.

Karlskrone Edel-Pils 4,8% Ottweiler. Wahlweise auch verfügbar unter den Namen Hansa Pils (siehe Hansa Pils), Meister Pils, Bürgerbräu. Wie mit allen befremdlich schlechten Bieren, so verhält es sich auch mit diesem: Man trinkt an ihm herum, weil man partout nicht glauben kann, wie niedrig der Kohlensäuregehalt, wie uneinfühlsam und unvollkommen die Suppe gehopft, wie unverschämt die Farbe im Graugelben verschwindet, wie zähflüssig die Süße unterm Gaumen anschwillt. Bei der ersten Dose überrascht, testet man sich an der zweiten und dritten entlang, um dann, nachdem keine Verbesserung, verdammt noch mal an dem ganzen Scheiß keine Veränderung hat festgestellt werden können, immer neue Halbliter in sich hineinzuschütten, weil's doch nun eh gleich bzw. inzwischen auch sehr vertraut und vertrauenerweckend ist. Deshalb schätzungsweise meistgetrunkenes Bier Deutschlands. (siehe auch Ottweiler)

Karlsquell Edel Pils 4,9% Brouwerij Martens Bocholt/Belgien. Angesetzter Grapefruitsaft? Wilde Hefen? Neue Fruchtbierkreation? Obergäriges Pils? Bierbowle? Lange haben wir geraten. Auch die Dosenaufschrift »Edel Pils« erwies sich als kaum zweckdienlicher Hinweis. Sowohl als ob. Wer seine Zähne in dieses Bier schlägt, kann sie sich ebensogut ausschlagen lassen.

Kauzen Alt Fränkisch 5,1% Kauzen Bräu Ochsenfurt. Eine mit Fug zu preisende ältliche Pretiose, die ist so lecker, so bedächtig gemalzt, die ist ein Dunkles, das quirlt und tobt beim Einschenken, das weder mieft noch mufft, sondern im Gegenteil ja sogar allerweil ohne Reue zu genießen und zu Ende zu trinken ist. Zu gut, um wahr zu sein.
Das drollige **Pils** (4,9%) wäre da nicht mehr nötig gewesen.

Kellerbiere, fränkische Bewegt man sich von Nürnberg kommend in nördliche Richtung, gelangt man in ein recht besehen singuläres Bierdorado, woselbst der Franke wenn schon nicht zum Lachen, so doch zum Trinken der K., der ungespundeten, mitunter leicht rauchigen Märzen, »auf« den Keller geht.
Nach einer ersten Hügelkette rechts liegt Neunhof mit der Brauerei **Wiethaler**. Schon gibt's **Helles**, **Dunkles** und neuerdings auch **Hefeweißbier**. Zwar ohne Keller, doch unter freiem Himmel darf man auch trinken.
Etwas links im Grund, unterhalb vom Hetzles-Berg, findet sich eine für fränkische Lokalverhältnisse reichlich dimensionierte Brauerei: die Firma **Vasold & Schmitt**

(**Urtyp Hell**) (siehe Vasold) in Neunkirchen. Nebenan, Dormitz grüßt, die von Aufgabe bedrohte Brauerei **Fröhlich**. Beide offerieren recht ordentliche Biere. Keller sind keine bekannt, aber Biergärten in der Nähe zuhauf. Einige Kilometer weiter stoßen wir auf Weißenohe, wo die **Klosterbrauerei** mit ihrem **Altfränkisch**, dem **Eucharius Märzen** und ihrem – ja Gott – **Benediktiner Pils** eine ganze Palette von Biersorten erarbeitet.
Gräfenberg, die nächste Örtlichkeit, hat's erneut gewaltig in sich bzw., wie der Franke zu melden pflegt, »faustdick hinter den Kirchtürmen«. Die **Brauerei Friedmann** haut einen **Ritter Wirnz Trunk** raus, der sich nicht verstecken muß; und im Dorfinnern ein Topact der fränkischen Brauereiszene: Georg »Schorsch« Brehmers **Lindenbräu** zelebriert sein **Dunkles Vollbier** und einen kupfrigen **Maibock**. An beiden Stätten schwingen die Töchter das Brauerzepter. Zwar auch hier auf der ganzen Linie Kellerverzicht (vernagelt? eingestürzt?˙ Rattenplage?), doch beim Brehmer sitzen wir originell fast auf dem Gehsteig und förmlich mitten im braubetrieblichen Geschehen. Zwo Kilometer Richtung Nordpol (Hohenschwärz) greift schon wieder die nächste Braumeisterin an: Sie und ihr Haus, die **Brauerei Hofmann**, verantworten ein malziges, sehr changierendes **Dunkles Landbier**, dem es gleichwohl nicht an Nachfrage mangelt. Über Thuisbrunn arbeiten wir uns, schon leicht pumpend, nach Hundshaupten vor. In der **Brauerei Pöhlmann** warten ein hervorragendes **Dunkles Vollbier** und kalte Vesper. Pause. Und Zeit für einen Exkurs.
Denn bemerkenswert ist allemal, daß im Bergland der Fränkischen Schweiz jene Bierkeller praktisch fehlen, vor denen man im Flachland herumlungern und genießen kann, daß es eine sprichwörtliche »Art« ist. Dazu später mehr. Ende des Exkurses.
Jetzt nämlich weiter nach Norden, immer weiter nach Norden, am mit Forellen passabel bestückten Trubach vorbei, und plötzlich tut sich Unterzaunsbach auf, allwo die nächste Einkehr, die erste – klar – Forelle und **Georg**

Meisters hopfiges **Dunkles** fällig werden. Sogleich trägt es uns jedoch in einer scharfen Linkskurve fast aus der Bahn, bevor wir den saublöden, dummerweise erst nach geschlagenen vier Kilometern die **Brauerei Penning-Zeisler** freigebenden Berg erklimmen. Hetzelsdorf heißt ihr Standort. **Vollbier**, **Maibock** und **Festbier** lauten die Angebote. Ganz interessant. Ganz gut.
Und dann mit Galopp ins Tal. Dort lädt die **Kleinstbrauerei** von **Otto Drummer** ein. Exzellentes K.! Im alten *Schdaagrügla* (Forellen!), das sich Leutenbach hinter einem abermalig vermaledeiten, diesmal sogar für Wallfahrtszwecke mißbrauchten Berg namens Walberla als geheimen Wohnsitz gewählt hat. Welch elendes Bierwanderdasein.
Aber get on with it! Leichte zwei Kilometer entfernt hantiert der **Hausbrauer Alt**, c/o Dietzhof, an einem **hellen**, profund gehopften **Vollbier** herum und vergißt auch die Entfaltung eines Brotzeitkosmos' nicht, der seinesgleichen sucht und Schinken, Sülze, Preßsack, Spargel, Schäufele, diverses Geflügel sowie die ganz unverzichtbaren rohen Klöße birgt. (Birgt? Na gut.) Hinter dem Walberla taucht nun aber endlich und schon kaum mehr erwartet das durch sein großes Kellerfest (Ende Juli) berühmte Gemeinwesen Forchheim auf, und angelangt in der eigentlichen Kellergegend, kämpfen auch gleich vier Brauereien um die Gunst der Schlucker (siehe Schluckakt, der). Wer hier nicht gewesen ist, kann sich sowieso vergessen. Unter ausladenden Bäumen ein geradezu katastrophal illuminierendes Gewusel berauschter Menschen. **Brauhaus Eichhorn** (**Edel Pils**, **Märzen**), **Hebendanz** (siehe Hebendanz), **Greif** (**Edel Pils**, **Helles**) und **Neder** (**Ungespundtes Kellerbier**) agieren konsequent im Sinne der Herstellung eines typisch kohlensäurearmen Bräus. Brotzeiten sonder Zahl. Man muß es eigentlich nicht mehr sagen.
Unermüdlich geht es trotzdem vorwärts. Löckt doch mit der **Brauerei Pfister** in Weigelshofen ein neuer, ein nächster Geheimtip. Jetzt auch **Bio-Bier** und weitgelob-

tes **Hefeweizen**. Prima Essen und schöner Keller am Waldrand. Wir sagten es. Egal. Leichter Linksschwenk nach Buttenheim, wo nicht nur Levi Strauss seine Geburt erledigen ließ, sondern auch die zwei **Brüder-Brauereien Modschiedler**, **Georgenbräu** (siehe St. Georgen Bräu) und **Löwenbräu**, durch jeweils einen Tiptopkeller Ansässigkeit unter Beweis stellen. Löwenbräu (**Helles**, **Keller Leicht** [sic!], **Pils**) extrem hopfig, das Georgenbier (**Helles**, **Pils**, **Doppelbock**, **Hefeweiße**) mit angenehmer Malzorientierung. Und wo sind wir?
Längst über die Pegnitz gegangen und im Garten der **Brauerei Lieberth** (Hallerndorf) gelandet, verkosten **Pils**, **Märzen** und das **Festbier**, nehmen im nächsten Ort, in Willersdorf, noch die Doubletten von Herrn **Rittmeier** bzw. erst mal nur dessen helles, kräftiges **Pils** mit, bis die hier allüblichen, aus den Trebern (siehe Treber, die) gefertigten Bierschnäpse ihren Tribut verlangen. Von den fränkischen Obstbränden, die einem so über den Weg laufen, ohnehin ganz zu schweigen.
Drum mit letzter Kraft hinauf auf den nahegelegenen verfluchten Kreuzberg, *den* Kellerberg schlechthin. Es kann die Kirche umrundet werden, so Gott will, besser aber sollen an vier Kellern Ungespundete getrunken sein. Just wegkippen nach Schneid zur **Brauerei** und **Brennerei Friedel**. Sehr ausgewogenes, stabiles **Dunkles Kellerbier**. Sehr gute Schnäpse! Superschnäpse. Arschklar einwandfreie Schnäpse!
Den Berg wieder hinauf. Den Berg wieder hinunter. Ist uns noch zu helfen? Aber ja! Mit einer Stippvisite beim **Fischer** und seinem **Lagerbier** oder wahlweise auch seinem **Dunklen Weihnachtsbock**. Oder beidem. Gut, nehmen wir beides.
In Zentbrechhofen wird jetzt noch das **Friedel-Bier** als a) **Märzen** und b) bitteres **Vollbier** bereitgehalten.
Viele weitere versteckte Keller erwarten uns.
Da hängen kleine Fähnchen an dünnen Stecken neben der Landstraße, wacklige Holzschilder am Wegesrand weisen die Richtung.

Die Absätze werden auch immer kürzer.
Und was sagt uns Neuhaus?
Neuhaus reckt uns seine großen Zwiebeltürme entgegen. Neuhaus beherbergt die Brauereien **Schmidt** und **Wirth**. Ja, Wirth, und Wirte hat's in der Gegend ja wahrlich nicht zu knapp und nicht zu sparsam. Den meisten geht es wirtschaftlich ganz gut. Andere überlegen, ob sie aufgeben sollten.
Uns geht es, sagen wir: ganz ähnlich.

Kellner Zur Überprüfung ihrer Schlagfertigkeit stelle man in Gaststätten die einfache Frage: »Was macht das Bier, Herr Ober?« Kommt nicht auf der Stelle die Antwort: »Es löscht den Durst, mein Herr«, verlasse man das Lokal unter Protest.

Kesselring Premium Pils 4,9%. Aus einem Ort mit dem grunzende Behaglichkeit versprechenden Namen Marksteft. Mundet analog: Bunteste Sommerfrischeallüren werden im Hurra-Finish nochmals getophopft bzw. top gehopft, also tophopfig gefinisht.
Stark. Ein Sausensaft. Hut ab! Rührt Euch!
Unterdessen das **Urfränkische Landbier** (5,1%) an Stillstand und schlechtere fränkische Dünnbier-Traditionen gemahnt. Keine ontologische Annäherung möglich.

Killer Whale Amber Ale Monterey Brewing Co./USA. Unser Gewährsmann aus dem Internet (siehe Internet, das) fragt: Wie haben sie die Pisse wohl aus dem Wal gepreßt? Wir wissen darauf keine Antwort. Wir kennen nur die endgültige Beantwortung der unter Oettinger (siehe Oettinger) aufgeworfenen Fragestellung: Killer Whale Amber Ale. Unbeschreiblich.

Kirche, katholische Ein gewisser Pater Pius Fischer schrieb in den fünfziger Jahren über die Likörfabrikation und das Brauen von Bier unter klösterlicher Obhut: »Die Tatsache der Herstellung von Bier und Likör hat nichts

Auffälliges oder Anstößiges. Denn Bier und Likör sind nicht nur gute, sondern auch die Freude mehrende Dinge. Wenn sie mißbraucht werden, so ist es die Schuld des Einzelnen, genau so, wie wenn jemand mit einer Solinger Klinge in der Wut einen andern ersticht oder im Leichtsinn mit dem Auto an einen Baum fährt. Weder Solingen noch die Opelwerke können etwas dafür.« A. M. Rathgeber reagierte postwendend und gab via sein grundlegendes Werk *Wissen Sie Bescheid? Antwort auf religiöse und weltanschauliche Fragen unserer Zeit* Auskunft: »Die Vergleiche hinken zwar auf beiden Beinen; denn man kann den vereinzelten, gelegentlichen Mißbrauch einer Solinger Klinge durch einen rabiaten Messerstecher oder die schlechte Steuerung eines Autos durch einen unfähigen oder leichtfertigen Fahrer nicht mit der weite Volksmassen erfassenden Alkoholsüchtigkeit auf eine Stufe stellen, aber darin hat der Pater recht: Der Mißbrauch ist von den Klöstern weder gewollt noch verschuldet. Die Trunksüchtigen fänden auch ohne Klosterbier und Klosterlikör Gelegenheit genug, ihrer Leidenschaft zu frönen.«
Die Frage war geklärt, und so geht das Klosterbrauen bis heute beinahe unvermindert fort. (siehe Klosterbrauereien)

Kirner Pils 4,8% Privatbrauerei Andres Kirn. Zurechtgebügeltes Premiumpilsimitat. Grünlich schimmernd, auch dem Blinden den inhärenten unreifen und grünen Geschmack ankündigend. Der Kohlesäure-Rest flüchtet beim Dekantieren. Hinterläßt einen einsamen Hopfen, der nichts mit sich und uns anzufangen weiß.

Kitschbiere Allererste Adresse für K. ist die Engel-Brauerei in Schwäbisch Gmünd. K. heißen in diesem Fall **Biere des Druides. Teutonisches Zauberelixier**, **Rubbelbier** mit Riesenmöpsen, **Fliegerbier** usw., eingefüllt in flaschenähnliche, bügelverschlossene Weißblechtornister, zudem einige Exotenbierimitate, umhüllt von warzig geschmückten Glasbausteinen. Die Flüssigkeiten zeigten nach vorsichtiger und doch eingehender Inspektion leichte Affinitäten zu Pils- und Starkbieren, bewegten sich im 5,0- bis 9,0%-Orkus, hinterließen nicht mehr denn unwilliges, einvernehmliches Köpfeschütteln. Empfehlen wir den Heißspornen um die Ecke für ihren nächsten, ganz persönlichen Rußlandfeldzug.

Kitzmann Privatbrauerei Kitzmann Erlangen. Meistgetrunken das sog. **Edelpils** (5,0%). Hier sehen wir es abermals, das sog. Edelpils. Das Edelpils. Ts ts. Schmeckt uns eigentlich wie Mineralwasser, hat aber ganz Erlangen in der Hand. Verstehe es, wer will. Bedauerlich.
Auch die mit Extrastammwürze auf 5,9% hochgedroschene Bergkirchweih-Version, das **Echte Erlanger Bergkirchweihbier,** eine Prügel- und Saufversion, die bis zum »Bergtod«, dem finalen Gekloppe nach Pfingsten, bedingungslos ausgeschenkt wird, läßt's im Bergkirchweihschädel ordentlich rumpeln – und keine andere Einschätzung zu als: (Sagen wir vorsichtshalber nicht.)

Klassenkampf, Bier und Von der wilhelministischen Sozialdemokratie und ihrem weitreichenden preußisch-staatsaffinen Ausgrenzungs- und Max Weberschen Leistungswahn sei hier mal keine Rede; auch nicht von so manchem irren Austromarxisten wie etwa Viktor Adler, der »nüchterne, gesunde Gehirne« forderte und halb behämmert herumfuhrwerkte angesichts der von ihm entdeckten dämonischen »Bierpest« unter seinen allzu haltlosen Parteisoldaten. Von der II. Internationale wäre ja überhaupt ganz zu schweigen, da Goethekurse und Turnverein die politische Richtliniendebatte zu beherrschen schienen – hätte nicht der ansonsten auch recht minderbegabte Karl Kautsky auf dem Weg der Befreiung dem Proleten-Wirtshaus, woselbst nämlich K. und Widerstand ihre Heimstatt finden, einen besonders appetitlichen und bevorzugten Stellenwert beigemessen. Zwar sollte das unter den fortschrittlicheren Genossen als »sozialdemokratischer Saft« angesehene Bier letztlich auch

Vorbildliches Mitglied der Bierarbeiterklasse

wieder nur kontrolliert Alltagsverrichtungen verschönern, und nüchterne Zuverlässigkeit schien oberster Maßstab dessen zu sein, was man sich unter »Arbeiterleben« so ausmalte; doch Kautsky, dem ausgiebige Früh- und Spätschoppentätigkeit mit Engels und Bernstein nachgewiesen werden konnte, hatte dann 1891 genug von dem Zirkus und intervenierte via *Neue Zeit*. Mit besonderer Rücksicht auf die Sozialistengesetze bezeichnete er das Wirtshaus als »das einzige Bollwerk der politischen Freiheit des Proletariats, das ihm nicht so leicht konfisziert werden kann«, machte gar eine regelrechte Trutzburg wider staatliche Repression aus. Statt wie zu Zeiten desaströser Notsauferei komatöse Bewußtseinszustände anzustreben, ließ der kneipengestützte Umtrunk vielmehr semiöffentlich-subkulturelles Disputieren gedeihen, in dessen Vollzug »kneipgerecht Ausbeutungsverhältnisse erörtert wurden« (Th. Roth). Ja, denn kneipgerecht hieß: Immer voll die Kannen, Hohn und Spott dem Temperenzlergeschmeiß, nieder mit den Kapitalisten!
Salonersatz, der das Wirtshaus war, förderte es geselliges Beisammensein abseits jeden Vereinsunwesens. Nicht zu kurz kam freilich die klassenkampf-strategisch bedeutsame Versammlung auch in Bierpalästen und Stehbierhallen. Eine regelrechte Bierschwemme ließ sich an Hauptversammlungspunkten wie Berlin verzeichnen, selbst die Brauereiwirtschaft setzte längst fällige Rationalisierungen ihrer Produktions- und Distributionsverfahren (Kältemaschine, Patentverschluß) durch.
Zurück aber zur Kneipe, zu Kautsky, zum Kl.: Der Proletarier »*muß* [...] ins Wirtshaus. Die Politik der Bourgeoisie kann desselben entbehren, nicht aber die Politik des Proletariats.« Und zügig weiter: »Ohne Wirtshaus gibt es für den deutschen Proletarier nicht bloß kein geselliges, sondern auch kein politisches Leben.«
Es hat wenig genützt. Heute wuchert die Bistroquatschkultur, am Arbeitsplatz: nichts als Sekt. (siehe Fauser, Jörg)

Klausner Pilsener 5,0% Klausner GmbH Neukirchen Sachsen. Ein malzbetontes, allgemach gehopftes Pils. Sahniger Schaum, dezente Rezens, ach was: sehr dezent. Vielleicht geringfügig zu dunkel. Auch das **Export** (4,8%): schön, schön. Und doch ein billiges Lohnbier. Fuck!

Kloster Andechs Klosterbrauerei Andechs. Da ist er wieder, der »feine Hallertauer Aromahopfen«, mit dem sich auch Festbierstärke erzielen läßt, wenn man' s denn unbedingt darauf abgesehen hat. Beim **Spezial Hell** (5,8%) zieht eine solche Strategie ein stringentes Bierpsychogramm im gruppendynamischen Mittelwertbereich nach sich: kuttig, mittägliche Schärfe, im Finish ein bißchen verstockt, patzig. Sehr spät soll dann ein »Salatfinish« (St. Ruthar) hinzutreten. Demokratisches Bier. In dessen Fall jetzt aber alles durcheinandergeht.

Klosterbrauereien Fraglos waren die Klöster ein überragender Hort mittelalterlicher Lebensmittelforschung. Schreiben konnten die Mönche und beugten der rekursiven mündlichen Überlieferung vor. Klausnerische Disziplin, Ordnung und Sauberkeit (hui, welch üble Dreiheit!) begründeten zumehrst den Ruf der Klosterbiere. Also trugen die Agitatoren Roms ab dem 8. Jahrhundert ein nicht weniges dazu bei, aus dem Heidengetränk einen Gottestrunk zu verfertigen. Man spricht sogar davon, hier seien regelrecht vorsätzlich die ersten Hopfengaben erwogen worden. K. brauten unter Einsatz äußerst preiswerter Rohstoffe aus eigener Herstellung (oder aus dem Zehntensäckl) und mit nulltariflichen Arbeitskräften (Gotteslohn) und waren zu keiner Zeit landesherrschaftlichen Brauverboten unterworfen (Mißernten, Teuerung), von Steuern ganz zu schweigen.
Als unlautere Konkurrenten des Wirtshauses angesehen, lockten sie ab 1181 mit ihren Dumpingpreisen Scharen Trunkbedürftiger an, boten ohnedies Kulturprogramm (Chorgesang, Zauberei, Bildchen-, Asche- und Knochen-

verkauf) und provozierten so die Reformation. Später umgingen sie geschickt das Fastengebot mit der Erfindung des Salvator-Doppelbocks und riskierten 1803 die Säkularisierung. Noch heute verdanken wir den vom staatlich-kapitalistischen Knebel- und Würgegriff und Übernahmebestreben verschont gebliebenen K. eine Fülle erlesener Stark-, Scheiß- und Weizenbiere.

Kloster-Pils 4,8% Prösslbräu Adlersberg. Unsere Stichwortliste sagt: weich, klar, prima Bittere, in der unmittelbaren Nähe einer Sensation. Wollen Sie den Kaffee ausfallen lassen, finden Sie im **Bayerisch Dunkel** (4,7%) einen unabweisbaren Anlaß. So was Gutes schauten wir spärlich, einen solch malzfiebrigen, röstigen Brummer. Zum **Vollbier Hell** (4,8%) darf mit Bedauern gesagt werden: volltreffsicheres Sich-regen-bringt-keinen-Segen-Bräu. A Radi-Bier das **Export-Hell** (5,2%). Nix zum Meckern. Laut bis lautstark der **Palmator** (6,5%), dem auch eine Malzplakette gebührt. Herzlichen Glückwunsch!

Kneipzange Für Kneifzange.

Köbes, der Bringt in Kölner Brauhäusern Speisen und Bier und ist insofern eigentlich ein Ober. Tatsächlich ist er aber etwas ganz anderes, nämlich erstens ein unerhörter Typ mit Schürze und immer einem flotten Spruch auf der Lippe. Zweitens die institutionalisierte nächste Runde, der Mann mit dem Träger (Kölschtablett), der darauf achtet, daß jeder genug trinkt. In Bayern z. B. verstehen ja die meisten nicht, wie man Bier aus 0,2 l-Stangen trinken kann. »Da nimmt man einen Schluck, und schon hat man nichts mehr!« bekamen wir so manches Mal zu hören. Ganz falsch. Wenn der K. glaubt, die Kölschstange könne gleich leer sein, stellt er sofort eine volle daneben. So hat man immer was zu trinken, und zwar was Frisches statt was Abgestandenes, gezwungenermaßen.

Kölner Reagieren auf Bierverweigerung ähnlich wie Baggerfahrer (siehe Baggerfahrer): »Weil er kein Bier bekam, drehte ein 30jähriger Kölner schon am Nachmittag durch. Als der Verkäufer eines Bierstands am Münchner Hauptbahnhof dem Mann zu verstehen gab, daß er wegen festgesetzter Öffnungszeiten nichts mehr verkaufen dürfe, wurde der Kölner immer aggressiver. Schließlich packte er ein Schild und schleuderte es dem Verkäufer an den Kopf, so daß dieser eine blutende Kopfwunde erlitt.« Was aber passiert, wenn man einem Kölner Baggerfahrer *das* Bier verweigert? Kölner Wirte, das Schicksal dieses Planeten liegt in Eurer Hand! (Quelle: *Süddeutsche Zeitung*, 30. September 1994)
Bekannt ist dagegen, welche Folgen es hat, wenn ein Kölner erfährt, daß sein bester Freund ein »Fisternöllchen« mit des Kölners Ehefrau unterhält. In diesem Fall »eilt er schnurstracks in die Eckkneipe und gießt dem überraschten Nachfolger im Ehebett ein Kölsch ins Gesicht«. Seine Verurteilung durch ein Kölner Gericht muß er aber deshalb nicht fürchten. Begründung des Kölschen Richters: »Angesichts der Tatsache, daß der Angeklagte durch die Enthüllungen seiner Frau äußerst erregt gewesen sei, könne man dessen wutentbrannte Kölsch-Attacke durchaus nachvollziehen. Im übrigen sei Kölsch [siehe Kölsch] ja auch nicht schädlich. Es sei hinreichend bekannt, daß dieses Produkt von den Damen sogar zur Haarpflege gebraucht würde.« Und schließlich hätte der Kölner ja auch diesen Planeten in die Luft sprengen können. Zumindest aber den Kölner Dom. (Quelle: *Express*, 5. Mai 1996)

Kölsch Die Bezeichnung K. ist relativ jung (aus dem zweiten deutschen Kaiserreich), das entsprechende Getränk jedoch relativ alt und in mehr oder minder abgeänderter Form schon seit dem Mittelalter bekannt. Auf Grund von städtischen Verboten gegen das untergärige Bier und der Verpflichtung der Zünfte auf das Brauen mit »Oberheuff«, auf Grund des milden Klimas, das die Herstellung von Bier mit längeren Lagerzeiten erheblich er-

schwerte, blieb das obergärige Brauen im Kölner wie im gesamten rheinischen und westfälischen Raum bis ins 19. Jahrhundert ohne Konkurrenz. Erst mit der Industrialisierung und dem einsetzenden Konkurrenzkampf verschwand das K. fast völlig vom Markt. Nur brautechnische Innovationen, Qualitätsverbesserungen und die Profilierung als deutlich unterscheidbare Sorte vermochten das K. genauso wie das Alt (siehe Alt) zu retten. Nach dem 2. Weltkrieg kam es zunächst zu einer konjunkturbedingten Kölsch-Renaissance, in den sechziger Jahren gar zu einem regelrechten Kölschboom, der den Marktanteil der obergärigen Biere im nördlichen Rheinland auf heute über 50% hinaufschnellen ließ.
Den Kölschmarkt teilen sich heute 24 größtenteils in Köln ansässige Brauereien untereinander auf (siehe Kölsch-Konvention), meist Spezialbrauereien, z. T. Filialen größerer Bierkonzerne, z. T. noch mittelständische Betriebe oder Hausbrauereien. Mittlerweile versuchen einige Kölschbrauereien recht massiv, ihren Absatz zu steigern, durch Ausbau des Vertriebssystems (Küppers), Kreierung eines Premium-Images (Gaffel), Ausbeutung des Klischees von der rheinischen Fröhlichkeit (Früh) und durch marketingunterstützte Ausnutzung des Trends zu leichten und feineren, »jungen«, »chicen« und »weltoffenen« Bieren.
Offiziell ist das K. ein »helles, hochvergorenes, hopfenbetontes, blankes, obergäriges Bier« (siehe Kölsch-Konvention) mit einem Stammwürzegehalt von meist 11,5%; es finden helles Gerstenmalz und verschiedene Hopfensorten Verwendung, kalte Gärung und Reifung zwei bis drei Wochen. War das K. früher eher bitter und stark gehopft, so präsentiert es sich heute durch eine veränderte Rezeptur weitaus milder, mit gut merklicher Hopfennote, aber kaum bitter, zeigt einen feinen, gut haltbaren Schaum her und kann durch mäßigen Kohlensäuregehalt, seinen weichen Geschmack, eine kompakte Malzkomposition und ein leicht trockenes Finish gefallen.

Kölsch-Cola Eine mit Alsterwasser, Radlermaß oder Schwedentrunk (siehe Binding) vergleichbare Mischung, die vorwiegend im Kölner Raum getrunken wird und zu einem nicht geringen Teil aus Kölsch besteht. Der Rest: Cola, daher der Name K. Die Qualität der K. hängt stark vom verwendeten Kölsch ab, allerdings auch und maßgeblich von der nicht zufälligerweise enthaltenen, sondern absichtlich beigemengten Cola. Das Getränk heißt schließlich K. Konsultieren Sie ein gutes Cola-Lexikon (Roth/Rudolf, forthcoming).

Kölsch-Konvention Seit 1962 schwelten, weil das Kölsch (siehe Kölsch) im Rheinland wieder zu reüssieren vermochte, die Auseinandersetzungen darüber, was ein Kölsch und wo es herzustellen sei und wer verdammt noch mal die Finger davon zu lassen habe. Endgültige Klärung brachte der 1980 abgeschlossene sog. Kölschprozeß. Laut Urteil ist Kölsch nicht nur eine Gattungs-, sondern auch eine Herkunftsbezeichnung. Kölsch darf durch die Bank nur von in Köln ansässigen Brauereien produziert werden, Unternehmen, die außerhalb der Domstadt das exakt selbe Gebräu herstellen, haben die Flasche gefälligst mit der Bezeichnung »nach Kölner Brauart« zu versehen und sind angeschissen. Ausgenommen werden nur solche Brauhäuser, die durch ihre jahrzehntelange Aktivität auf dem Sektor der Kölschproduktion »einen schützenswerten Besitzstand« erreicht haben.
1986 wurde das Kölsch-Urteil vom Kölner Brauerei-Verband in seiner sog. K. untermauert, einer Kölsch-Richtlinie mit Gesetzesrang, die das bislang einzige Gebietskartell auf dem deutschen Biermarkt festschreibt. Dank ihrer umfassenden und umfänglichen Genauigkeit schließt die K. nicht nur jegliche Kölschbierfälschung aus, sondern ist gleichzeitig auch ein hervorragender Beitrag zur Sprachkritik: »Die Art und Weise der Benutzung der Bezeichnung ›Kölsch‹ darf nicht zu irgendwelchen Irreführungen oder Verwechslungen oder zu einer Verwässerung der Bezeichnung oder zu sonstigen Verstößen gegen das Gesetz

gegen den unlauteren Wettbewerb führen. Die Bezeichnung ›Kölsch‹ darf insbesondere nicht mit weiteren die geographische Herkunftsbezeichnung verwässernden Zusätzen (zum Beispiel [...] ›Echt Kölsch‹, ›Original Kölsch‹, ›Ur-Kölsch‹, ›Kölsches Kölsch‹) [...] oder in Verbindung mit anderen Bezeichnungen [...] oder anderen Zusätzen verwendet werden, die [...] zu Irreführungen über die geographische Herkunft oder zu Verwechslungen oder zu einer Verwässerung der Bezeichnung (zum Beispiel [...] Spezial-Kölsch, Super-Kölsch, Top-Kölsch, Premium-Kölsch) oder zu sonstigen Verstößen gegen das Gesetz gegen den unlauteren Wettbewerb führen können.«

Kölsch-Wasser Haben wir noch nie getrunken, Ehrenwort! Halten wir auch für eine ausgesprochene Perversität. So eine Sauerei kommt uns nicht ins Haus, total schwul ist das ja. Kölnisch Wasser allerdings, 4711, das muß hier klar unterschieden werden, duftet süß und preiswert und gehört zur Grundausstattung jeder guten Omi, wird also geduldet.

König Ludwig Dunkel 5,1%. Aus Kaltenberg, ein Feuerwerk von Farbe und Geschmack, eine Eucharistie-Feier, ein »Jahrhundertereignis« (N. N. beim Papstbesuch in Paderborn am 23. Juni 1996), dessen überraschendes Zustandekommen sich wohl dem »speziellen Sudverfahren« und allergrößter Gesamtsorgfalt verdankt.
Ein Bier, wie es im heiligen Buche steht.
Steht es ja auch.

König-Pilsener 4,9% König Brauerei Duisburg-Beeck. Badeschwammiger Schaum, doch kompakt. Da gefällt sich eine amorphe Masse im Tummeln und Toben. Bauernhaft plump und hyperpasteurisiert, ein Hauch von Dose. Na gut, eine ganze Bö. Es gilt: Ein Getränk mit dem Werbespruch »Das König der Biere« kann und darf nicht schmecken. Wir behaupten: ein Bauer unter den Bieren.

Königsbacher Pils 4,8% Königsbacher Brauerei Koblenz. Vokuhila-Pils. Antrunk (Zunge vorn) kurz, Nachtrunk (Zunge hinten) lang.

Köstritzer Schwarzbier 4,8% Köstritzer Schwarzbierbrauerei. Dürfen Sie getrost im Stehen trinken. Da verneigt sich's leichter vor vollendeter Braukunst. Durch die Übernahme (Bitburger) freilich etwas an Charakter und Kantigkeit eingebüßt, sucht K. trotzdem noch seinen Sparten-Meister. Lässig malzig, rezent, angemessen, wenn nicht optimal gehopft. Keinesfalls brandig im Nachtrunk. Eine veritable Spezialität. Hier sind Braumeister am Werk. Zeigt's ihnen, Jungs. Das **Kranich Bräu** (5,0%) hätten wir ganz zwischen Radeberger und Bitburger angesiedelt, das zierliche **Edel Pils** (5,1%) dagegen lieber nicht.

Kofent, das Man pflegt auch von dem Bier eine Lorcam, wie es etliche nennen, zu machen, wie man auch vom Wein eine Lorcam macht, welches der gemeine Mann K., aber auch Nachbier nennt. Die Lateiner nennen es Cerevisiam sekundariam oder Loram Cerevisiae. Wird nun von hinterstelligem Hopfen und Malz gemacht. Wenn das Bier zuvor gebraut und das Beste herausgekocht ist, dann gießt man wieder Wasser darauf und läßt es durchlaufen. Will man es besser machen, so läßt man das Wasser darin sieden. Dieser Trunk wird für das Gesinde gemacht, daß er ihnen nur den Durst löscht, aber er hat keine Kraft hinter sich und nährt und wärmt nicht wie das Bier, sondern tut nur, was des Wasser Natur und Eigenschaft mit sich bringt. Auch Halbander, Halbbier, Langeweile, Schempe, Hengst oder Wuttu geheißen.

Kohler, Jürgen Vorstopper alter Schule. Begann am Mannheimer Waldhof. Endete bei Borussia Dortmund. Obwohl sein Entdecker Klaus Schlappner einst für die NPD kandidierte, gab K. vor der Europameisterschaft in England an, gerade »›Das Kapital‹ – von Karl Marx« zu lesen. Guinness-Bier »habe ich noch nie in meinem Le-

ben getrunken. Aber das werde ich nachholen – sobald wir den EM-Pokal in Händen halten«, so Kohler anschließend gegenüber *Sport-Bild* (4. April 1996).
Dazu kam es nicht. Ein Bänderriß hatte bereits im Vorfeld all seine Hoffnungen zunichte gemacht. Mist!

Kommunikations-Mix Dingsbums zur Ermittlung von Markt- und Absatzchancen der Brauerei, sofern sich deren präferenzstrategische Spezialisierung in Richtung Direktbelieferung von Gastwirtschaften (Knebelvertrag) bewegt. Der K. ermittelt etwa für Lokalbrauereien eine ideale Ausrichtung, Quatsch: Einrichtung des Absatzweges dergestalt, »persönliche Kommunikation« (Paul Bösken-Diebels: *Die Gastronomie als Absatzweg der deutschen Brauwirtschaft,* Frankfurt/Main et al. 1989) in den Vordergrund zu rücken, vulgo Klingelputzen bis zum Gesichtsverlust. Es folgt die Einstellung des Betriebs.

Konkurrenz, die Im Kapitalismus großgeschrieben. Bierbraugeschichtlich vor Einführung der Gewerbefreiheit zunächst über die Etappen Zünfte, Lieferungsgemeinschaften, Gemeinschaftsbrauhäuser und Syndikate angepeilt und aber doch den Gesetzen des dialektischen Kapitalismus zufolge nie vollends durchgesetzt, sondern an die Monopolbildung (Lenin, Adorno, Neusüss) abgetreten. Da geht's dann wesentlich darum, »Konkurrenz auszuschalten«, plattzumachen, wegzuwalzen. (Näheres vgl. Dr. Herzog: *Die Konkurrenzverhältnisse im Deutschen Braugewerbe,* Göttingen 1928)

Kopfweh, das Man unterscheidet tosendes, brummendes, pochendes, schabendes, zwickendes, hämmerndes, klopfendes, gewaltiges, stumpfes, spitz zulaufendes, zerrendes, pickendes, rasendes, dumpfes, eispickelartiges, walzenförmiges, fatales, bollerndes, kolossales, erwartbares, überraschendes, wuchtiges, dummes und winziges K. Bestimmte Sorten sind für bestimmtes K. zuständig, so z. B. Henninger für walzenförmiges K. und Sigel für das

dumme, mitunter sogar in den Kombinationen gewaltig-dumm und kolossal-walzenförmig bzw. walzenförmig-gewaltig und kolossal-dumm. Das K. zwingt seinen Besitzer oftmals ins Bett, wo er Aspirin einnimmt und, wenn's ganz dumm läuft, auch noch eine jahrelang verschleppte, nun urplötzlich zum Ausbruch gelangende Bierallergie erdulden muß.
Die Dauer des K. beträgt zwischen zwölf Minuten und vierzig Stunden, die Inkubationszeit manchmal nur zehn bis zwölf Gläser oder etwa sechs Viertelstunden.

Kräuterbiere und ihre Wirkung Lorbeerbier stärkt das Haupt und den Magen, eröffnet die Leber, zerbricht und treibt den Stein aus Nieren und Blasen, macht sehr schwitzen im Bade. Hysoppenbier reinigt die Lunge, die Brust, tötet die Würmer im Leib, stillt das Zahnweh und das Sausen der Ohren. Melissenbier ist Frauen sehr gesund und nützlich und macht aus traurigen, melancholischen Leuten muntere und fröhliche Leute. Braunbethonienbier befördert den Weibern ihre Zeit, ist ihnen auch gut, wenn ihre Mutter erkaltet oder sie im Leib verschleimt wären. Ochsenzungenbier macht ein gutes Gehirn. Fenchelbier mehrt im Menschen Milch und Samen. Wenn jemand Blut auswirft, dem wäre Eichelbier nicht undienlich. Salbeibier nimmt das Zittern der Kniescheiben. Himbeerbier mögen die brauchen, die einen hitzigen Magen haben und bei denen das Essen nicht bleiben will. Hamburgerbier zieht eine schöne glatte Haut, wenn man sich öfters damit wäscht, lindert und öffnet sanft den Leib, sonderlich wenn es warm, mit frischer Butter und früh morgens getrunken wird. Behauptet keiner von uns, wohl aber Dr. Knaust (siehe Dr. Knaust).

Krakus Beer Brauerei Zywiec/Polen. Für den deutschsprachigen Konsumenten hat man »Pils« auf den Flaschenzettel gemalt. Und bei 5,4% ist das schon fast ein Ereignis. Seidig-fragile Mälze im opulenten Hopfenpassepartout.

Krieg und NS-Zeit Der Erste Weltkrieg, so erfahren wir aus Herbert Sinz' Chronik *100 Jahre Kölsch* (Köln 1972), »brachte den Brauern mancherlei Sorgen. Die Männer, zu den Fahnen gerufen, hinterließen leere Arbeitsplätze, Hopfen und Gerste wurden zugeteilt.« Entwicklungen von großer Tragweite für das Brauwesen: Die Bierherstellung mußte nun von Frauen übernommen werden, die Brauereien verringerten ihren Bierausstoß drastisch, und den Großteil der Produktion reklamierte die »Biereinkaufszentrale der Heeresverwaltung« für ihre Vaterlandsverteidiger. Das unschuldige Volk hatte dünnes »Einfachbier« zu erdulden, welches auszuschenken sich »viele Brauer [schämten]«. Doch die Menschen in Deutschland »nahmen es mit Humor«, mit einem Humor, der auch das Malheur des »Dritten Reiches« bewältigen, der die Tatsache verkraften half, daß die »braunen Machthaber« wenige Jahre nach der Bierkrise des Ersten Weltkrieges das Reinheitsgebot wieder aufhoben, durch »ständig sinkende Hopfen- und Gerstezuteilungen« (F. Mathar/R. Spiegel) für eine Reduzierung des Stammwürzegehalts und somit dafür sorgten, daß das Bier zu einem »lausige[n] Plempl« (H. Glöckle) verkam. Nein, der Humor der deutschen Bierliebhaber half ihnen auch über die von der »Furie des Krieges« verursachten Verheerungen hinweg, über die Bomben, die viele großartige Brauhäuser dem »Raub der Flammen« übergaben und das Brauwesen zu einem einzigen »Trümmerhaufen« werden ließen, über den »Blutzoll« (Sinz), den das Braugewerbe durch »Soldatentod« und Gefangenschaft vieler Brauer entrichten mußte. Die Menschen in Deutschland, sie steckten's einfach weg und machten sich sogleich, von »Opferbereitschaft« »beseelt«, an den Wiederaufbau. (siehe auch Festschrift)

Kristall Pils 5,0% Röhrlbräu Straubing. Den Schaum haut's mit Gewalt ans Himmelsdach. Hand drauf halten! Das Zeug hat Zunder. Wie Walter Röhrl, klarer Vergleich, klare Übereinstimmung. Verdiente globalen Einsatz, von

Paris bis Dakar. Die Rallye wollten wir sehen! Zuvor lasset uns den Hopfendonner vernehmen und goutieren. Teufel und Beton! Sogar der Beifahrer **Straubinger Helles** (4,8%) röhrt wie nicht mehr gescheit, gleich fällt aber die Schraube raus. So ein Malzfeuer (-topf), ja jetzt außerdem fauchender Malzwaldbrand muß nicht sein! Etwas mehr Zurückhaltung wäre geboten. Pause einlegen, Brauer austauschen, Sudkesseldichtung kontrollieren und sehen, was der zweite Rennabschnitt an Hopfen- und Gerstenfeldern zu bieten hat. Wir dachten schon beinahe an einen Wodka-Bock.

Krombacher Pils 4,8% Brauerei Krombach. Klebriges, bald brandiges Pilsener. Gemälzte Kartoffelstärke? Flüchtiger Schaum. Felsquellwasser. Hö! Geeignet für Couchpotatoes, die nur vor dem Fernseh Bier trinken.

Kronenbourg Brasserie Kronenbourg Strasbourg/Frankreich. Das Bier für Freunde der Bruchrechnung. Vorn steht groß »5%« (typisch), hinten klein »4,7%«. Und in der Mitte? Nichts. Ach doch. Schwebend-leichter Malzkörper zzgl. »schmackhafter« Bittere.

Kronen Hell 4,7% Kronen-Bräu Ottensoos. Geschmeidig bis zur Biegsamkeit. Für wen verrenkt man sich da die alten Knochen? The **Pils** (4,9%), wie der Russe sagt, offeriert Schaum wie die Antarktis, Farben wie der Orient. Geschmack wie Ottensoos (Feigen?). Also ein brauchbares Bräu. (Man wird sich schon dran gewöhnen.)

Kronen Premium Pilsener 4,8% Kronen Privatbrauerei Dortmund. Schaum seimig und lebenslustig, unerhört versierte Hopfennote bei synchron ordentlich gearbeiteter Malzpolsterung, regelrechtes Dauerfinish, das Ganze kein Vergleich zur üblichen Dortmunder Müdigkeit im Pilsbereich. Vollkommen traditionsbewußt, i. e. flacharomatisch und kohlensäurelasch, daneben schwer bis plump das – sic! Sack! – **Premium Export** (5,5%; siehe auch Licher), kein Grund allemal, die seit etwa 1870 obwaltende Dortmunder Lokalstilistik mit einem Wort mehr zu unterstützen bzw. in den Dreck zu ziehen.

Kronkorken, der Der K. befindet sich oben auf der Bierflasche und soll in erster Linie verhindern, daß das Bier, hält man die Flasche versehentlich verkehrt herum, durch den Flaschenhals nach unten und möglicherweise geradewegs auf die eigene Hose rauscht. Ferner wird offenes Bier schal, und schales Bier will keiner trinken. In der DDR wurde Anfang der achtziger Jahre im Rahmen der sog. Sekundärrohstofferfassung (d. i. Annahme alter Einwegflaschen, -gläser, -becher und -zeitungen gegen Geld) zeitweise das Gerücht gestreut, auch der mit dem Öffnen der Flasche eigentlich schlagartig unbrauchbar gewordene K. sei noch zu gebrauchen. Man müsse ihn nur sammeln, möglichst riesige Säcke damit vollmachen, diese abgeben, viel Geld dafür kriegen, und dann wäre es mit dem Kommunismus auch nicht mehr lange hin. Bereiste man heute die Neuen Bundesländer einmal der interessanten dunklen Ecken wegen von Keller zu Keller, stieße man wahrscheinlich allenthalben auf unzählige ungeleerte Säcke mit K., denn natürlich war das alles Unfug.

Kronprinzen Edel Pilsener 4,8% Privatbrauerei Rheinsberg. Wie notierten wir schon vor 250 Jahren: Man ist versucht, so fürsichtig wie nur eben einzuschenken, um keines der zärtlich geformten Schaumbläslein zu blessieren. Mit von der Partie: Glycin (Karamelaroma), Alanin (Brotkrustenaroma), Leucin (Schokoladenaroma) und Phenylalanin (Veilchenaroma). Dazwischen kommt eine steife Hopfenbrise auf. Eben die berühmte Prise Hopfen mehr. Also, die Gaumensegel gehißt! Und am Firmament erschien uns der dreifaltige Bierkrug.

Krug Golden Pils 4,9% Brauerei Krug Ebelsbach. Hatten keine Gelegenheit, die Eindrücke zu verarbeiten, so schnell war das Bier hinabgeflossen (siehe Schluckakt, der). Die **Original Krug Weisse** (5,0%) betont wild-aromatisch. Richtiger mild-aromatisch. Zu anständig. Der **Krug Altfränkisch Märzen** (5,3%) reißt es wieder raus. Süß-karamelig. Kompliment.

Krusovice Dunkel 3,8% Kralovicky Pivovar Krusovice/Tschechien. Brombeersaftfarben. So gut wie das Purkmistr (siehe Purkmistr), nur noch besser. Ein ganzer Malznotenständer mit den schönsten und höchsten Tönen. Die wir auch zum Lob dieses Bieres auf ewig angestimmt haben wollen. Für das **Lager Musketyr** hatte der Braumeister sorgsam den reinen, silbernen Tau ersammelt, der in den Hopfendolden verweilte. Klar wie das Himmelswasser, rein wie der zunehmende Herbstmond. Ein Sammelplatz der Feinheit, der es verdiente, auf erzene Tafeln gegraben zu werden ... Wir brechen guten Gewissens an dieser Stelle ab, da Rudolfs Lieblingsbier noch einmal, wie er sagt, in einer eigenen Monographie abgehandelt werden soll. Außerdem haben wir nur noch 149 Seiten Platz.

Küppers Kölsch 4,8% Köln. Angeblich das erste in Flaschen verkaufte Kölsch. Malocher nahmen es auf die Baustelle mit. Möglich, daß das stimmt. Auf jeden Fall haben die Herren Bauarbeiter berücksichtigt, daß das K. solide gebraut ist. Es durchzieht geradlinig den Mundraum, bedenkt alle Rezeptoren gleichermaßen, belästigt ergo zu keiner Zeit. Geschmack? Kaum süß, nuanciert malzig, manchmal ein bißchen wäßrig, im Rachen wirkt es bisweilen pilsig. Gründe genug, K. kleinbürgerlichem Muff wie dem Früh (siehe Früh) vorzuziehen.

Kuhn, Adolf Gastwirt aus Hannover. Meldete laut dpa-Bericht vom 3. Oktober 1985 eine Bierwaage zum Patent an, weil er künftig seinen Gästen vorführen wolle, daß beim Einschenken der Eichstrich gelte und nicht der Zufall zu obwalten habe. (siehe auch Tausendkorngewicht)

Kummert Bräu Pils 4,9% Brauerei Kummert Amberg. Herrlicher Auftakt, bitterböses Erwachen: Vorab wächst impulsiver Schaum in die Höhe, dunkelgelb bricht das Sonnenlicht im Glase, dann macht sich Behäbigkeit breit, einzeln eingestreute hopfenaromatische Notationen reißen auch nichts, metallisch klappernde Obertöne geben dem Ganzen den Rest. Wie dito das **Helle** völlig verhanft vor sich hinwackelt, sogar ein schimmliges Finish wagt, die Hefe war halt wahrscheinlich alt und am Arsch. Schickt wenigstens Eure Kulturen in Rente.

Kunst Unwahrscheinlich viele seidelstemmende Klosterbrüder und bierwanstbeheftete Mönche hat Grützner im letzten Jahrhundert gemalt. Wilhelm Buschs Maler Klecksel begibt sich des öfteren an den Tresen – und dann: »Mit Leichtigkeit genießt er hier / So seine eins, zwei, drei Glas Bier.« Überhaupt: das Bier. Das Bier in der K., in der Malerei. Manet pries den »guten Bock« und verneigte sich vor »Frauen beim Bier«, Daumier ersann die höchlichst germanophile Karikatur »Sehen Sie, wir wollen ja nicht ungerecht sein – eines ist gut an den Deutschen: das Bier!«; man denke bloß an Richters ins Äonenhafte gesteigerte Bierbildproduktion und weiß: Das Bier ist ein unvergleichlich unbändiges, ein nicht niederzuringendes Topsujet der bildenden K. aller Herren und Zeiten und Länder; ein gewissermaßen überwölbendes Strukturphänomen und Significant, keinem Genre je unbekannt oder verhaßt. Nicht verpönt Liebermann (»Biergarten«), dem alten Kupferstecher Engelbrecht und dem Holzaufschneider (hihi) Müller (17. Jahrhundert). Gar nicht abschätzig beurteilt durch Feldbauer (wuchtige Ölriesen), Steen (Niederlande, vorzugsweise Wirtshausszenen) und die Spitzenleute Hals (postierte einen Deckelkrug neben »Malle Balle«) und Hogarth (wild bevölkerte, von geschäftlicher und libidinöser Vitalität überschäumende »Beer Street« – vs. die katastrophale »Gin Lane« selbstredend); sogar der unvergleichliche Dusart ließ es sich nicht nehmen, ein – aufgemerkt! – »Bauernfest« ins Bild zu

bannen, vorher hatte zudem Brower mit »Bauernschänke« ordentlich zugelangt, Menzel zog drei Jahrhunderte später nach (»Biergarten in Bad Kissingen«) und wurde abgefangen von wem? Von Michael Kress (»Stillleben mit Bockbier«) und Picasso, der a) »Bei Pere Romeau« (Zeichnung), b) »Biertrinkerin« (Öl) und c) weitere Werke mit Bieranteilen schuf.
Keine üble Bilanz. Keine schlechte Affinität beider Sphären. Aber: »Über Bier kann man nicht so leicht und so von ungefähr sprechen wie über Kunst. Da muß man in Treue und Ausdauer bei sachverständigen Leuten aus dem Volke in die Lehre gegangen sein. Für den Kunstschmus braucht man lediglich einige Schlagwörter zu beherrschen und die Zeitungspolemiken der letzten Woche gelesen zu haben. Kunst ist nämlich, worüber man sich streitet. Worüber man einig zu sein hat, das ist Bier.« (Peter Scher/Hermann Sinsheimer 1928)

Kunze, Reiner Schrieb das »Lied vom Biermann«: »Wo wäre das bier ohne biermann? / Im faß // Helles bier dunkles bier / ausgeschenkt nach dort und hier / Ihr wolltet nicht trinken // Wer trinkt nun das bier dieses biermann? / Der Grass // Starkes bier dünnes bier / ausgeschenkt nach dort und hier / Ihr wolltet nicht trinken // Biermann sei ihrmann? / Achwas! // Mann ist mann bier ist bier / Biermann kam von dort nach hier / Ihr wolltet nicht trinken.« Das war 1966. Daraufhin erließ Ulbricht das Endreimverbot für den Lyrikernachwuchs. Nun wissen Sie, warum.

Kurfürsten Kölsch 4,8% Bonn. Gedankenlos zusammengebraut, kann nicht gefallen. Die Bittere klemmt im Gaumen, das Malzaroma löst sich in tumbe Süße auf, vorne hängt eine scharfe Säuerlichkeit. Kein weiterer Bedarf.

L

Labatt's Blue 5,0% Labatt Brewing U.K. Esher/Großbritannien. Labatt ist nunmehr die größte Brauerei Kanadas, muß wohl wegen drohender Schadensersatzklagen in Milliardenhöhe ihre Kronkorken jeweils einzeln mit dem Schriftzug »Please use opener« versehen lassen – und verpflichtet sich auf ein stärkeres Lager als in den USA üblich. Der Antrunk frisch, runder, angenehm süßer Körper, starke CO_2-Aktivitäten, godammitnotbad. Aber auch nicht sehr gut.

Länderspiel BRD – Dänemark, 27. März 1996, Endstand 2:0. 1:0 Bierhoff, 2:0 Bierhoff.

Lagerbier Voreinst allgemeine Bezeichnung für lagerfähiges, i. e. haltbares Bier. Markiert den Beginn untergäriger Brauweise. Zunächst längste Zeit nur als direkter Vorläufer des Pilsener (siehe Pils) existent. Heute in Tschechien Gattungsbegriff für die den Markt dominierenden Pilsenerbiere (Svetly Lezak = Helles Lager), auch im anglophilen Bereich generelle Pilsumschreibung (Lager Beer). In München sogar als Sortenname eine Heimstatt für alle exportähnlichen Alltagsbiere, die legitimen nichtpilsigen Nachfolger des Original Münchner. Umschwirren eisern die 5,0%-Marke.

Lammbräu Zwickel und **Hell** Lammbräu Eltmann. Anheimelnd mild, beide. Diese Gerstenkörner sind nicht umsonst gestorben.

Landskron Pils 5,1% Landskronbrauerei Görlitz. Zurückhaltender Schaum, leicht opalisierend. Alte bürgerliche Schule. Vergleichbar mit den südwestdeutschen Bieren. Da staunt der Pole.

Landwehr-Bier 5,1% Privatbrauerei Wörner Reichelshofen. Ein sog. »Altfränkisches Dunkel, hergestellt aus hellem Malz mit Farbmalz«. »Ein ungenaues Zeug«, sagt Georg Peter, und der muß es wissen.

Lapin Kulta Export 5,2% Lapin Kulta Tornio/Finnland. Die Zone lebt. Rohgerste, Ascorbinsäure und Zuckerzusatz. Wie in alten Tagen. Wir haben einen gehörigen Schluck aus dem Lethe getan.

Lausitzer Dunkel 4,5% Münchbräu Eibau. Im Großraum Dresden gibt es genügend, was sagen wir: Scharen verständiger junger Menschen, die sich den Braumeister zum Adoptivvater wünschen. Grund: Fullforce-Schaum, colafarben, austarierte Malzkombination und ein böhmischer Nachtrunk ohne Brandigkeit. Recht haben sie.

Lederer Pils 5,1% Lederer Bräu Nürnberg. Einseitig gehopft, unreintönig, null Körper, nur Rezens. Zitronengelb. Schaum dem Froschlaich nachempfunden. Aber die große Klappe. In summa: symptomatisch für ein Aushilfspils.

Leergut Ein höllischer Euphemismus, von dem man sich nicht täuschen lassen sollte. Volle Bierflaschen sind in jedem Fall vorzuziehen!

Leffe Vieille Cuvée 8,1% Brasserie St. Guibert Dinant/Belgien. Mal was Prinzipielles: »Klosterbier« ist keine Sortenbezeichnung. »Trappistenbier« (siehe Chimay) darf nach belgischer Rechtslage nur echtes Klosterbier, also echt in Klöstern hergestelltes, zumeist obergäriges und flaschengereiftes Bier genannt werden. Vergeben Klöster Lizenzen an weltliche Brauereien, schreibt man »Abteibier«. So.

Deshalb braut die Gruppe Interbrew das L., deshalb steht was von »1240« geschrieben, dem Jahr erstmaligen echten Biertrinkens in der Abtei von Leffe. Heute gibt es fünf Sorten. Die unsrige entsteht unter Beigabe allerhand Kräuter. In die Würzpfanne – auch nicht unüblich – gibt man Karamelzucker hinein, rumähnliches Aroma könnte die Folge sein. Der hiesige störrische Degustator murmelt »eher medizinisch«. Freilich ist der Schaum überm dunkelrostbraunen Flüssigkeitsquantum nicht so brillant. Und der krautige Film auf der Zunge will kaum weichen. Wir gestehen, es müßten noch ein paar Flaschen mehr sein. Prinzipiell.

Leikeim 4,9%. »Die premium-herbe Bierspezialität« mit ansprechendem Cover und ordentlichem Bügelverschluß aus Altenkunststadt, obwohl nicht-namentlich reichlich jung (1887). Leicht übermalzt. Im Grunde »zu sockig, zu wenig stoffig« (G. Fischer), doch andererseits ganz gut geflascht. Let's call it a draw. Das **Schwarzbier** zählt 4,9%. Aber wozu Aromahopfen bei der Zichorienbreitseite? Beide kolludieren wie dumm. Mit dem Resultat wollten wir unser Gewissen nicht beschweren, dazu bedarf es wesentlich entschiedenerer Schritte in Richtung Trinkbarkeit.

Liegende Druckbehälter Sehen so aus:

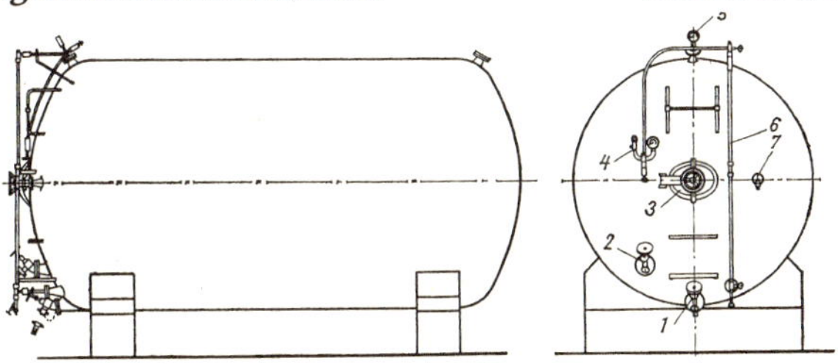

(1) Auslauf NW 50 (2) Abfüllarmatur NW 50 (3) Arbeitsöffnung NW 350×450 (4) Verteilerarmatur mit Manometer (5) Sicherheitsabsperrarmatur NW 15 (6) Flüssigkeitsstandanzeiger NW 10 (7) Probierventil

Lightbier Hieß früher Schankbier (siehe Unheil). So muß die Vorhölle beschaffen sein: Wüste, Wurst & Durst und nur Schankbier. Beim ersten Schluck dürfen Sie getrost »Scheiße« assoziieren. Schließen Sie die Augen, und denken Sie an den Hauch, der einen Haufen stockigen Packpapiers verläßt. So in etwa. Renommierte Scheißhäuser helfen diesem Debakel mit putzigen Bezeichnungen auf die Sprünge: **Fairlight** (Krombacher), **Classic** (Dortmunder Kronen) oder **Premium Light** (Lederer; Patrizier). Lightbiertrinker mögen, so unsere bescheidene Ansicht, bitte ganz schnell und unbürokratisch abgeschoben werden.

Lindemanns Kriek 4,0% Brauerei Lindemanns Vlezenbeek/Belgien. Hat uns mit seiner fruchtigen Süße von beiden in diesem Eintrag herumliegenden Lambics besser geschmeckt, erinnert jedoch stark an Kirschschaumwein. **Pecheresse** (2,5%) hinkt durch sein feinfühliges Pfirsicharoma etwas hinterher. Ein bis zwei Jahre braucht ein Lambic zur Reifung. Bei Pecheresse fragen wir uns allerdings, wem der Aufwand nützen soll.

Loburg Beträchtlich starkes, 5,7%iges Pils aus dem gesegneten Belgien. Daß es schmeckt und die gewünschten Wirkungen zeitigt, weiß der Autor dieses ganz speziellen Artikels aus eigener Erfahrung: L. ist ein vorzügliches Pausen- und Freistundenbier und vermochte von 1985 bis 1987 nahe der Deutschen Schule Brüssel durch nahezu unbegrenzte Verfügbarkeit das Erkenntnisniveau in den anschließenden kosmophysikalischen Unterrichtseinheiten auf ungeahnte Höhen zu wuchten. Seither lautet der Satz des Pythagoras korrekt: »Fünf gleich sieben.«

Löwenbräu Premium 5,2% Löwenbräu München. Ein hochvergorenes Pils, überraschend hopfungslos. Dafür würden wir den Löwenbrauern gern die Koteletten neu scheiteln. Ansonsten gilt: Der Münchner und ein gutes Pils, selten liegen zwei Dinge weiter auseinander.

Löwenbräu Vestenberg Hier kauft der Erlangener Student seit dem 15. Jahrhundert ein, so er klug ist. Fässer generell ohne Vorbestellung, immer reichlich parat, hinterlegt wird die Immatrikulationsbescheinigung, wenn man kein Pfand zur Hand hat. Auch bei den Rückgabefristen zeigt sich das Haus nicht kleinlich, auf ihre Einhaltung pocht niemand. Mengen ab 50 l sollen aber bitteschön schon eigenhändig über die Straße gerollt werden, was »the day after« jedoch sowieso sehr viel leichter geht. Denn ob **Helles** (feine Züge von Bitterkeit, nachdrückliche Gaumenstimulanz, grillfestkompatibel), das vornehm angemalzte **Dunkle** oder die ausgesucht goldfarbene, 90 PS starke **Pils**version, Brauer Karl Dorn, der am 28. Oktober 1965 in Nürnberg zum Meister seines Faches gekürt wurde (er bestand die Prüfung), wirft ein Auge auf zügige Verköstigung. Einstimmiges Urteil: In Vestenberg hüpft das Herz.
Vom Tresen des zur Brauerei gehörigen *Goldenen Löwen* reicht die Wirtin extragute Schinkenbrote herüber. Rahmigste Topbutter, die als zarte Schmelzschicht flächendeckend auf der Scheibe zum Liegen kommt und im Moment des – jetzt ist aber gut.

Logik, lustige An Infamie und Grunzgemeinheit kaum zu überbieten sind biergestützte TV-Veranstaltungen vor allem in Form sog. Talkshows mit schlimmstenfalls obendrein hohem »Unterhaltungswert«, d.h. vorsätzlich kalauerhaftem und sonstwie schreilustiggefälligem Blödelanteil. Alles weitere ante rem übertroffen hat der – sei ihm das oberste Gericht wohlgesonnen – »Deppenbarde« und Friesenfeudel Karl Dall, dem u.a. die spaßeshalber einzubringende und aus *Wims* (12/1972) abgekupferte Paradoxie eines nicht mehr zu datierenden Termins, heißt Fernsehabends über die Lippen rutschte: »Der Friese trinkt wenig, dafür oft und dann viel.«
Seinen Anfang dürfte das Grauen in Brösels heillosen *Werner*-Comics gefunden haben, wo ja allzeit Bier (»Bölkstoff«, uaaahhh) »gezischt« und das fidele Arbei-

terleben in die köstlichsten Farben der Stripkunst getaucht wird.
Aber auch mit denen ist es – wir atmen zweimal tief durch – schließlich schon länger wieder ziemlich vorbei. (siehe auch Werner Bölkstoff)

Lohnbrauverfahren, das Gehört als Arbeitsbeschaffungsmaßnahme zu den unerreichten Schandtaten der modernen Lebensmittelproduktion. In ihrer Kapazität nicht ausgelastete Brauhäuser wirken anonym für Handelsketten (Spar, Tip, Hansa usw.). Ist der Ruf erst ruiniert, braut es sich ganz ungeniert. Genauso verfahren Großbrauereien, deren Kapazitäten ausgereizt sind und die sich ihrer Dependancen versichern. Dann gibt es Brauereien, die es gar nicht mehr gibt, nur noch auf dem Etikett, der Lohnbrauer aber schwankt von Mal zu Mal. Am dreistesten sind die Getränkevertriebe (meist Rechtsnachfolger eingestellter Brauhäuser), die, wie sachsenweit zur Genüge praktiziert, in böhmischen Brauereien die Abrißarbeiten für eine Handvoll Sude unterbrechen heißen, die Halbliterflasche dann für 65 Plastikkopeken aus den Gebinden schießen lassen. Die Nichtseßhaften an den Kioskes sperren die Gurgel schuhweit auf, werfen's Bier ein, und es hebt an ein schauerliches Brunzen und Ferchen, daß Gott i.e. Gambrinus erbarm.

Lohrer Bier Brauerei Stumpf. Das **Pils**, die Lieblingsbeschäftigung des Zeichners Achim Greser (siehe Greser, Achim), imponiert, ja promeniert mit seinen stolzen 5,2% und einer ausgesprochen dicken Schaumdecke. Guter Start, aber im temporären Zwischenbereich, im Mitteldrittel leichte Schwächung und Erlahmung der Hopfenanzeichen. Täuscht späterhin Engagement nur noch an und löst höchstens Trinkhallenambitionen ein. »Wieder eingebraut seit 1978« wird das mit Export-Anleihen ausgestattete **Urtyp**, ein klebriger Pfropfen, den man bitte ungeöffnet entsorgt oder wenigstens in den Speieimer abkippt.

Besser schließlich die **Lohrer Schwarze**, ein Stoff, der sich auf Grund seiner wieder enormen 5,2% »gut trinkt« und überhaupt zwischen Eindunkelung und Aufhellung gen Pils galoppiert, womit wir Herrn Greser jetzt schon wieder ein bißchen besser verstehen.

Lokalrunde, die Gibt's nur im Film. Außer man schmeißt selbst eine.

Lübzer Pils 4,9% Mecklenburgische Brauerei Lübz. Reintönig leichtes Pils mit guter Hopfenblume und angenehm taktilen Sensationen. Wirklich edelherb, aber ab und an schwächelndes Hopfenaroma. Rezent. Ein Schaum wie ein Fest und auch noch standfest, ja füllig. Hellnektargoldgelb, nicht immer hinreichend blank. Bombenbier. Ideal für das konspirative Holger-Grams-Gedächtnistrinken. Luftlinie Brauerei – Bahnsteig 4/Bad Kleinen: 49 km.

Lüneburger Pilsener 4,8% Lüneburger Kronen Brauerei. Wenig Schaum, aggressives Hopfenfinish und einen häßlichen Malzkörper machen wir dafür verantwortlich, daß die freundlichen Bügelverschlußflaschen nur unfreundliche Verbrauchergesichter zu Gesicht bekommen.

Lyrik »Bier auf Wein / das laß sein! / Wein auf Bier / das rat' ich dir«: Sowohl rhythmisch als auch faktisch ein ganz eklatanter Fehlschluß – hier marschiert Dichtung versus Wahrheit! Der menschliche Magen antwortet auf die Zuführung divergenter alkoholischer Getränke prinzipiell mit nanozellularer Systole-Diastole, das heißt: Das Pankreas verengt und spreizt sich im Sekundentakt. Die hieraus resultierende Vakuum-Überdruck-Mechanik pumpt sich Stück für Stück durch den Oberbauchschlauch in die Speiseröhrenspitze, rumpelt hinterrücks am Zäpfchen, und schon ist der Ekel da. Simultan krabbeln mischalkoholische DNA-Strukturen über die Aorta kakerlakengleich ins Nebenhirn und lähmen dort das

Seh-, Steh-, Geh- und Lebensfreudezentrum. Folgen sind Brechreiz, Doppelgucken, Schwindel und mentaler Überdruß.

M

Mack Arctic Beer 4,5% Macks Brauerei Tromsö/Norwegen. Gar nicht mal so interessant. Was macht Ihr falsch? Was mälzet Ihr? Hafer? Hirse? Algen? Wie nicht richtig fertig geworden schmeckt Euer Bier.

Märkischer Landmann 5,1%. So läßt sich der Stiefvater vom Kindl Pils (siehe Berliner Kindl Pils; siehe Rex) rufen. Suggeriert Bier-von-hier-Erdigkeit. Mühsam zu durchschauen. Kakaoig. Seine aparten Schaumverästelungen mehr am Guinness als am Köstritzer orientiert. Kommt vom Faß besser. Schwer tut sich auch **Berliner Kindl Jubiläums Pilsener** (5,1%), denn es wandelt in stupender Einfalt, und Eintönigkeit lastet auf dem Bukett. Der Hopfenball wird allenthalben flach gehalten.

Märkisches Pils 5,1% Schloßbrauerei Dessow. Hm. Hopfenherb, aber so, als tanzten die Isohumolone auf der Zunge Pogo. Eisekalt, aus der Flasche, durchaus zu empfehlen. Das **Urbräu** (5,6%) schäumt sehr laut. Mit besten Grüßen aus der Hopfenheilanstalt (Geschlossene Abteilung).

Märzen Heute eine Art Wilderer im Exportbierorbital. Früher das letzte Bier, welches im Frühjahr (März) und im Sinne der Haltbarkeit etwas stärker eingebraut werden konnte. Nunmehr ganzjährig zu haben. Untergärig. Alkohol bei 5,0 bis 5,5%, selten höher, niemals darunter. Volle Malzsalve, mal sparsam, mal großzügig gehopft. Kurz: die dunkelfränkische Vollbiervariante.

Maisel Hell Brauerei Maisel Bamberg. Bannig Hopfen, wenig Spund, zum Lob hier demnach gar kein Grund.

Maisel's Weiße 5,7% Privatbrauerei Gebrüder Maisel Bayreuth. Der Hefeweizen stärksten eines. Schöner Bernsteinton, nahezu optimales Aroma, fruchtig-erfrischend, klasse! Banane, Vanille, Birne, Zimt und Zunder, einfach alles. Das **Dampfbier** (4,9%) wirkte auf uns, weil obergärig, leicht »alt«, ha. Untypisch für eine fränkische Braustätte. Kein Wunder also, daß Maisel konkret mit seiner Weißen in die Offensive geht. Hier schlummert die Potenz zum Marktführer.

Malz Die Weinbeere des Bieres. Falsch! Überzwerch! Die Weinbeere ist das M. des Weines. Das zum Bierbrauen verwendete M. wird hauptsächlich aus Gerste, bei Weizenbieren zu Teilen aus Weizen gewonnen. Außerhalb des Geltungsbereiches »unseres« Reinheitsgebotes kommen auch Mais, Reis, Hafer, Hirse, Sorgum und Maniok zum Einsatz. Hiesige Brauer verwenden gern die zweizeilige, weil dünnschalige, stärkereiche Sommergerste. Feinspelzigkeit, hohe Keimfähigkeit, niedriger Eiweißgehalt, geringer Wasseranteil (den bringt ja schon das Brauwasser) sollten sie ebenfalls auszeichnen. Sie wird vor dem Mälzen geputzt und danach durch Wasserzusatz zum Keimen gebracht. Dabei bilden sich die lieben Amylasen, welche wiederum dafür sorgen, daß die im Gerstenkorn (siehe Gerstenkorn, das) enthaltene Stärke wasserlöslich wird. Nach einer gewissen Zeit wird der Keimvorgang abgebrochen, die Wurzelkeime werden fein säuberlich mit einer kleinen güldenen Keimmachete abgeschnipselt, seit Invention der Schaufel durch Umschaufeln entfernt, und der Trocknungsprozeß wird eingeleitet. Darren heißt der. Hierzu wird nichts als heiße Luft durch das in Silos/Darren gelagerte Grünmalz geblasen. Will man hellere, z. B. Pilsmalze, darf die Luft nicht heißer als 80 °C sein, für Farb- und Caramalze dagegen 100 bis 110 °C. Äußerlich besteht zwischen Ausgangs- und Endprodukt kein ent-

scheidender Unterschied. Allein durch Hand- und Mundbonitierung erschließt sich der Mikrokosmos Getreidekorn.
Für einen halben Liter Pilsener benötigt der Brauer durchschnittlich 1407 Malzkörner. Bald erkannte er die Vorteile der Serien- und Massenfertigung. Die Einzelfertigung, weil enorm zeitaufwendig, kam schon lange vor Erfindung der Halbliterflasche außer Gebrauch. Abgezählt werden die Malzkörner (siehe Tausendkorngewicht) auch nicht mehr. Heute werden die Flaschen nach Abfüllgewicht etikettiert.

Malzbereitung Wie sie heutzutage genau und auf welchen wissenschaftlichen Grundlagen vonstatten geht, wissen von Haus aus nur Wissenschaftler, die deshalb eine erschöpfende *Technologie der Malzbereitung* geschrieben haben, auf daß »unser Bier« noch besser werde.
Der Band Schuster/Weinfurtner/Narziss: *Technologie der Malzbereitung* (Stuttgart 1976, 6. Aufl.) setzt die wegweisende Arbeit von Prof. Dr. agr. Dipl.-Ing. Ludwig Narziss, Inhaber des Lehrstuhls für Technologie der Brauerei I an der Technischen Universität München u. v. m., fort, indem er, was es zur Braugerste, zum Wasser, zu Gerstetransport, Förderschnecken oder Schwingförderern und Förderrinnen, Keimung (Theorie der Keimung, Beurteilung des Phosphatabbaus, Lipasen), Weichgrad und -zeit, zur Tennen-, zur pneumatischen Mälzerei, zu Abluftkanälen und Axialventilatoren, zum Aufschütten des Weichgutes, zur Haufenführung, statischen Rundmälzerei (System Durst), zum Darren, Malzschwand und zum Popp-System zu sagen gibt, einer ausgiebigen methodischen Prüfung und gründlichen Neubewertung unterzieht.
Der Zeitraum von Manuskriptabgabe bis Drucklegung war »verhältnismäßig lang« (November 1974 bis März 1976). Gelohnt hat es sich aber doch.

Mammut Ur-Pils 4,9% Mammut Getränke Sangerhausen. Mit Mammutknochenmehl angesetzt? Bei der

Dosenabfüllung gewannen wir zumindest den Eindruck. **Ratskrone Pils** (4,9%): Der porentiefe Schaum ist mit Druckknöpfen an der »Flüssigkeit« befestigt. »Es« klirrt beim Eingießen. In unseren hopfenhermeneutischen Ansatz müssen wir, wie wir glauben, zu Recht einbeziehen, daß, sollte es eine Hopfung geben, wir an der Transkription ins Trinkbare durchaus kein Interesse bekunden. Woher soll es denn rühren, wenn man sich in Sangerhausen nur zween Trotteldutzend teigiger Hopfenstreusel pro Monat leisten kann und will? (Siehe Henninger)

Mann, Thomas Trank wohl ab und an ein Gläschen Bier zur Entspannung, hielt aber sonst wenig von alkoholischer Stimulation: »Im allgemeinen halte ich nicht das geringste von der ›Inspiration‹ durch Alkohol [...]; so glaube ich, daß auch jene Poeten ihre Leistungen nicht mit dem Alkohol, sondern trotz ihm vollbracht haben.« (In: *Dichterische Arbeit und Alkohol*)
Gut bekommen ist es seinen Büchern nicht.

Marburg Mittelhessische Stadt an der Lahn. Nicht weiter verwerflich. Beherbergt zudem im Stadtteil Cappel einen Menschenschlag, der es sich zur Gewohnheit gemacht hat, seinen Vorgarten mit dem Staubsauger zu fegen. Wohlgemerkt: mit dem Hausstaubsauger!
Bizarr, ja bettlägrig wie die gängigen Hygienevorstellungen auch das örtliche Bier samt Produktionsstätte, die stadtmittig untergebrachte Brauerei Klaus Rauh GmbH. Dort entsteht mutmaßlich aus Kanalisationsabwässern das **Marburger Landgrafen Pils** (4,8%), die PR-Abteilung lanciert noch immer das lang und zäh tradierte Bekenntnis: »Unser Marburger – darauf sind wir stolz.« Selbstbewußt wie Lumpi auch das lumpige Zwickel (**Marburger Kräusen-Pils**, 4,8%), von dem sich wenigstens sagen läßt, daß man's in »sehr, sehr schönen Gläsern serviert« (Nils Folckers). So liegen die Dinge in Marburg!

Marius H. (4) aus Darmstadt sagt über seinen Kindergarten: »Mittags um vier gibt's Bier.« Es gibt Zeugen.

Markennamen, alte Dr. Knaust (siehe Dr. Knaust) führt u. a. für das damalige Norddeutschland auf: Wehre Dich (Danzig), Saure Maid (Königsberg), Kranker Heinrich (Graudentz), O Jammer (Mewe), Trumpe (Neumarkt), Krebsjauche (Mühlhausen), Bessre Dich (Ressel), Lieber Herr Lorenz (Guttstadt), Schreckangst (Heilsberg), Sausewind (Reden), Ohne Dank (Morung), Es wird nicht besser (Lauenburg), Klotzmilch (Bautzen), Spülwasser (Löben), Beiß den Kerl (Boitzenburg), Bierkatze (Marienwerder), Ich halte es (Hohenstein), Büffel (Frankfurt), Alter Klaus (Brandenburg), Taubentanz (Stendal), Kuhschwanz (Tangermünde), Lumpenbier (Wernigerode), Bruse Puhse (Osnabrück), Puff (Halle), Schlunz (Erfurt), Menschenfett (Cospeda), Mord und Totschlag (Eisleben), Kackebelle (Eckernförde), Rammeldeus (Ratzeburg), Totenkopf (Schöningen), Schmeis in' Nacken (Güstrow).
Außerdem will Bierkommissar Dr. Knaust allein in Frankfurt a. d. O. noch folgende Biere getrunken haben: Kälberzagel, Staffeling, Beyderwan, Schlipschlap, Fitscherling, Stampff in die Aschen, Batzmann, Hotenbach, Glückelsshan, Sperpype, Horlemotsche, Stroheingen, Bastart, Rutetop, Helschepoff, Lorch, Itax, Streckepertzel, Fertzer, Rolingsbyer, Vasemann, Koervink, Kreßen, Mortpotner, Reysekopff, Fidelia, Lötenaße, Kartenacke, Breypott und Mückensenff. Er meint, die Namen dieser Biere zu hören, mache die Biersäufer ganz zispelig, so daß sie bei bloßem Hören derselben schon Durst bekämen. Wenn er meint.

Martinsbräu Pils 4,9% aus Marktheidenfeld im Hochspessart in Unterfranken. Die Koordinaten stimmen. Perlig schäumt es. Dynamisch ward gehopft. Im Antrunk lang vermißte Bitternote. Und der beherzte Abtrunk kugelrund und wohlig stimmend. Ein Nachschenkbier, aber wirklich.
Übers **Export** reden wir jetzt mal nicht.

Maruhn »Größter Biermarkt der Welt«. Behauptet, 1245 Marken zu führen. Nach einem Einkauf, der in drei großen Kartons und zwei Kästen Platz fand, wagen selbst wir nicht mehr zu bezweifeln, daß was dran sein könnte. Sie finden M. zu Darmstadt-Eberstadt (Nähe Autobahn), nicht aber zu Darmstadt-Wixhausen, wie bereits mehrfach gemutmaßt wurde.

Marx, Karl/Engels, Friedrich Tranken stark und zwei Leben lang. Engels wurde 74 Jahre alt, sein Freund Marx nur 64.
Außer dem Wein sprachen beide systematisch auch Weinbränden und sehr gerne verschiedenen Bieren zu. E. nutzte eine mehrere Wochen dauernde Kurreise durch Norwegen zum Biertesten. M., von E. besorgt nach der Ankunft einer Kiste ausgewählter Weine befragt, antwortete: »Außer dem Wein hatte ich täglich (bis zur Stunde) 1 1/2 Quart vom stärksten Londoner Stout zu saufen. Es schien mir ein gutes Thema für eine Novelle.«
Trotz zeitweilig erzwungener Einsicht, daß er »4 Wochen absolute Ruhe und Enthaltsamkeit von Bier und Wein haben« müsse, mobilisierte E. gegen Lebensende noch einmal alle Kräfte gegen den sich abzeichnenden starken Einfluß von Temperenzlern und Abstinenzlern (siehe Klassenkampf, Bier und) in der deutschsprachigen Sozialdemokratie. Den sog. »teetotallismus« hielt er durchweg für verfehlt: »Die preußische Polizei ist Dir rein gar nichts gegen eine solche medizinische Hexe.«
Mit Kautsky und dessen Frau Louise absolvierte E. auch im hohen Alter regelmäßige Frühschoppen, unprätentiös, aber bestimmt lobte er den steten Einfluß, den das Bier ab und an sogar schon morgens in ihn nahm. Zu M. unterhielt er eine reziprok-dioskurische Getränkefreundschaft. Während M. auf Pakete aus Manchester angewiesen war, harrte E. teils verzögerter Londoner Bierproben. »Als Entschädigung für Deinen sehr guten Rheinwein sende ich Dir ein paar Flaschen schlechtes Lagerbier« (Marx).

Eduard Bernstein zeigte sich beeindruckt von der unspektakulären Zelebration des Biertrinkens. Beiden, M. und E., galt das Bier im Gegensatz zum Schnaps (siehe Trinken, narkotisches) als Gesprächsmotor, insbesondere beim Kneipen an öffentlicher Stätte und während strategisch bedeutsamer Sonntagsausflüge im Dienste der Internationale. Von Jugend an »privilegierte Zecher«, die – wie M. – schon mal vorbildlich wegen »nächtlichen ruhestörenden Lärmens und Trunkenheit« in den Karzer gewandert waren, wußten sie um die revolutionäre Rolle des »sozialdemokratischen Saftes«. E. unterstützte deshalb, zumindest ideell, entschieden Kautskys Verteidigung der Bierkneipe gegen linke Nüchternheitsapostel und Sozialmediziner.
M. schätzte seine »Medizinbottles«, den Wein und das Bier als schreibfördernde Stimulanzien. Wann immer möglich, kam beides zum Einsatz. »An dem Tag, wo das Manuskript [der erste Band des *Kapital*] abgeht, bekneip' ich mich ohne alle Gnade, es sei denn, daß Du den folgenden Tag herkommst und wir das zusammen abmachen können«, so wiederum E.
Vorbildlich, meinen wir.

Mauritius Spezial 5,3% Mauritius Brauerei Zwickau. Hier soll der Hopfengott mit einem wilden Opfer besänftigt werden. Das klappt nicht immer. In maischiger Umgebung fühlt sich der goldwerte Bitterstoff selten wohl. Das **Pils** (5,1%) hat uns besser geschmeckt, gleichfalls **Trabi Deleuze,** Unsinn: **Deluxe 500 ccm Flaschenbier** (5,1%), dessen Orientierung am Dinkelacker Pils (siehe Dinkelacker) nicht zu überhören – was ist denn heute los!: nicht zu überschmecken ist, dafür die Entscheidung gegen private Motorisierung sehr einfach macht.

Maximilian Kölsch 4,8% Bonn. Aus dem Hause Kurfürsten. Schmeckt nicht übel und ist trotzdem für Biertrinker völlig uninteressant. Statt Gebrauchswert hat es Image: ein »edles« Bier für Leute, die gar kein Bier trinken und doch meinen, was »Ordentliches« dahaben zu müssen, wenn der Chef kommt. Geschieht ihnen dann auch wirklich recht.

Meisterbräu Pilsener, **Bock** und **Halloren Pils Dunkel** von Meisterbräu Halle waren auch nach mehrmaligem Anlauf vermittels mündlich abgeschlossenen Kaufvertrages nicht zu erwerben. Gibt es Euch überhaupt?

Mendig Seine Einwohner nutzten im 19. Jahrhundert unterirdische Basaltstollen, teilweise 30 Meter tief, zur Kühlung des Biers, das man seit 1843 herstellte; weil sich nämliche Aufbewahrungsorte als so ideal, fast phänomenal für die Aufbewahrung von Bier erwiesen. Ein paar Jahre später arbeiteten bereits 28 Brauereien an **Mendiger Felsenbier**, pro hundert Einwohner eine. Carl Lindes Erfindung der Kältemaschine (1876) walzte indes diese blühende Braulandschaft platt, 1900 waren noch acht Brauereien zu verzeichnen. Heutigentags lagert ein einziger Betrieb sein Produkt unterirdisch ein. In ungeraden Jahren feiert M. das Gambrinus-Fest.

Messina Lager Beer 4,7% Milan/Italien (»Birra Di Sicilia«). Dieses Bier ist eine Prüfung. Unsere Leidensfähigkeit kennt zwar keine Grenzen, aber die Blessuren sind doch erheblich. Eine an fatale Braubegleitumstände gemahnende Gumminote regiert die niedrig gehaltenen Malzbestände. Scharfe Aufdringlichkeit strahlt aus. Ganz vergessen wurde dann der Hopfen. Und bevor wir uns ganz vergessen, belassen wir's dabei.

Mickey's American Strong Beer 5,6% Wisconsin/USA. Die gelbgrüne 0,35 l-Flasche hat Handgranatenform und liegt in der Patsche, als wolle sie unverzüglich an der nächsten Wand landen. Den 5-Mark-Stück-großen Schraubverschluß ziert die bescheidene Inschrift »Big Mouth«, nach dem Öffnen weichelt Schaum wie Unkenfäule, ein fetter Brackwasserstrom erbricht sich, süße,

brausige Pampe, in die Altplaste, Kondome und Gelatine eingekocht wurden, vervollkommnet diese Schaumschlägerei von einem gewaltig versauten Brachialbier der dümmsten Quacksacksorte.
Aber wie heißt es im Volksmund: Große Fresse, wa eh!

Miller Lite Less Filling Premium Beer Miller Brewing Milwaukee/USA. Da hört der Spaß auf, das Trinken: eine namenlose Demütigung. Wozu ward das Bier erfunden?
Ad notam: Beim Versuch, ein bierkompatibles Produkt derselben, weltweit drittgrößten Firma zu erwerben, verfielen wir auf **Sharp's** – lasen aber wie so oft nicht genau genug und hielten plötzlich ein »Non alcoholic brew« which »contains less than 0,5 percent alcohol by volume« in den Händen. Deutlich in die Gülle gepackt, sagt man da wohl.
Zusatz zwo: Herrgottzement! Fast vergessen hätten wir das kalt gefilterte, die zulässigen 40% der Schüttung mit 38% Mais beinahe voll ausschöpfende **Genuine Draft** (4,7%), na, und das geht dann irgendwie. Im Vergleich zu seinen Genossen wenigstens.

Miss Germany Wer sind Bierkenner? Leute, die was von Bier verstehen? Die einen an der Kanne haben? Deren Waffel porös geworden ist?
Nein, Bierkenner sind eine nicht näher spezifizierte Ansammlung von Menschen, die an unbekanntem Ort und unter rätselhaften Testbedingungen zu dem Schluß gelangten, einem Bier namens Warsteiner (siehe Warsteiner) den – Obacht! – Titel »Miss Germany« zu verleihen. Die Firmenleitung freute sich und druckte einen wahrlich waghalsigen Diffizil- und Debilrumms aufs rückseitige Etikett; ein paramilitärisches Textstück; einen Brummplumps der jenseitigsten Sorte; genauer gesagt diese diplomatische Note (Hören Sie gut zu!): »Miss Germany. Bierkenner haben WARSTEINER mehrheitlich zur Miss Germany gewählt. Seit Jahren ist es die beliebteste Biermarke Deutschlands. Seine würzige Eleganz und wohltuende Bekömmlichkeit bestätigen es als wirkliche Spe-

zialität. WARSTEINER. Zu Hause in Deutschland. Botschafter wahrer Gastlichkeit in vielen Ländern der Welt.« Sonst noch Fragen? Zu Warsteiner beispielsweise?

Modewellen In erster Linie meinen wir nicht die Durchsetzung des Lagerbieres, des Hopfenbieres in grauen Vortagen. Was sich da abgespielt haben mag, lassen wir besser im Tintenfaß.
Von Mode- oder Bierwellen wollen wir lieber seit den Siebzigern sprechen. Da nämlich setzte sich das Pils erst so recht auf dem Trinkmarkt durch. Auch die Weizenbierwelle hatte zu diesem Zeitpunkt kaum ein Szenelokal verschont. Ihr folgten Anfang der unseligen Achtziger die Premiumwelle mit ihren »Superbieren«, die Gasthausbrauereienwelle, die Lightbierwelle, die Alkoholfreiewelle. Ende der Achtziger schloß sich die bislang letzte, wenngleich gründlich mißglückte Drybierwelle an. Dem Comeback der Schwarzbiere, vornehmlich im Osten, und der Zwickelbiere wollen wir noch keinen Wellen-, aber durchaus Teilchencharakter zuschreiben. Von Ice-Bieren (siehe Ice Beer) geht neuerdings die Rede.
Sicher, man kann aus diesen Moden Vorteile ziehen und gegen Vorurteile angehen und behaupten, damit würde die Sortenvielfalt gesichert, denn etwas bleibt immer hängen.
Am Beispiel der leichtfertigen Kölschproduktion innerhalb der Kölner Bannmeile ist zu ersehen, welches Unheil (siehe Unheil) helle Pilsplagiate anrichten. Interessant daran, wie sich diverse Kölschtrittbrettfahrer von diesem Vorwurf reinwaschen. Weniger interessant, wie schön pilsähnlich auch mit obergäriger Hefe gebraut wird.
Was haben wir demnächst zu gewärtigen? Alkoholfreier Bock oder Alkoholfreies Weizen sind noch frei, desgleichen Schwarzbier Light oder Bio-Premium.

Möbelstück, das Einem ungeschriebenen Gesetz haben wir die unverrückbare Tatsache zu verdanken, daß wenigstens ein M. in den Gasträumen unserer Kneipen,

Wirtshäuser, Pilsstuben oder Bierschwemmen von einer gewissen Instabilität zu sein hat. Hierdurch betroffen sind insbesondere Gastraum-Tische, die demnach nicht selten über ein zu kurzes oder ein zu langes bzw. drei zu lange oder drei zu kurze Beine verfügen und infolgedessen immerzu kippeln, wackeln oder gar schwanken, wodurch das Bier nur so schwappt. Ja, so ein kipplig-wackelnder und schwankender Tisch kann einem Bierglas nämlich keinen festen Stand gewähren, kann somit auch dem Biertrinker, der sich ja bekanntlich an seinem Glas festhält, nicht den zuverlässigen Ankerplatz bieten, den er aber braucht, weil schließlich er es ist, der am Ende kippeln, wackeln oder schwanken will. Kaum etwas irritiert also einen Biertrinker mehr als ein Tisch, der nicht bombenfest und schwingungsfrei dasteht.
Aus diesem Grund liegen seit jeher und immer ein paar Dutzend Bierfilze (siehe Bierfilz, der) auf jedem Wirtshaus-Tisch bereit. So nämlich dieser einmal kippeln, wackeln oder schwanken sollte, kann man die Pappscheiben je nach Bedarf und Kippelgrad entweder einfach geknickt oder mehrfach gestapelt unter seine schiefen Tischbeine schieben und somit alles störende und unerwünschte Kippeln, Wackeln oder Schwanken beenden.

Mönchshof Schwarzes Pils Mönchshofbrauerei Kulmbach. Ein Rubin, was die Farbe angeht. Muß den Vergleich mit Köstritz freilich scheuen. Aber gute Silbermedaille, weil ein wenig zu farbmalzbrandig. Das gehört sich nicht für Pilsener, auch nicht für schwarze. **Mönchshof Original** sei angeblich nach Rezeptur aus dem Jahre 1349 gebraut. Schon können wir das Lachen nicht mehr halten. **Mönchshof Pils** siehe Reichelbräu. **Kapuziner Weizen Kristallklar** (5,4%) ein Weizen-Pils-Hybride. Davon sollte man ablassen. Für Unentschlossene genau das Richtige. In ähnlicher Weise spricht und trinkt sich der gar nicht mal so dunkle **Klosterbock Dunkel** (6,6%) aus. Das **Schwarze Weizen** (5,4%) mit einer Farbmalznuance zuviel, das **Weisse Weizen** (5,4%) mit einer schönen Balance aus fruchtiger Hefenote und anregend untypischer Malzkomponente im Abgang. »Traditionell vollmundig, reiht sich **Maingold** [5,4%] in das vielfältige Mönchshof-Sortiment und damit die große Kulmbacher Brautradition ein.« Lesen wir. Was mitnichten richtig, vielmehr unrichtig, um nicht zu urteilen: grundfalsch ist.

Mössingen Hier, an der Steinlach nahe Tübingen (siehe Tübingen), braut der Kronen-Heiner unweit des Totenangers sein vom Volksmund liebevoll so genanntes Friedhofsbier. Der Tübinger SPD-Stadtrat F. Class provozierte 1989 einen großen Bierstreit mit anschließender Leserbriefdebatte, weil er mitten im Kommunalwahlkampf das angebotene Glas Friedhofsbier abgelehnt und erklärt hatte, es sei ungenießbar. Zum Abschied aus dem Gemeinderat 1991 erhielt er einen Karton **Mössinger Bier**. Bald danach gab er sein Parteibuch zurück.

Molle mit Strippe Führenden österreichischen Reiseführern zufolge beliebtes Berliner Getränkedoppel. Testbestellungen in acht verschiedenen Berliner Kneipen brachten folgendes Ergebnis: viermal »kenn' wa nich«, zweimal »ham wa nich«, einmal verständnisloses Kopfschütteln sowie zuletzt – im Friedrichshainer *Abgedreht* – einen halben Liter Jever in tadeligem Verbund mit einem großzügigen Schluck Nordhäuser Doppelkorn. In einem Glas.
Von derartigen Bestellungen kann seither guten Gewissens abgeraten werden; zumal die Bedienung – zur Rede gestellt – gestand, »ooch, eigentlich auch nur geraten« zu haben.

Molson Dry Special Dry 5,5% Molson Breweries of Canada Limited/Kanada. Partizipiert an der aktuellen nordamerikanischen Dry-Welle, von der sich dumme Europäer ein bitteres Bier versprechen. Sie werden enttäuscht. Schon porenlos reiner Schaum zeigt an: Hier geht wenig. Das saccharinhaltige Mediumfeeling pegelt sich in ein limonadiges Fisselfinish aus. Welche Zusätze? fragt der Bierfreund. Molson antwortet mit einem »revolutionary ›Dry Brew‹ process to bring you the next generation of premium beers.« Danke nein.

Moment, schönster der Woche Tritt meistens sonntags gegen halber zwei mittags in der Hamburger *Domschenke* ein. Hier pflegen die Herren und zugleich Sportkameraden Adam, Meier, Rosenstengel, Tietz, Weimer usw. nach ihrem allsonntäglichen Fußballkick einzukehren, um sich den Staub des Bolzplatzes aus den verschleimten Kehlen und also den Durst aus den trocken transpirierten Körpern zu waschen. Dies geschieht in der Regel durch die zügige Einverleibung eines »Gedecks«. Ein Gedeck heißt man in der *Domschenke* ein zweigläsriges Arrangement, bestehend aus einer Flasche Bier der Marke Astra (0,33 l) und einem halblitergroßen Weißbierglas, das ein von Wirt Hugo sorgfältig aus Astra und Zitronenlimo (Sprite) zusammengerührtes Mischgetränk namens Alsterwasser enthält. Kaum serviert, wird mit dem Astra das Weißbierglas randvoll aufgefüllt bzw. »das Alsterwasser noch etwas verdünnt«, wie Wirt Hugo dazu sagt. Dann aber kommt es zu dem, was die mittlerweile noch durstigeren Herren und Sportkameraden immer wieder und einvernehmlich den schönsten M. der Woche nennen, nämlich zu den ersten drei, vier großvolumigen Schlucken des verdünnten Alsterwassers. Hei, wie wohlig, frisch und kühl das spritzig-sprudelnde Getränk die vom temporeichen und kräftezehrenden Ballspiel ausgedörrten Schlünde durchströmt und vom darin abgelagerten Schleim und Dreck befreit und diesen so gründlich wegspült, daß es unseren Sportsfreunden die reine Labsal und nur so ein Vergnügen, eben ihr schönster M. der Woche ist.

Moosbacher Vollbier Hell 4,6% Private Landbrauerei Scheuerer Moosbach. Sultaninen? Gut abgehangener Schinken, also schinkig? So dazwischen. Dazu irgendeine

Schärfe. Man muß regelrecht nach Ausdrücken suchen. Das **Pilsener** (4,7%) hätten sie sich schenken dürfen. **Festliches Export-Bier**: Es ist bedauerlich, sie können's nicht. Selbst 5,4% informieren nur über geschmolzene Eiswürfel. **Weissbier** (5,0%): bisserl Rinnstein und angegangene Früchte. Auf diesen Sortiments-Tätigkeiten – zum Beschluß – liegt kein Segen.

»Morgens früh raus« Vollständig: »Ich muß morgen(s) früh raus.« Heißt: Kein letztes Bier mehr. Nein. Oder höchstens: »Das ist das letzte! Dann geh' ich aber.« Meist ohne Erfolg.

Moritz Fiege Black Mäx 4,8% Bochum. Schwarzbier im Auto-Motor-Sport-Design für Cabrio-Fahrer, die gewöhnlich am Espresso nippen. Stumpfe Süße, schwaches Malzaroma, verschleppte Würze. Schmiert im Sommer. Kann man reinaschen. Cool.
Das **Pils** hingegen wird sogar gebraut: »Unser Pils braut Moritz Fiege«, steht vorne drauf, und das genügt. Aus die Maus. Ende Gelände. Finito Bandito. Schluß. Es reicht vollkommen.

Mühlen Kölsch 4,8% Köln. Bestes Kölsch, vielleicht sogar *das* beste Kölsch, ein in sich geschlossenes, harmonisches Bier. Die Farbe von dunklem Gold, die Geruchskrone von angenehmer Würze. Weich gluckert's ein und blüht schließlich in aller Ruhe auf. Entfaltet sich ein abgerundet hopfig-malziges Aroma! Mit ausgewogener Bittere!! Hier wird der Begriff »vollmundig« mit Leben erfüllt. Anstatt den Mundraum zu fragmentieren und vereinzelt Akzente auf der Zunge zu setzen, ist M. immer und überall und als Ganzes im Ganzen präsent, ohne ja freilich jemals aufdringlich zu werden. Prima.

Münchsteinacher Zwickelbier 4,8% Brauerei Loscher Münchsteinach. Aus unserer Enttäuschung machen wir keinen Hehl. Hier haben die Brauer den Hopfen der

Würze höchstens gezeigt oder an der Pfanne vorbeigetragen. Unter solchen Bedingungen ist kein außergewöhnliches Pils vorstellbar. Und selbstverständlich auch kein Zwickel.

Münsterländer Landbier 4,8%. Colafarben, zunächst zurückhaltend im Antrunk, dann mit komplexem Körper, konzentrierter Malznote, sanfter, wenig nachhakender Bittere. Gar wunderbar geeignet fürs Nebenbei-Trinken, zu Brettspielen, bunten Servietten und Würstelgulasch. Also viel Spaß und los jetzt. (Und daß Ihr um neun Uhr wieder daheim seid!)

Musik Max Reger sprach es aus: »Ist man abends mit Freunden zusammen beim Glase Bier, so bringt das auf andere Gedanken und beruhigt Geist und Herz.« Und The Dead Kennedys ergänzten: »Too Drunk To Fuck«. In seinen besten Jahren hielt Frank Zappa auf die Synthesis von »Titties And Beer«, forscher gingen die Wet Cookies ran: »I Drink Your Beer«. Basta.
Während weltweit »Im Himmel gibt's kein Bier / Darum trinken wir es hier« gesungen wird und The Whoopie John Orchestra ergänzte: »In Heaven There Is No Beer«, triumphierte Attwenger mit »Bier«, The Blech schmiedete ein »Bierlied«, Die Sterne blieben – wie üblich – lieber »Nüchtern«. John Lee Hooker war's eh wurscht: »One Bourbon One Scotch One Beer«, Johann Sebastian Bach aber schrieb, als er in Arnstadt die Orgel traktierte, eine nicht allzu umfängliche Oper des Titels »Die Klugheit der Obrigkeit in Anordnung des Bierbrauens«. Johann Nicolaus Bach tat ein Gleiches und lobte musikalisch den »Jenaischen Wein- und Bierrufer«. In die Oper »Heinrich der Vogler« (Ulrich König und Georg Caspar Schürmann) wurde ein Hanswurstlied eingeflochten, um das Braunschweiger Mumme-Bier zu lobpreisen: »Brönsewick, du leife Stadt vor vel dusend Städten, dei sau schöne Mumme hat, da ick Worst kann freten! Mumme schmeckt nochmal sau fin, als Toky- und mosler Win;

Slackworst füllt den Magen; settet Neiren-Talg, kann dei Winne ut den Balg ass den schnaps verjagen.« Die Toten Hosen propagieren das Altbier als Jedermanns-Gebräu, ihre Funpunkvorgänger ZK ächzten und jubilierten: »Dosenbier«. Deren Vorbild wiederum: Big Al Downing und »Beer Drinkin People«.
Schließlich räumte Smetana mit den Zeilen »You foam within your glasses, you lusty golden brew, / Whoever imbibes takes fire from you. / The young and the old sing your praises, / Here's to beer, here's to cheer, here's to beer« ganz gut ab, Harry Purcell johlte »I gave her Cakes and I gave her beer«, Jacques Brel besorgte es den Kapitalisten qua bierselig-heiligem Zorn, gar Constant Lambert versprach sich einiges vom Bierkonsum in zumal kompositionsrelevanten Fragen, und – wer kennt ihn nicht! – der belgische Tonsetzer Flor Peeters eröffnete seinen Zyklus »Drei Trinklieder, Opus 23« mit einem Stück wahlweise betitelt »Beim Trinken«, »Te drinken« oder eben »La biere«.
Laut Stefan Fragner soll vollends das Viertonmotiv (Kopfmotiv, »Schicksalsmotiv«) der fünften Beethovenschen Sinfonie nicht anders zu versprachlichen sein als: »Wo – bleibt – das – Bier? / End – lich – ist's – hier!«

Muskatnuß Im 19. Jahrhundert übliche Beigabe zum Bier. Sollte dessen Geschmack aufpolieren. Aus Köln wird berichtet, daß Kneipengäste eine Muskatnuß samt einer kleinen Reibe bei sich trugen, um evtl. nicht ganz einwandfreies Gebräu eigenhändig in Form zu bringen. Heutzutage unüblich (wg. Muskatverknappung, Muskatpreiserhöhungen, Muskatkrise, autofreiem Sonntag). Statt dessen kippt man das Bier weg oder Korn dazu. (siehe auch Schnaps, Bier und)

N

Naabecker Hell 5,1% Schlossbrauerei Naabeck. Ein Schreibbier, das uns beim Schreiben half. Ein Schrumpfbier, das uns beim Denken half. Ein Dumpfbier, das uns zum Trinken verhalf.

Nationalneigung zum Trunke, deutsche Populäre Vorstellung, derzufolge es im Wesen der Deutschen liege, ohn' Unterlaß alkoholische Getränke, speziell Biere um Biere in sich hineinzuschütten. Tauchte explizit während des 16. Jahrhunderts auf, als die Reformatoren »ganz Deutschland mit Saufen geplagt« sahen (siehe Saufteuff, der). Dem bis ins 20. Jahrhundert immer wieder hartnäckig aktualisierten Topos gemäß hielten religiöse Frömmler ihre Landsleute zur Mäßigung an. Ohne Wirkung: Bereits die Trinkerliteratur und grunzdumme Völkertypologien des 17. und 18. Jahrhunderts priesen Biertrinken als typisch deutsch und grundgut, als Zeichen überschäumender Vitalität und unverbrüchlicher Antimodernität. Zwar wurde der essentialistische Sermon durch die Temperenz- und Abstinenzbewegungen des 19. Jahrhunderts öffentlich stark diskreditiert; doch er überlebte in der Brauchtums- und Schmunzelliteratur, der Bierhistorie (siehe Bierhistorie) und der Reklame (siehe Reklame), wo er jeden zweiten Schluck Bier legitimieren darf. Weil sie, die Doitschen oder Germanen, zusätzlich auch noch immer eine ausgemachte Neigung zur käsigen Nation hatten, glaubten sie den Quatsch wohl jederzeit ohne Abstriche und tranken »eben d'rum« so viel.

Negra Modelo 5,3% Cerveceria Modelo Mexico City/ Mexiko. Bestimmt dunkel, tiefrot. Sahnig. Irgendwelche

Kräuterbüschel hingen wohl in die Sudpfanne. Röstliche Schokolade auch noch. Nicht nach unserem Gustus. Kann trotzdem ein teures Bier werden – denn Wiener Vorbild (süßes Lager) und lateinamerikanische Herkunft bürgen für den Nimbus außerordentlicher Dekorkneipenakzeptanz. Oder?

Neige Juristischer Sachverhalt, der besagt, daß den früheren Zustand wiederherstellen oder den Wertunterschied ersetzen muß, wer einem andern Schaden zugefügt hat. Im Bierkosmos: »Wer einem die Neige getrunken, muß vom Frischen anheben, um eine neue Neige, wie die frühere war, herzustellen.« (Redensart) Ähnlich eine Verordnung des Fürsten von Lippe aus dem Jahr 1479: »Wir gestatten allen unsern Einwohnern und den Fremden frei zu trinken; und wer einem die Neige austrank, soll aus dem frisch gefüllten Bierkruge zu trinken anfangen.« Bei Übertretung werden hundert Schilling Buße oder Schläge fällig.

Neptun Krone Pilsener »Knacks« macht's, wenn der Ring zurückgezogen und die Lasche eingedrückt wird. Ein Odium von mutwillig überaltertem Harzer Rollerkäse faucht durch die Öffnung. Im Glas entwickelt's sich allerdings auch nicht zum Besseren. Was für Dosenprodukte ganz generell gelten dürfte.

Wollen aber mal sehen, ob Kollege Rudolf eine solche an sich nicht verkostungswürdige Überprüfung überhaupt dulden wird. Und siehe, schon ist's geschehen, schon ist's Fakt!

Trotzdem sollten wir uns spätestens hier und anläßlich noch der letzten vermaledeiten Tunke fragen, was es mit dem Schwur auf sich haben mag, die Füllung dieser Verpackung sei »nach dem dt. Reinheitsgebot gebraut«. Einschätzungen per Zuruf erbeten.

Fundstelle der 4,9% im übrigen: eine Zonentankstelle nahe Greiz. (siehe Tankstelle)

Neumarkter Lammsbräu Bietet Biere aus ökologischem Landbau. Als da sind ein **Edel Pils** mit 4,8%, das nach geltendem Hopfenrecht den Namen verdient, eine achtbare **Hefe Weiße** mit 5,1% und ein **Lammsbräu Urstoff** mit 4,7%, der leider für zu fruchtig befunden wurde. Trotzdem: Freilaufender Hopfen, Brauwasser aus Bodenhaltung, glückliches Malz und zufriedene Hefezellen sind a priori kein Garant für selige Biertrinker. A posteriori schon gleich gar nicht.

938 Mio. hl Bier wurden 1980 weltweit gebraut. Wie viele tranken's? Bilden Sie einen Dreisatz!

Neuzeller Kloster-Bräu Schwarzbier (3,9%), zum Läßt sich folgendes sagen: daß es tatsächlich singulär in seinem Habitus ist und wegen einer lächerlichen Zuckerbeigabe (siehe Black Jack) laut Landwirtschaftsministerium Brandenburg kein Bier sei, man daher seitens der Brauerei Etiketten schuf, auf denen das Wort »Bier« von einem Balken verdeckt wird, oder daß man es in einer 100 000er-Auflage und mit der Sortenbezeichnung »Brandenburger Amtsposse Jahrgang 1996« verbreitete. Weitermachen!

Newcastle Brown Ale 4,5% Newcastle Breweries/Großbritannien. Traditionsreicher Klassiker – noch mal: Ein Klassiker mit Tradition; also: Ein Bier voller Geschichte aus Yorkshire, traditioneller Konkurrent der dunkleren Pale Ales (siehe Bass) aus Burton und den Midlands. Durch Kastaniensiebe geflossen, treffliche Röstungsnoten, eine herrlich bernsteinrote Einfärbung. Schließlich die Enttäuschung auf dem Fuße der buddhistischen Malz-Schwerelosigkeit. Ein Jammer das. Besser finden's die Vorortverbraucher. Sie rufen ihr N. »The dog« – »leaving their houses for the local pub, shouting back to their wives in their local Geordie dialect: ›I'm just gan doon the road to tak the dog for a walk!‹« Bitte stets an der Leine führen!

Erkenne die rechten Winkel, und trage sie ein. Überlege gut!

Ngoma Togo Beer 5,25% Brasserie BB Lomé/Togo. »Ngoma« means »Hallo!« »Welcome!« Der Schaumstabilisator aber wirkungslos, der Gast ist schon halb zum Haus heraus. Er verpaßt den fülligen Malzkörper und eine rostige Unannehmlichkeit, man müßte sagen: Unfreundlichkeit im Nachtrunk. »Na ja, wenn auch ›hops‹ drin ist«, sagt da Frau Fischer. Und Zucker und Antioxidation.
N., you are *not* welcome!

Nierenbecken Ein Schüttelreim warnt diesbezüglich: »Du sollst dein krankes Nierenbecken / Nicht mit zu kalten Bieren necken.« Demgegenüber stellt *Roths Leibes-Apothek* schon 1581 fest: »Das Bier gibt großer Feuchte viel, stärkt Blut und mehret Fleisch ohn Ziel, Es leert die

Blasen und weicht den Bauch, Es kühlt ein wenig und bläst auch auf.« (siehe Biermedizin)

Nigeria Pal Lager Beer 5,0% Pal Breweries resp. Factory road oko Nigeria. Schaum standhaft. Geruch unstatthaft: Duschkabine. No way. Im Trunke sofort perlig, vollmundig, Finish zügig, mit Verve gemalzt das Ganze. Kein mißratenes Bräu. Ein gutes gar. Denn siehe: »Man's way to God is with beer in hand.« (Weisheit des Koffyar-Stammes) With good beer in both hands back again, müßte man ergänzen.

Nischenbier Ökologische Initiative der Firma Henninger (siehe Henninger; siehe Ruine Stockenfels; siehe Henninger Dunkler Bock; siehe Unverfrorenheit, die), die der Ausbreitung des Dosenbiers (siehe Dosenbier) gilt.

Niveautrinken, das Trinken mit Niveau. Dazu gehört Bier mit Niveau, Bier von einer gewissen Rezens und resoluten Klasse. Spitzenbier sozusagen, das ohne Unterbrechung fließt, die Gläser leeren und füllen sich. Aber: Kein Wettsaufen, kein Stiefelgeochse! Sondern schön mähliches N. Geachtet wird immer brav auf den Flüssigkeitsspiegel aller Beteiligten, bestellt nur nach freier Aus- und Absprache: »Sollen wir noch eins?« – »Öch, nee, na gut.« – »Wirklich? Wird's dir nicht zu viel?« – »Aber klar! Nein!! Doch! Noch eins.« – »Fragt mich auch mal einer?!?« – »Bestell doch lieber.« Undsoweiter, so läßt sich immer Konsens erzielen, Gruppenspannungen wegen Übervorteilens (Trinken während WC-Aufenthalts) und vorsätzlichen Säens von Mißtrauen (Tuscheln, Geheimniskrämerei) sowie Schmähungen haben keine Chance. Das Motto nämlich lautet stets: »gemeinsam fertig werden und gemeinsam neu bestellen«. (Näheres bei Franz Dröge/Thomas Krämer-Badoni: *Die Kneipe. Zur Soziologie einer Kulturform*, Frankfurt/Main 1987)

Nordbräu Pilsener 4,8% Nordbräu Neubrandenburg. Farbe von Beck's geklaut. Schüchtern gehopft. Breit wie die Mecklenburger Autobahn, wenn sie denn gebaut wird. Und ebenso sinnlos.

Nordländer Sind laut Willy Breinholst eigentlich keine Trinker. Die Norweger, sagt er, trinken Bier und Holzspiritus, die Dänen Bier und Schnaps, und die Schweden trinken alles und zu jeder Zeit. Wenn ein Däne drei Glas getrunken hat, beginnt er zu singen, wenn er sechs Glas getrunken hat, spricht er fließend Englisch, und sobald er neun Glas intus hat, will er aufhören. Überredet man ihn jedoch, so ist er nur zu gern bereit, noch ein einziges Glas zuzugeben. Nachdem er zwölf Glas konsumiert hat, geht er mit seinem Gast in eine andere Kneipe und verrät ihm, die Schweden und Norweger seien richtige Säufer. Hat ein Norweger zwölf Glas getrunken, so ist er außerstande, noch etwas zu verraten. Wenn ein Schwede drei Glas getrunken hat, lädt er seinen Gast zum Essen ein, wenn er sechs Glas getrunken hat, duzt er ihn, nimmt ihn in seine Familie auf und nennt ihn »Bruderherz«, wenn er zwölf Glas getrunken hat, beginnt er bitterlich zu weinen, weil er nicht noch zwölf weitere trinken kann.

Notizen, Raum für eigene ....-Brauerei .... **Pils** (...%) ....**Export** (...%) .... **Bock** (...%) ....

O

Obolon Lager Beer 4,5% Obolon Brauerei Kiew/ Ukraine. Spritig-fetter Körper, gedopter Hopfensieger. Amüsante Drachenskelette auf dem Zettel. Komischerweise leichter als das **Obolon Light** mit seinen 3,8%, welches energisch an Malzverbrennungen gemahnt. Ein wahrer Obolus für den Höllentrip.

Ökobier Bier, das ohne Umweltverschwendung gebraut wird. In Bioläden zu artigen (Solidaritäts-)Preisen feilgehalten. Zugelassen sind keine Kunstdünger und chemische Pflanzenschutzmittel beim Anbau, keine Schwefelung von Hopfen und Malz, kein Hopfenextrakt, keine chemische Wasseraufbereitung, keine Hilfsmittel zur künstlichen Haltbarmachung, kein Farbebier und Farbmalz, keine Pasteurisation und Filtration und keine Einwegverpackungen. Da orthodoxe Umweltbewußtheit und Alkoholismus zwei grundverschiedene Dinge darstellen, werden die Zuwachsraten wohl bald an natürliche Grenzen stoßen. Das beste Ökobier ist gar kein Bier. Sagen wir.

Ohne Filter 4,6% Meininger Privatbrauerei. Gar befremdliche Turbulenzen waren an der Schaumunterkante dieses Modezwickels als nicht unattraktiver Aspekt der Flüssigkeitsbeobachtung zu vermerken.
Vervollständigt wird die Deliktpalette durch die Mix-Biere **Red Jack** (3,9%), **Mandarin Jack** (3,1%), **Biker Jack** (2,1%), **Dirty Jack** (2,2%), **Banana Jack** (2,2%) und **Starkes Stück** (6,0%).

Oktoberfest Nicht weiter erwähnenswert. Außer daß die größte Rauferei in seiner Geschichte am 8. Oktober 1865 und wie folgt vonstatten ging: Zwei junge Burschen gerieten in Streit. Daraus entwickelte sich eine förmliche Schlacht mit etwa tausend beteiligten Personen. Kavallerie und drei Kompanien Infanterie wurden aufgeboten, um die Maßkrugschwinger zu trennen. 114 wanderten ins Gefängnis oder vorher ins Krankenhaus. Ende der Vorstellung. (siehe auch Süßmeier, Richard)

Oktoberfest, Dichtung und Wohl kaum eine irgend regressivere, hohlere, brummendere, blödere, sinnlosere Festivität als das Oktoberfest (siehe Oktoberfest), als die »Wiesn« denkbar. Deshalb pinselte der hier in keine, in gar keine verwandtschaftliche Beziehung zu setzende Eugen Roth: »Wo ungeheure Blechmusiken / den Lärm durch Rauch und Bierdunst schicken, / und wo die Menge brausend schwillt, / vom Bier zum Teil schon ganz erfüllt, / teils erst vom Wunsch, erfüllt zu werden, / doch durchweg selig schon auf Erden. / Es laufen Kellnerinnen emsig / durch alle Reih'n, wo wild und bremsig / die Menge ohne Unterlaß / sich heißer schreit nach einer Maß. / Zwölf Krüge an der Brüsten säugend / wirkt solche Wunschmaid überzeugend.« Mehr dazu nicht (mehr).

Oral-Psychologie Klärt darüber auf, daß nicht »geschmeckt« wird, wenn man Bier trinkt, sondern »eine Interaktion oraler Modalitäten« statt hat. Demnach müssen Probanden beim Verkosten von alkoholfreiem Bier auf die Produktmerkmale »humorvoll«, »kontaktfreudig«, »erregt« und »sexy« achten. Abschließendes Urteil der O. bzw. des Arschgeredewerkes *Geschmack – Aroma – Flavour* (München 1990): Die Zielgruppen sind »auch in der Lage [...], ein Urteil aufgrund tatsächlich oral empfundener Modalitäten abzugeben.« Und wählten Spaten zum besten Probandenbier. Spaten. Spaten!! Das trinkt man doch sonst nur im Buckingham-Palace. (siehe auch Getränkemarkt, Bierprobe im)

Oranjeboom Premium Lager 5% Brouwerij de Oranjeboom Breda/Niederlande. Schmeckt nicht gut.

Ordnungsamt Schaltet das »Medizinisch-psychologische Institut des TÜV« ein, falls Sie a) einmal mit 1,6 oder b) mit mindestens zweimal 0,81 Promille am Steuer gefaßt wurden. Bestehen Sie den Idiotentest (Durchfallquote 80%), dürfen Sie einen achtstündigen Reuekurs besuchen, den wiederum lediglich 20% der reuigsten Personen überstehen. Der Spaß kostet Sie 800 Mark, und der kursleitende Diplompsychologe, so wissen wir aus zuverlässigen Quellen, hat an dem Spiel auch seine Freude. In nicht gar zu lange vergangenen Zeiten nannten die Menschen das »Schweinesystem«.

Original Oettinger Pils 4,7%. Auch **Export** (5,4%), **Urtyp** (5,6%), diverse Produktionsstätten im Lohnbrauverfahren für Oettinger Bier Brauhaus. Zweifellos noch nicht die letzte Antwort auf die Frage nach dem schlechtesten Bier der Welt. Aber man gibt sich Mühe.

Osma 8% Stammwürze, »min. 2%« vol. Aus Prag kommt das. Hart an der Grenze zum eigentlich nicht mehr gehandelten Einfachbier. Vielleicht doch entfettete Milch? Erfrischt. Aber reicht das? »Primátorská«, wie der Tscheche sagt, ist's nicht.
Doch Herr Rudolf hatte ja schon in Plzen gewarnt. Deshalb: Pflichteintrag.

Ottakringer Gold Fassl 3,5 oder 4,5%. Klassisches österreichisches Arbeiterbier aus dem 16. Wiener Gemeindebezirk, das ebenso ehrlich wie unauffällig seinen Dienst verrichtet.

Ottweiler Pils 4,8% Ottweiler Brauerei. Tja. Hm. Schwer zu sagen. Farbe wie, ja wie denn bloß? Wie Sojaöl, genau, Sojaöl. Roch nach Milbenhoden. Hopfengabe aus Antimaterie. Schaum gepeitschtem Rahm nachgemacht. Hätten wir die Dose nur nicht aufgemacht.

P

Paderborner Pilsener 4,9% Paderborner Brauerei Hans Cramer. »Wie das Land, so das Bier«, heißt es korrekt, und wer »herzhaft westfälisch« genießen will, packt die

Herr Roth überprüft Eugen Drewermanns Hausmarke

Dose, goutiert den grünen, womöglich aspirinangereicherten Schwall, labt sich an karzinogenem Schaum und süffelt Eugen Drewermanns Stammgetränk (siehe Drewermann, Eugen) bis zur bitteren Neige. Denn P. ist nicht nur Opium für den Papstverleugner, sondern tot wie Gottes Sohn, tot wie Gott selbst.

Päffgen Kölsch 4,8% Köln. Supersüffig. Superstark. Echt und intensiv. Ein 1a-Kölsch, das nicht in Flaschen verkauft wird, deshalb pausenlos ideal frisch ist, zum Genießen und Hochloben.

Paragraph 11 Besagt: Es wird weitergesoffen. Keine Nivellierung notwendig.

Pardubicky Porter 19% Stammwürze. Neun-zehn. Pivovar Pardubice/Tschechien. Eines der wenigen verbliebenen kontinentalen Porter. Ein starkes Starkbier. Besonderheit: riecht völlig anders, als es schmeckt, beides aber exzellent. Volle Kraft voraus!

Park Ist ja eine Riesenbrauerei! In Pirmasens! Was die da alles brauen! Z. B. ein »feingehopftes« **Pils** (4,8%), das herrlich klar ins Glas läuft, »gaanz frisch schmeckt« (Rayk Wieland) und somit gaanz klar »EM-halbfinalreif« (ders.) zu nennen ist. Ein solches Bier kommt ohne Slogan aus, während der kleine Bruder, das »extraherbe« **Primus Premium Pils** (4,8%), zwar einen hoch-herben Ton im Finish anzuschlagen weiß, aber durch den grobblasigen, sehr flüchtigen Schaum und eine kalte Rezens schon vorher starke Einbußen erleidet. Okay, seien wir nicht kleinlich: 2-, wohingegen jetzt das 5,2%ige **Export** ja ganz mißraten ist. Da wurde an der Malzpfanne einiges versaut, 5-, und **Park Dark** (ein Dunkles, 4,9%), dessen schwarz-gelbe Etikettengestaltung an Mad Max Mixer oder die Operation Wüstensturm erinnert, legt noch ein paar Schippen drauf, die Mühle mahlt, es lodert das Feuer, doch alles ist vertan.
Zu guter Letzt das alkoholfreie Schankbier **Park Frei**, gefolgt von **Park Verbot**, die wir jedoch beide nicht mehr verkosten durften. Der **Park Wächter** hatte uns angewiesen, endlich nach Hause zu fahren.

Parteibudiker Bezeichnung für Mitglieder der sozialdemokratischen Partei, die in Zeiten des Sozialistengesetzes und des Radaus konservativer Wirte gegen sympathisierende Kneipgruppen selbst die Aufgabe des Ausschenkers übernahmen, um dergestalt das Überleben der Arbeiterbewegung zu sichern. Oder was. Die P. gewannen jedenfalls meist eine rechte Vertrauensstellung, übernahmen oftmals zentrale Organisationsaufgaben und engagierten sich gegen die ganz unsäglichen Temperenzler und Abstinenzler. Auf Grund ihrer großen klassenkämpferischen Erfahrung wurden sie nicht selten von Parteiposten oder Reichstagsmandaten überrascht. Unter den P. trieben sich jedoch auch sog. »Geschäftssozialisten« herum, die der SPD vor allem mit einer nicht unberechtigten Hoffnung auf trinkfreudige Stammkundschaft beitraten. So wohl auch ein gewisser Friedrich Ebert, der zunächst in Bremen ein Wirtshaus führte, sich später aber partout nicht als Arbeiterfreund auszeichnen mochte. (Die Untersuchungen zu Noske laufen noch.)

Paschglas Von einem, der im Trinken die Meisterschaft erlangt hatte, hieß es: »Er kann's Paschglas in einem Zug leeren.« Das *Schlesische Provinzialblatt* vermeldete 1865 den Gebrauch dieser Redensart.

Patrizier Albrecht Dürer Pils 4,9% Patrizier Bräu Nürnberg. Macht dem Meister keine Ehre. Eher meisterlich verbraut. Quasi einzig knappgehaltene Rezens. Rest: Schweigen. Wie nicht geheuer schäumt das **Diät-Pils** (4,9%), eine Kreidespur malziger, indessen gleichermaßen verhauen, verpestet würden wir nicht sagen, aber dünn wie ein Strich. Das reguläre **Pils** (4,9%) nahezu identisch mit dem albernen Albrecht. Nur Blasen wirft's in der Flasche und doch sogar vier bis fünf Bitterepartikel ab. Hopfen ist das Salz in der Suppe! Alle drei zusammen taufen wir »Die 4,9er-Bande«.
Altfränkisches Festbier (5,6%): Jetzt wird es besser. Mehr Prozente, mehr Körper. Zufriedenstellend, obwohl

leicht rüde im klumpigen und klappernden schweralkoholischen Finish. Das **Urbräu Hell** (Sie raten mit? Richtig. 4,9%) hat Manschetten. Ohne Hopfen und Malz wär's Apfelsaft. Nicht in den Hals laufen lassen! Sind wir bei der schlechtesten Brauerei der Welt gelandet? Ein Schlag ins Kontor jedenfalls zum schlimmen Schluß der kirschsirupfarbene Doppelbock **Poculator** (7,2%), lies: Puk(e)ulator. Korrektur: Doch trinkbar wg. der obwaltenden Malzsorgfalt. Kein ganz gutes Bräu. Ein ordentlicher Doppelkopf, Idiotie!: Doppelbock natürlich.
Übrigens verzichtet man auf doofe Etikettenprosa.

Paul, Jean Während Hegel ausgelaufene »Bouteillen« und nicht gar »wohlconditionierte« Fässer beklagte, auch Schiller zumindest zeitweilig dem »Lebensöl« Wein verfallen war und Christoph Martin Wieland an »der überschickten Probe einen Beygeschmack, als ob faule oder muffichte Beeren in zieml. Quantität mit unter die Kelter gekommen wären«, tadeln mußte, galten P.s Anstrengungen zur gleichen Zeit dem Bier. Ohnehin übellaunig ob seiner Situation in Bayreuth (»Bayreuth trotz Bier und Gegend unaushaltbar«), verlegte er sich ganz auf Bierdispute, und der Ärger begann erst richtig. Seine Hauswirtin Kienhold traktierte ihn mit englischem Bier (welches Lichtenberg hinwieder wahrlich schätzte: »diese Bouteillen aus England [sind] so etwas wie eine poetische Flaschenpost«), und weil das nicht zu genügen schien, ließ auch noch der Nachschub auf sich warten: »weil der Transport vom Faß in mich schneller geht« als jener des Fasses zu ihm. Deshalb »vom Wichtigsten zuerst! Ihr Bier ist schon seit so lange ausgetrunken, daß ich wieder mit ihm zugleich (durch das englische) den Appetit verloren habe. Leere Fässer kommen – ungleich ähnlichen Menschen – schwerer fort als volle; kein Fuhrmann belastet sich mit jenen. Belasten Sie also sich mit diesem einen für mich.«
Gottlob aber ward P.s Rufen später erhört, »Dankpsalmen« an »Fuhrmann Zapf« folgten, und über eine Weg-

strecke von dreißig Jahren hieß es immer und immer wieder: »Bier, Bier, Bier, wie es auch komme!«
Seine Lebensbilanz: Bier, Frühschoppen, Bier, Nachmittagsschläfchen, Kneipe, Bier, dichten, Bier. Oder knapper: »Federn! – Bier!«

Paulaner Premium 5,0% Paulaner Thomas Bräu München. Auch hier ein klarer Fall von Übertreibung, obzwar hinreichend hopfig-herb, etwas zu wenig Körper (Malz mit dem Fischnetz eingekauft?) vorzufinden. Schäumt mittelmäßig, aufdringlicher Nachtrunk. Entfernt hefige Nase, *nose*. **Hefe Weißbier Dunkel** (5,3%) ist eins der wenigen unfiltrierten Großbrauereien-Hefeweißbiere. Da wuchert der Bukettstoff: Birne, Nelken. Schweres Lob. **Original Münchner Premium Lager** (4,9%): erfrischender Antrunk. Was aber daran soll »Original Münchner« sein? Mit der Sortenbezeichnung hat das soviel zu tun wie Weißbier mit weißer Farbe. Das **Münchner 1634** (5,5%) gerät kaum konzilianter. Ein leicht grüner Geschmack verdeckt das mickrige Hopfenbukett. Nur mühsam fräsen sich die Zähne durch den Schaumblock, und das 6,0%ige **Oktoberfestbier** (siehe Oktoberfest) richtet auf dem nach ihm benannten Trinkmarathon auch nur Schaden an. Kein Wunder bei 13,7% Stammwurzeln. **Salvator** (7,5%), der Vater aller Doppelböcke, gibt sich borstig, erinnert an einen versehentlich zu dick geratenen Bock, das Geschmacksbild wie in Holz geschnitten. Eine Fastenzeit mögen wir uns damit kaum vorstellen.

Paviane Der Naturforscher Wilhelm Bölsche berichtet: »Altmeister Brehm, der selber einem guten Tropfen nicht abhold war, brachte seinen Pavianen die gründlichsten Räusche bei, wobei er zum pädagogischen Zweck teils sudanesisches Durra-Bier, sogenannte Merisa, teils Rot- und Branntwein benutzte. Der Likör mußte noch gewaltsam eingeflößt werden, die Merisa wurde höchst freiwillig gekneipt. Als Folge aber entstand sinnlose Betrunkenheit. Man schnitt Gesichter, wurde übermütig und verliebt und übertrieb den Affen, bis fast ein Mensch herauskam.«

Pelforth Brune 6,5% Brauerei Pelforth/Frankreich. Obergäriges Porter. Schlimmer Geruch über der Flasche, eine Spur zu harsch im Malzaroma, plötzlich regelrecht pappig, es platzen die Lippen auf.

Pestbier Zu Zeiten der großen Pestzüge dem Arzt, Küster und Pfarrer bei der Beerdigung oder im Rahmen des üblichen Beerdigungsbesäufnisses dargereichtes Bierquantum (siehe auch Pfarrer/Priester). Unklar ist, ob das P. einfach aus Lust an der Freude oder gar zur Belohnung ausgegeben wurde. In jedem Fall hatte das dahinterstehende Brauchtum eine verdeckte positive Funktion, die der Systemtheorie gut gefallen dürfte. Indem nämlich die Leute zum Biertrinken verführt wurden, wurden sie gleichzeitig davon abgehalten, ihren Durst mit unsauberem und evtl. verseuchtem »Trink«-Wasser zu stillen. Tatsächlich empfahlen Ärzte das Bier bei auftretenden Epidemien immer wieder als keimfreies und ungefährliches Getränk. Wenig Gutes brachte ein solcher Wink allerdings den Medizinern selbst ein: Je mehr Bier die Leute tranken, desto weniger Krankheiten und Beerdigungen waren zu verzeichnen und desto weniger Pestbiere erreichten die Kehlen der durstigen Doktoren. Dialektik des Bieres oder des Doktorenberufs?

Petermännchen 5,1% Schweriner Schloßbrauerei. Unreiner Duft trotz hoher Vergärung. Körperreich, malzaromatisch, glänzend. Mit einem Anflug von – laß uns liegen – Orange. Wie das denn?! Der Schaum hatte förmlich Angst vor uns.

Pfannenzins, der Da Braupfannen im Mittelalter zwar selten Geld kosteten, aber doch ziemlich teuer waren, konnten sich nur die Besitzer großer Brauhäuser in den Seestädten eigene Pfannen leisten. Landeinwärts unterhielten Behörden oder Kirchen eine oder mehrere Pfannen, die sie den Brauwilligen vermieteten. Gegen einen Zins (siehe auch Pfannenzins, der) brachte man die Pfanne ins Haus, mauerte sie ein und riß sie sogleich nach Ende des Brauvorganges wieder heraus. Als man dessen leid war, weil immer mehr Häuser dabei zum Einsturz kamen, entschied man auf den Zusammenschluß zu Braukommunen (siehe Braukommune, die) und die Einrichtung eigener Brauhäuser inklusive Inventar.

Pfarrer/Priester Spezies, die sich nach Feierabend, gemeinhin im Anschluß an das Vergraben oder Einäschern dahingegangener Menschen während scheint's zu eben diesem Behufe eingerichteter Veranstaltungen namens »Leichenschmaus« auf Kosten der Hinterbliebenen mit Bier (oft »Tröstelbier« geheißen) vollsumpft. Es geht ihr dann ausgesprochen prächtig. Sie bequatscht den Verwandtschaftstroß reihum, wankt rotwangig und glühende Ansprachen haltend durchs Gestühl, verteilt nicht erbetene Tips zum Weiterleben und rauscht hernach in die Dienststube ab, wo mit Weinbrand und Spülmittel der ganzen Angelegenheit ein runder Abschluß bereitet wird. Folgende Bestimmung des englischen Erzbischofs N. N. ist unseren Beobachtungen nach leider nicht mehr in Kraft: »Ist ein Priester so betrunken, daß er die Psalmen nur noch lallt, soll er zwölf Tage von Brot und Wasser leben.« Selbst Fuldas Erz- und Eisenbischof Dragoslav Dyba dürfte von obigem Chefdenker ins teuflische Spiel gebrachte Bestimmung, wonach »ein Bischof«, der »so besoffen« sei, »daß er die Hostie kotzt, [...] neunzig Tage büßen« müsse, zwischenzeitlich schlicht für ungültig erklärt haben.

Pfungstädter Edel Pils 4,7% hat die Pfungstädter Brauerei reingetan. Würzig und doch schlank. Eine gute Vorgruppe für die Hauptband namens **Premium Pils** (4,7%). Was immer mit »Original Pfungstädter Hopfung« gemeint sein will, sie hat kein Playback nötig, sie spielt live. Ein flammendes Hopfensolo über treibendem Malzgroove. Gierig klaubte der Zungenlappen die letzten Happen aus dem Glas. Das bald zu milde **Export** (4,9%) trinken Sie am besten in der Umbaupause, den kräftig-schweren **St. Nikolaus Bock** (6,5%), wenn Sie dann noch wollen, als Zugabe.

PIB Presse- und Informationsdienst Deutsches Bier. Bulletin, das uns *junge Welt*-Radlerspezialist Felix Schwadorf aufgeschwatzt hat und in dem von neuen »Marktsegmenten« die Rede ist: »Durstlöscher, Geselligkeit, Genuß und Probierfreudigkeit sind die weiteren Triebfedern für ein differenziertes, vielfältiges Angebot«, da beißt keine Maus in der Katze Schwanz, und die Triebfedern löschen bis zur Probiergeselligkeit den freudigen Genuß.
Hierüber weit hinaus möge beim ersten Schluck (»Antrunk«) »jedes Bier seinen wahren Charakter« zeigen, heißt es. Etwa so: »mehr malzaromatisch wie ein Export [...], betont malzaromatisch wie Stark- und Bockbiere oder malzaromatisch wie ein Weizen«; also jeweils »sortentypisches Aroma« bzw. den »sortentypischen Unterschied« zu erkennen geben. Im Sinne von plural-differenzieller Malzorientierung im sortentypischen Malzcharakterbereich.
Um »Deutschland's Bierlandschaft« sollte niemandem bange werden.

Pils Das P., auch Pilsener, nicht weniger selten Pilsner, ist das Schnitzel unter den Bieren. Einfach und eigentlich nichts Besonderes. Es aber täglich und immer wieder in guter, gleichbleibender Qualität zu bereiten darf eine Kunst genannt werden. Das P. ist Maßstab und Meßlatte für das Vermögen einer Brauerei, wie man an Hand des Schnitzels das Vermögen einer unbekannten Küche eruiert. Wie Sie wissen, leitet sich der Name dieser immer untergärigen Spezerei vom böhmischen Ort Plzen ab. Der Brauer Josef Groll aus Vilshofen/Bayern mit seinen Knechten rührte daselbst den ersten Sud an. Zum Martinimarkt 1842 war feierlicher Anstich, und es begann unverweilt ein Siegeszug sondergleichen um die ganze Welt.

Sicher hat sich im Laufe der Zeit gegenüber dem »Ur-Pils« vieles gewandelt. Charakteristisch ist und wird ewig bleiben: hell, schlank und spritzig muß es sein und kräftig gehopft, knapp unter 5,0%. Dunkelgelbe Farbe, wenig Schaum, süßliches Aroma und patziger Brotgeschmack, wie wir das von den superpasteurisierten Supermarktbieren her kennen, aber auf keinen Fall.

Pilsbier Ein solches so zu nennen, ist tautologisch und doch sehr schön gesagt.

Pilsmalz, ideales Nach Narziß, Stand 1974. Wassergehalt: 4,7%, Extraktgehalt, wasserfrei: 81,7%/lufttrocken: 77,9%, Mehl-/Schrotdifferenz: 10,7%, Eiweißlösungsgrad: 40,2%, löslicher Stickstoff mg/100g Trockensubstanz: 687, Formol-Stickstoff mg/100g Trockensubstanz: 204, Alpha-Amino-Stickstoff mg/100g Trockensubstanz: 141, Verzuckerungszeit: 10 Min., pH-Wert: 5,85, Farbe nach EBC (siehe EBC): 2,7, Kochfarbe nach EBC (siehe nochmals EBC): 5,0. Nur damit Sie Bescheid wissen.

Pilsner Urquell 4,4% Pivovar Plzen/Tschechien. Marschiert nahezu und überraschend in Richtung Export. Grober Schaum, aber kompakt. Malzig-weiche Nase, da gering vergoren. Mit Zug gehopft, robuste Bittere. Leichte Pasteurnote. Linder Anklang von Hausmacherleberwurst, wurde im Gärkeller vielleicht Pfeife geraucht? Das 3,3%ige **Primus** hat uns von den einfachen böhmischen Vollbieren am meisten zugesagt, da kühner gehopft. Gemahnte an das gleichnamige, nicht minder kühne kalifornische Metalltrio. Fast volle Punktzahl.

Pinkus Alt 5,0% Brauerei Pinkus Müller Münster. Eine mildsaure, obergärige Spezialität; hell, spritzig, mit Malzaromata feinster Güte (Malzwein?), schön karamelig. Völlig untypisch für ein Alt, da »alt« im wahrsten Sinne des Wortes. Hier uns bitte eine lebenslängliche Flaschenrente aussetzen. Anschrift beim Verlag erfragen. Das **Hefe**

Weizen kommt mit seinen 5,0% nicht so recht in Fahrt, das **Spezial** (5,0%), unfiltriert, ist ein volles Zwickel mit gutem Nachtrunk, das **Pils** (5,0%) eher nicht so. Mit dem **Jubiläumsbier Westfälischer Friede** – nein, keine 5, sondern 5,5% – ist gut Frieden machen. Pinkus heißt der Schluckspecht.

Pörz Pilsener 4,9% Pörz-Bräu Rudolstadt. Früher, sagt die Kundschaft, floh man vor dem Rudolstadter Bierkutscher, wenn der mit einer Ladung P. durchs Stadttor preschte, ins Blaue und blieb dort lieber nüchtern. Heutzutage, verrät das P.-Etikett, wird der Lokussud »zur Zeit in Franken gebraut«. Wo genau, ist nicht in Erfahrung zu bringen. Es könnte zu Steinigungen, Bierfaßbarrikadenkämpfen und Zapfhahnschießereien kommen.
Weil das nicht reichen soll, ergießt sich auch mit dem **Festbier** ein diesmal sogar 5,6%iger Urinstrahl ins geschändete Glas. Übrig bleibt dachpappennaßer, pickligpuckliger Schaum. Mit dem sich evtl. Teerdächer abdichten ließen. Oder was anderes.

Polar Premium Beer 5,0% Cerveceria Polar del Centro/ Venezuela. Neuntgrößte Brauerei der Welt. Namensgebung unverständlich. Es sei denn, das Bild polarer Schmelz- oder Regenwasserbeigaben beansprucht angesichts des trocken-stumpfen Antrunks und des schläfrigen Nachtrunks eine gewisse Plausibilität, die allerdings von der immerhin konzedierbaren kaffeeähnlichen Hintergrundbemerkung aus der Fassung gebracht werden könnte. Uns schlafen gleich die Zungen ein.

Polizei Verhält sich in Ländern, die das Biertrinken zur hohen Form entwickeln konnten, berechenbar und freundlich. Nahe Brüssel z. B. stoppte an einem Samstag um vier Uhr nachts den qua Duvel (siehe Duvel) und Stella Artois übel zusammengerichteten Fastabiturienten Jan Orthwien ein kleiner Trupp von Polizisten. Dessen Begehr war dahingehend rasch zu entschlüsseln, daß man sich

umgehend Klarheit darüber verschaffen wollte, ob der Fahrer des hic et nunc zu überprüfenden PKWs denn Alkohol verzehrt habe, um gleichsam noch im selben Bierfahnen-Atemzug zu verlautbaren: »Sie sind ja völlig besoffen.« »Ja klar«, räumte Orthwien ohne Umstände ein und setzte hinzu: »Sie aber auch.« »Stimmt«, plauderte die winzige Verkehrswacht aus, grüßte freundlich und ließ den Täter, der ja keiner war, mit den besten Wünschen in seinem marineblauen Ford nach Hause schippern.
Die Lehre? »Der Anblick von biertrinkenden Polizisten sollte niemand erstaunen.« (Piotr Szewc: *Vernichtung*, Berlin 1993) Und der von selig in ihrem Bierrausch ruhenden erst recht nicht.

Polizei 2 Erzählt wird auch diese Geschichte: Ein Mann fuhr von einer Bierkneipe bei Haag nach Hause und raste mit seinem VW Käfer in einer Linkskurve die flache Böschung hinab. Das Fahrzeug blieb stecken. Die Hinterräder aber drehten sich in einer Tour weiter. Als die Polizei am Ort des Geschehens eintraf und sogar die Fahrertür öffnen wollte, schrie der PKW-Führer den verdutzten Beamten ins Gesicht: »Spinnts Ihr, die Tür aufzureißen, während ich in voller Fahrt bin!«
Der Mann wurde aufs Revier verbracht und »nach allen Regeln der Kunst« ausgenüchtert. Schnäpse waren wohl auch im Spiel gewesen.

Polizei 3 Eine verlassene, dem Eindruck nach vollständig geleerte Flasche Bier Marke Warsteiner wurde im April 1996 um zirka drei Uhr nachts auf der Frankfurter Hauptverkehrsstraße Miquelallee gesichtet, und zwar aus dem fahrenden Wagen heraus. Sie stand exakt in der Mitte des vierspurigen Cityhighways, es regnete stark. Trotz eindringlicher Bitten um Aufklärung fühlte sich die Polizeiwache Bockenheim-Ost nicht zuständig.

Postkeynesianismus Neben Poststrukturalismus, Postpubertät und Postkarten einflußreichste Theorie auf dem Feld der Biersteuerproblematik. Während Poststrukturalisten eine Dezentrierung des Wirtschaftssubjekts (Brauereiensterben, Brauertod) und demzufolge eklatante Überbesteuerung bei simultaner Entlastung staatlich-fiskalischer Regulationsfunktoren konstatieren, nimmt die postkeynesianische Biersteuerschule um Harrod an, »daß der Faktor Arbeit sich jeweils der vorhandenen Kapitalausrüstung anpaßt« (Götz Braunmüller: *Eine finanzwissenschaftliche Beurteilung der Biersteuer in der BRD*, München 1988) und die Leute nach Hause gehen können. Steuern zahlen sie dann nicht mehr, dafür um so reichlicher Biersteuer. Das ist ja der Witz.

Potts Pilsener 4,8% Potts Brauerei Oelde. Nicht der, sondern das gute Pott(s), skandieren wir da. Beim untergärigen **Alt Potts Landbier** (4,8%) ist's die einladende Karamelnote. Schon hart an der Grenze zum Dunkel. Würde Altbier immer so schmecken, Potts Blitz!, wir wollten es freiwillig trinken. **Potts Paddy** (4,3%) mit Gerstenwhiskymalz freilich nichts Außergewöhnliches, aber mit seinen Malzen hat das Oelder Brauhaus mehr als eine glückliche Hand.

Premier 5,5% Pivovar Vratislavice/Tschechien. Dazu Kümmelbrot und ein guter Käse, und der Himmel hat ein Gefäß auf Erden. Das von dezentester Malzsüße umspielte blumigste Hopfenbukett, so man jemals gekostet. Die schönsten Isohumulone fordern die Malzzucker zum Brautreigen. Bravo! – Beim zweiten Mal alles vergeigt. Wir haben geweint. **Vratislav** (5%) geht als durchschnittliches Export seinen steinigen Weg. **Lagerbier Dunkel** (4,8%) entert malzig, fast honigsüß unsere Lippenrotgrenze. Das kann er, der Tscheche, Caramalz verschwenden. Leider nur wenig Sprutz.

Premium Wenn das nicht aufhört, werden wir unser Buch für die nächste Auflage in »Führer durch die bierähnlichen Produkte« umbenennen müssen. Erst wenn Ihr jede Hopfengabe mit dem Computer ausgerechnet, das Wasser vereinheitlicht und willkürlich manipulierbar gemacht, jeglichen Geschmack scharf herausfiltriert und den Rest letal pasteurisiert habt, werdet Ihr merken, daß man Premium-Pils (besonders durchgedreht: Licher mit Premium-Export) nicht trinken kann!

Preussen Pils 4,9% Privatbrauerei Preussen Pritzwalk. Hält mehr, als es verspricht. Doch wie alle Sandwasserpilsener der Mark leicht ins Rüde spielende Hopfenschmuckleiste. Die Schaumkrone zeichnet die Linien der Wolken über den Hopfenäckern nach. Haben wir das nicht schön gesagt?

Privat-Pilsener 5,2% Nordbräu Ingolstadt. Ein – intensiver Hopfenzungenkuß. Als wollte der royale Bitterstoff in solch alkoholfülligem Milieu erst recht erblühen.

Proben, die Uns zu Verkostungszwecken frei Haus angelieferte Flaschenpost. Streng und unerbittlich gingen wir nach dem Schema vor: Wer Proben schickt, wird gelobt, wer nichts schickt, wird ausgeschimpft. Na ja, nicht so ganz, auch mal umgekehrt, wie es jedes Bier verdient hat, streng subjektiv. Es war eine erfreuliche Zeit. Die von uns getadelten Brauhäuser haben schon Vergeltung angekündigt: Sie wollen künftig noch schlechtere Biere brauen. O der nächsten Auflage! Notarzt!

Prokopfverbrauch Meßbare Größe des Bierkonsums – auf das Bevölkerungsgesamt bezogen. Danach hangeln die BRD und namentlich Tschechien um die Yuccatanne im Weltmaßstab. 1994 lag die BRD bei 139,6 Liter/Kopf, mit stagnierender Tendenz. Ein letztes Hoch verzeichnete man 1976: 151 Liter. Doch nachgerade läppisch nehmen sich solche lachhaften Daten gegen die Verbräuche der frühen Neuzeit aus, wonach, und das bestätigt selbst die Wissenschaft, unsere Vorfahren ihre Konsumtion auf satte 400 Liter bezifferten. Klöster, Spitäler, Christopfaffen und städtische Behörden kannten keine täglichen Bierzuwendungen unter 2 Litern pro Person. Entschuldigend mag eingewendet werden, man habe weiland das Bier zuvörderst als Wasserersatz (siehe auch Pestbier), also zu jeglicher Form der Nahrungsbereitung gehandhabt. Trotzdem dürfen Sie die alten Zahlen getrost ins Feld führen, wenn Sie jemand uninspiriert einen Suffkopf schimpft.

Prozente, die Ein, wenn nicht *der* wesentliche Aspekt, an dem wir uns beim Bier delektieren, quasi der Geist, der in ihm steckt. Von Sorte zu Sorte, von Marke zu Marke unterschiedlich. Auf ihren Bekennerschreiben (siehe Etiketten) müssen die Brauereien wenigstens den Alkoholgehalt in Volumenprozent angeben, den Stammwürzegehalt, so sie Lust haben, in Gewichtsprozent. Bei der Umrechnung gilt in etwa: 4 Gewichtsprozent korrelieren mit 5 Volumenprozent. Als weitere Faustregel: Der im Bier entstandene Alkohol entspricht etwa einem Drittel des Stammwürzezahlenwertes. Listigerweise geben die Brauer ihre Stammwürze z. B. mit »P 11« an, was nicht bedeutet, daß man es ab 11 Jahren trinken darf, sondern um eine hohe Vergärung vorzutäuschen. P 11 kann im Ernstfall 11,0, aber auch 11,9% sein, obwohl in Wahrheit vielleicht heimlich mit 12,2% angestellt wird, womit der ganze Schwindel gelinde in das Stadium des Irrsinns hinübergleitet.
Aus 12% Stammwürze entstehen nicht mehr als 4 Gewichtsprozente Alkohol, also zirka 5% nach Volumen, um das mal am Beispiel Pilsener zu vertiefen. Meistens aber weniger. Ein Brauer hingegen, der nur 3% Alkohol für sein Pils angibt, kann nicht zählen oder experimentiert auf dem Gebiet der Fehlgärungen. Und da wird's unappetitlich. Ach, lesen Sie lieber den nächsten Eintrag.

Pupasch Dunkel 4,9% Hübsch und Koch Hannover Bohlendamm. Na, das ist doch ein schönes Dunkel, ohne die auf der Flasche und im Namen flapsig anklingenden Begleiterscheinungen. Der malzige Tenor läßt freilich die »feinste Pilsener Brauart« nur vage erahnen.

Purkmistr Dunkel 3,7% Pivovar Domazlice/Tschechien. Dunkelbronzerot, rezent. Ein solch dünnes Dunkles hatten wir vorher noch nicht getrunken. Sicherer Fall für die Stiftung Blasentest.
Überraschend malzige Fülle, ausgewogen, ja elegant.

Pyraser Bier Zeit zum Loben: Das **Landbier Export Hell** (5,4%) ein für fränkische Verhältnisse äußerst vollmundiges, fröhlich stimmendes Bier, das **Gutsherrn Pils** (5,1%) mit flatternd-leichtem Hopfenaroma, einer weichen Abstimmung, hmmm, und der **Jubeltrunk Altfränkisch** (5,5%) ein altfarbenes Mitteldunkel, das – och, tja – ja, da lief dann leider die Europameisterschaft. Da können wir keine Wertung abgeben.

Q

Quabbe Nordd. für Fettwulst, Bestandteil des Bierbauches, den es gar nicht gibt (siehe Bierbauch). Eintrag deshalb bitte streichen und gegebenenfalls durch Quackeln, das ersetzen und selbst schreiben. Spaß muß sein.

Qualität des Bieres Luminoses Kriterium, dunkler Fleck, schwarzes Loch in der Bierforschung. Gut, daß deshalb unter der Leitung des verantwortlichen Qualitätsmanagers der Bavaria-St. Pauli-Brauerei AG Dr. Peter Dilly endlich Richtlinien zur *Qualitätssicherung in der Brau- und Getränkewirtschaft* (Hamburg 1990) erarbeitet wurden. Diesen zufolge »ist zu berücksichtigen, daß das formale Vorhandensein eines Qualitätssicherungs-Systems, dokumentiert in einem Qualitätssicherungs-Handbuch, womöglich gar durch neutrale Stellen zertifiziert, nur dann z. B. vor dem Haftungsrichter etwas nutzt, wenn es funktioniert«. Q. ihrerseits drücke

u. a. »eine Vielzahl von Eigenschaften eines Getränkes« aus.
Das wußte vor Einrichtung des »QS-Systems« freilich schon Theodor Heuss: »Qualität ist das Anständige, das Gehaltene und nicht das Versprochene.«

Qualtinger, Helmut War zu Gast in einer Stadt, in der man Bier in allen Graden trank, aus »Tulpen, Zinnkrügen, Deckelgläsern, Stutzen und Maßkrügen aus Steingut, welche seit 800 Jahren von den Eingeborenen mit Vorliebe auch als Waffe verwendet werden. Maß für Maß, Zahn für Zahn. Es ist daher nicht ratsam, die Volksseele zu reizen. Wer trotzdem entschlossen ist, es zu tun, braucht nichts weiter als ein Glas Pilsner oder Dortmunder zu bestellen. Sonst kann er bestellen, was er will. Das Essen in den Restaurants spielt eine untergeordnete Rolle. Es ist eine Art Bierbeilage.« Es ging natürlich um München, die Hauptstadt der Bierbewegung.

Quark »Bier hat Schultern groß und stark / Wirft Sorgen und Plag und allen Quark / Mit Saus und Braus zum Haus hinaus.«

R

Radeberger Pilsner 4,8% Radeberger Exportbierbrauerei. Elegantes Pils aus dem ostsächsischen Ackerbauernstädtchen, das nach R. benannt wurde. Deshalb würziger Antrunk, gute Rezens, bestens abgestimmte Bittere. Klassisches Hopfenfinish. Cremiger, standfester, feinporiger Schaum. Goldmedaillenfarbig. Gäbe es R. in fester Form, könnte sich mancher eine Scheibe davon abschneiden. Ein spritzig-leichter Trunk unter Verarbeitung bester Provenienzen für alle Kenner, die wissen, daß man von Wein und Champagner auch nur besoffen werden kann. Wer das Gegenteil behauptet, wird unter den Runden Tisch getrunken.

Radegast 5,1% Pivovar Radegast Nosovice/Tschechien. Die Flasche hatte ein Jahr bei feinster Sonneneinstrahlung im Schaufenster herumgelungert, das Verfallsdatum kühn um ein Quartal überschritten und wurde uns von der Verkäuferin mit den geradebrechten Worten »Nicht schlecht!« geschenkt. Auch wir befanden: nicht schlecht. Aber kein Bier mehr.

Radegast, das zweite Mit »Nicht schlecht!« lud uns auch der dieses Mal angetretene Verkäufer zum Trunk. Aufgemacht! Da dampfte der Saazer Hopfen förmlich wie Phönix aus der Flasche heraus. Nicht schlecht, befanden auch wir. Also doch ein Bier. Und was für ein gutes.

Radler »Erfunden« von Franz Xaver Kugler. Als ihm im Sommer 1922 auf seiner Kugleralm das Bier auszugehen drohte, mischte er ungeniert Dunkelbier mit Zitronenlimonade und drehte es Zehntausenden von Münchner Radfahrern an. Wer auf sich, sein Rad und das Bier hält, läßt die Finger davon. Der Kugler aber gehörte aufs Rad geflochten.

Rätsel Sexpapst Ernest Borneman lauschte 1970 Kindern auf einem Spielplatz in Wolfsburg folgendes R. ab: »Was ist das? Ich sitze still auf meinem Loche / Und schau nach meinem Loche. / Ach, du mein liebes Loch, / Du verschimmelst mir wohl noch. Antwort: Das denkt der Brauer, der auf der alten Biertonne sitzt.« Laut Borneman taucht der Brauer im Kindervers vor allem als Oralsymbol auf, zählt aber auch zur analen Symptomatik, wird in der Genitalphase zur phallischen Figur und steckt seinen »Bierschlauch« sämtlichen erreichbaren Mädchen in die »Pumptarata Trioliolia.« Im vorliegenden Versrätsel muß der Brauer sogar »gleichzeitig anales und genitales Symbol« abgeben.

Rapunzel Pils 4,8% Aktienbrauerei Weiler-Simmerberg. Ja, wir bekennen, wir haben dieses Biobier getrunken, sind eins geworden mit seinen gleißenden Pilsfluten. Großer Gewinnst und einer der blumigsten Tettnanger Nachtrünke, die wir je genossen. Sooooo ein langer Hopfenzwickelzopf. Very great!

Rathenower Pils 4,8% Privatbrauerei Rathenow. Munter im Antrunk, sparsam, aber bestens gehopft. Das **Havelländer** (5,0%) kann als spritzig-weiches Export einiges. Holla, Ihr Buben. Mit Bravour! Genauso das **Kurfürsten Märzen** vermochte via 5,3% auch uns Nichtmärzenfreunde auf Anhieb zu überzeugen. Doch beim **Brandenburger Kurfürstenpils** (5,0%) wird trotz schön präludierter Rezens das Hopfenfinish nur mühsam und mit hängender Zunge erreicht, die sich ungesäumt auf den Trinkenden überträgt. Und: Wie lange werden es die Einwohner ertragen, ihre Stadt nach einem Bartpoetendarsteller benannt zu wissen? Wie majestätisch hört sich dagegen Roth oder Rudol(f)stadt an.

Ratskrone Pils 4,8% Frankenthaler Brauhaus. Eine »Walz aus der Pfalz«, wie man den Verteidiger Briegel rief, ist's wahrlich nicht. Eher ein Wälzlein mit zurückhaltender Hopfung, sauer schäumenden Bläslein, in toto großer Stilunsicherheit und vierfach gestrichenem hohen C beim Abgang. Was immer uns das nun wieder sagen soll.

Rauchenfelser Steinbier 4,9% Sailerbräu Marktoberdorf. Rostrote Farbe, im Geschmack dem visuellen Eindruck just folgend. Bei einiger Überlegung doch wesentlich komplexer strukturiert. Sicher evoziert das spezielle Verfahren (Erhitzung der Würze mit heißen Steinen, dabei Ausnutzung des Karamelisierungseffektes, das Jungbier wird mit eben diesen Steinen in etwa »aufgekräust«) sensationelle Steinigkeit. Unwillige mag der Geruch nach Regentonne abhalten. Dennoch nicht ohne Reiz. Das **Altenmünster**

Brauerbier Export (4,9%) ein typischer Fall für die Unsicherheit-beim-Pils-dann-bitte-beim-Export-nachkontrollieren-Eselsbrücke. Ungewöhnlich souverän für ein Export. Im Zweifel aber für den Angeklagten: das **Pils** (4,9%). **Oberdorfer Weissbier Hell** und **Dunkel** (je 4,8%) sowie **Kristallweizen** (4,5%) heute mal ohne Bewertung.

Rawetzer Zoigl 5,4% Brauerei Nothhaft Marktredwitz. Ein sagenhaft spritziges hefetrübes Export, eher wie ein Dunkel oder wie ein Bock, kaum verwandt mit Weißbieren. Bronzerot, guter Schaum, karamelig, fein abgestimmt. Folgt den obergärigen Lagerbieren der letzten Kommunebrauereien, ohne jedoch deren Originalität einfangen zu können. Aber süffig. **Nothhaft Pilsener** (4,9%), **Ur-Hell** (5,1%) und **Hefe Weiße** (5,0%) bestätigen: Der Name ist Programm. Wird im südlichen Zonenrandgebiet und in weiten Teilen der Marktredwitzer Fußgängerunterführung tatsächlich getrunken. Hey Roth, die nächsten 250 Zeichen sind deine. Wir zählen nach.

Red Bull Strong American Beer 7,0% The Stroh Brewery Company Detroit/USA. Weiß Gott: Es *ist* grün. Es ist ein Fanal: lausig sportiv, breiig-hefig. Rares Pendant zum gleichnamigen Bizepslikör. Triumph der Postmoderne – Namen Schall und Schmauch.

Red Dog Premium Beer Plank Road Brewery Milwaukee/USA. Ja, sie erfrechen sich tatsächlich, »Bier« bzw. »Beer« draufzuschreiben, sie muten uns das zu, diesen Wahn von Bierversprechen, dieses nicht unerhebliche Braudesaster.
Wissen wollen wir eigentlich nur noch: Warum zwingt Ihr, Amerikaner und Brauer des großen Landes am Ende der Welt, Eure Mitmenschen und Konsumenten zum geheimen Alkoholverzehr unter Zuhilfenahme von Papiertüten, sobald jene die Straße betreten und ja – womöglich gar kein Bier bei sich haben?

Am Kronkorken drehen wir jedenfalls noch immer, das Rad ist ab.

Red Stripe 4,7% Desnoes & Geddes Ltd. Kingston/ Jamaica. Leichtes, laues, schüchternes Lager mit gewissem internationalen Bekanntheitsgrad. Beklommen murren zwei Angsthasen vor sich hin / Da wäre glatt 'ne Schmähung drin.

Regenten Pils 4,8% Linden-Brauerei Unna. Wer hier eigentlich regiert, würden wir trotzdem gerne wissen. Man läßt ja schon genug mit sich machen. »Hätte noch ein halbes Jahr gehalten.« (G. Peter)

Reichelbräu Pilsener/Edelkulm 4,9%/5,2% Reichelbräu Kulmbach. Siehe, der Industriefranke kann schlanke, hopfige Pilsener bauen. Und wie! Schaum, Farbe, Geschmack. Und erst das Aroma! Finish nicht immer exzellent, aber nahe dran. Siehe Mönchshof Pilsener. Das **Export** (5,4%) nicht so schön geraten. Ein Modekellertrunk darf freilich auch nicht fehlen: **Fränkisches Urbier** (4,9%). Lakritz' träufelt aus dem Flaschenschlitz auf den Gaumenritz. Leidlich aptiert gehen prähistorische Hopfenrelikte in einer verdunkelten Malzkomparserie auf. Mehr nicht.

Reinheitsgebot, deutsches/bayerisches Das erste, jedoch maßlos überschätzte und fehlinterpretierte Lebensmittelgesetz der Welt. Erlassen am 23. April 1516 von den Herzögen Wilhelm IV. und Ludwig X. von Bayern, schriftlich fixiert durch Leonhart v. Eck (siehe »Tag des deutschen Bieres«). Schreibt jeder Deutschbrauer auf sein Etikett. Kommt einer Bannmeile (siehe Bannmeile, die) gleich, denn so bzw. unter großspurigem Annoncieren des R. versuchen die deutschen Brauer »ihren« Binnenmarkt zu schützen.
Der Begriff R. führt in die Irre, denn von Reinheit war in jenen Tagen selten die Rede. Vielmehr ging es darum, die

wertvollen Getreidesorten (Weizen, Roggen) für das Brotbacken zu reservieren, die minderwertige Gerste für das Brauen. (Bier indes war von jeher länger haltbar und besser und teurer zu verkaufen als etwa die gleiche Menge Brotgetreide.) Weiterhin Gegenstand: einheitliche Preisfixierung und die Festlegung der Brausaison vom 29. September (Michaelis) bis zum 23. April (Georgi). Die Hefe war in ihrer Wirkweise noch gar nicht bekannt, und was die Hygiene des Wassers anbetrifft, verweisen wir auf den Eintrag Pestbier (siehe Pestbier). Das R. ging eindeutig aus älteren Brauordnungen hervor, die man sich bereits seit dem 13. Jahrhundert im Rahmen der Stadtprivilege vergönnt hatte. Neu war 1516 lediglich, daß der Hopfen als integraler Bestandteil sanktioniert wurde. Die hie und da gebräuchlichen Tollwurzmischungen aber gehörten nun dem Teufel. Zweifellos ein Fortschritt, doch ebenfalls ökonomisch motiviert. In Sicherung des herzoglichen Hopfenmonopols (siehe auch Konkurrenz). Gleichzeitig wurde das Weizenbierbrauen quasi untersagt. Allein die Bayernherzöge bestanden auf ihr Recht, Weizen zu verbrauen, und verdienten sich hernach krumm und dumm.

Biere nach dem R. sind (siehe Ökobier) noch längst keine reinen Biere, die Bezeichnung R. ist aber sowieso eine spätere Erfindung. Die deutsche Brauindustrie und ihre hörigen Zulieferer haben sich und ihren Verbrauchern den Sinn des R. leicht zurechtgebogen. Hefe und Weizen sind erlaubt – zzgl. einiger kleiner Spezereien für die Haltbarkeit. Wenn »Reinheit« signifikant besser schmecken würde, regelte sich das übers Trinkverhalten von allein. Andere Länder wie Belgien kennen kein R., konnten sich aber eine viel größere und schönere und teils abgedrehtere Braukultur erhalten. Aus dem R. erwächst also keine Hilfe für die bedrohte Bierwelt. Weshalb wir lieber von einem Einheitsgebot sprechen. Klar, solche Panschereien wie beim Wein sind beim Bier kaum möglich, und das ist gut so.

Müßten die hiesigen Brauer – wie sie immer behaupten –

streng nach dem R. brauen, höbe großes Wehklagen an. Festpreise? Bestimmte Brauzeiten? Und ohne Hefe brauen ist auch so eine Sache. Den Brauerbund, der dies verlangte, würden sie mit Hopfenforkeln in die Walachei spedieren. Zu Recht.
PS. Nach dem Urteil des Europäischen Gerichtshofes vom 12. März 1987 dürfen in der BRD endlich auch nicht nach dem R. gebraute Biere feilgehalten werden.

Reissdorf Kölsch 4,8% Köln. Ganz hervorragend, prickelnd, reizend und charmant. Tausend Komplimente legt R. auf der Zunge ab, Avancen, die man ja beim plötzlich wie jahrelang eingeübten Handkuß keineswegs mehr braucht. In der Testergemeinde kam prompt Schampusstimmung auf, der Rest ist schönste Geschichte. »Meine Tochter kriegt für ihre Geburtstagsparty was anderes hingestellt«, sagt Herr Rudolf.

Reklame Der R. ist es grundsätzlich nicht allein und ausschließlich um das anzupreisende Produkt zu tun. Vielmehr möchte man via R. und PR die sog. Zielgruppe darüber hinaus eben davon in Kenntnis setzen, welche Klamotten sie tragen und auf welche Menschen sie »bauen« darf – damit sie, die Zielgruppe, auch weiß, was sie ist: Zielgruppe.
Biertrinkern mit Abitur und ohne Bausparvertrag soll es jedoch noch immer schwerfallen, eine solche gewissermaßen subtile oder subkutane Rundumintention anzuerkennen und sich zu eigen zu machen. Was der R. bzw. ihren Machern im Gegenzug wiederum ziemlich wurscht sein dürfte.
»Braufrisches DAB gehört einfach dazu«, verkündet zum Beispiel DAB, eines jener zahllosen Unternehmen, das noch auf Werbung wie dazumal bei Muttern setzt. Veltins zieht gleich nach und verspricht, »Gutes im Schilde« zu führen, eine geradezu stief-, nein großmütterliche Redensart, die es sogar erlaubt, biertrinkende Frauen ins Bild zu bannen. Noch einen Schuß gewagter und stopf-

sockiger wirbt allerdings Diebels Alt: Im Fernseh wird »ein schöööömer Tag« besungen, an dem die Welt dann wahrscheinlich einfach anhält, damit die Biertrinkergemeinde Fußbäder in kochendem Diebels absolviert. Danach ab in den Schnarchsack oder, geht auch, in die Puschen.
Symptomatisch und perfide genug, das Gekäse nicht nur im Werbefernsehen, sondern auch in Fußball-Shows zu verbreiten. Der geheime Zusammenhang aber ist klar: Bei Heimspielen von Fortuna Düsseldorf und Borussia Mönchengladbach ächzt das famose Chanson durchs weite Rund, wenn die Diebelself ein Tor erzielen konnte. Das muß natürlich gefeiert werden – und zwar im Angesicht eines Blödels vor dem Herrn, der, so zeigt's der Spot, sein Gläschen Diebels leert, während er auf der Tribüne einen schönen Tag erlebt. Obwohl in Stadien gemäß Sicherheitsvorschriften nur Becher ausgehändigt werden.
Ein Großteil anderer Bierfirmen bemüht sich seit Jahr und Tag um die Assoziation und Suggestion von klassischer Erd- oder Heimatverbundenheit. Da singt der Eisvogel, da rauschen die Tannen. An Alternativgrufties, Schweigemarschierer und sudetendeutsche Anhänger einer Partei namens DIE GRÜNEN wenden sich etwa Krombacher (»Eine Perle der Natur«) und Licher (»Aus dem Herzen der Natur«). Radeberger preßt die Dresdner Semperoper ins Vollbild, während Hasseröder lokalpatriotisch vor sich hin murmelt und kalauert (»harzhaft frischer Biergenuß«). Gleich ganz unverklausulierten Nationalismus pflegt freilich Erdinger Weißbier: »Deutschland ist schön.«
Ist da noch eine Steigerung, ein zusätzlicher Dreh zum ganz Brachialen drin? Aber ja doch. Bud. Die können auch so was: Ein Anzeigenmotiv zeigt zwei leicht bekleidete farbige Frauen von hinten, fotografiert vermeintlich an der Copacabana. Beide, verheißt das edle Motiv, seien jeweils ebenso ein »*PO*RIGINAL« wie das nämliche Getränk *Butt* bzw. Bud. Gut ausgedacht.
Verblasenheit ist aber auch dort vorprogrammiert, wo

man versucht, auf irgendwie moderne, zeitgeistaffine Manier zu werben. Amstel Beer nervt mit billiger House-Musik, Wernesgrüner soll wohl als aphrodisierendes Pils durchgehen, jedenfalls üben die eingesetzten Models den Zungenkuß. An frisch gefirmte Trinker appelliert eine Printkampagne des Hauses Ganter aus Freiburg, durch die immerhin in Erfahrung zu bringen ist, daß es da unten Bierkästen gibt, die sich wie Taschen tragen lassen. Und Paulaner glaubt, mit einer höllisch trendigen Zeitschriftenstrecke (»Zu welcher Gelegenheit trägt man weiße Socken?«) überzeugte Nachthansel für sich gewinnen zu können. Sie glauben halt wirklich, was ihnen beim Bier durch den Schädel rauscht.

Reklameanstrengungen solchen Zuschnitts können durchaus und ungewollt komisch sein. So schielt Köstritzer (»das Haus der magischen Biere«) nach gewandten Metropolenmenschen, bietet auf seinen in Stadtmagazinen geschalteten Anzeigen aber nur zwei Saxophonisten und eine blonde Pianistin an, die ihre Künste gewöhnlich in Heribert Faßbenders Stammlokal zur Aufführung bringen dürften. Und Clausthaler fährt eine schon sehr gewagte Doppelstrategie: Mal buhlt man um Hundefreunde, mal um Abenteuerurlauber. Ob's denn keiner merkt?

Andere Firmen wiederum suchen sich einen »Werbepartner« aus. Rückschlüsse auf die Qualität ihres Produkts müssen erlaubt sein. Warsteiner schmiedete ein festes Bündnis mit Tina Turner und ist deshalb auf ewig untrinkbar; Kelts sponsert den Deutschen Kanuverband – ein untrügliches Indiz für Kongruenz und Koinzidenz von R., »Image« und Geschmack. Und für die geistige Verfassung der Zielgruppe.

Ja, gibt es denn so gesehen überhaupt irgendwo dufte Bierreklame? Detlev »Flens« Bucks Verwendung für Flensburger? Nö, zu durchsichtig, zu lustlos-humorig. Nur kurze Zeit hingegen lief ein Clip, der durch den enigmatischen Kausalnexus »Unser Bier kommt zu Ralf, weil er nie Opa zu mir sagt« bestach.

Die R., sie ist halt wirklich nicht mehr zu retten.

Rekorde, gescheiterte Der Küchenchef des Hotels *Westerwälder Hof* in Marienburg, Rüdiger Euteneuer, leistete am 29. November 1985 Erhebliches in der Disziplin »Gläser mit dem Körper ansaugen«, als er sich 26 Altbierstangen, aus denen er vorher eigenmündig fast alle Luft gesogen hatte, in 15 Minuten an den Körper heftete. Leider fand seine Tat keineswegs Eingang ins Guinness-Buch der Rekorde. Ebenso erging es Christian Ebersdobler, der 1986 folgenden Beitrag liefern wollte: »Eine Bierflasche mit einem 5 Kilogramm schweren Hammer durch eine 4 Zentimeter dicke Bohle schlagen, ohne daß die Flasche zerbricht.«
Gleichfalls nicht anerkannt wurde eine »Saufmaschine«, Inhalt 15 Liter, aus der zwanzig Mann bzw. Frau vermittels eines je eigenen Schlauches ihr Bierquantum abzapfen konnten. Und auch ein erneuter Weltrekordversuch im Bierkastenstapeln ging 1994 bei einer Flensburger Spaßolympiade daneben. Der bisherige Rekord lag bei 44,48 Metern. Toni Potratz war dabei, mit fünfzehn Helfern und einem Kran Kiste auf Kiste zu türmen, als Nummer 182 den Bau zum Einsturz brachte. Ganze zwei Kästen fehlten.

Religion, Bier und Neuere Theorien vermuten konstitutiven Zusammenhang, bleiben aber schlüssige Belege bislang schuldig. Erwiesen ist, daß alle großen Religionen wie Islam, Buddhismus, Judentum und Christentum nach Erfindung der Bierbraukunst entstanden. Auch sind strukturelle Analogien zwischen religiöser Bindung und Bierrausch zu erkennen:
- Das Bedürfnis, jemandem zu folgen
- Man fühlt sich deutlich Jünger
- Man liebt seinen Nächsten wie sich selbst, will ihn ehren und preisen
- Die ganze Welt wirkt hochgradig erlöst
- Das Ende des (oft dreitätigen!) Katers gleicht einer Wiedergeburt bzw. Auferstehung usw.

(siehe auch Pfarrer/Priester)

Reudnitzer Pils 5,1% Brauerei Reudnitz Leipzig. Charakterlose, langweilige Suppe. Schwer wie schlammige Stiefel. Riecht auch so.

Rex Pils Spezial 4,6% Berliner Kindl Brauerei Berlin und Potsdam. Siehe Kindl Pils. – Ertappt! Ihr Schlingel!

Rheingönheimer Weizenbier Hefetrüb 5,2% Weizenbierbrauerei Rheingönheim. In die Dämmerung koloriert, flaschengegärt, nach der Regel schaumbildend, stilvolle Birnennote, ein Weizen mit Würde. Absolut einverstanden.

Rheinisch Alt 4,8% Wuppertal. Wieso schmecken, wenn man's doch trinken kann. Wieso testen, da die Brauerei schon wissen wird, was sie tut.

Rhenania Alt 4,8% Krefeld. Kann laut Michael Jackson »leicht dickflüssig« sein. Dann nämlich, wenn die Filteranlage mal wieder ausgefallen ist. Man nach alter Tradition den Honig im Bier nicht vergessen hat. Das Milcheiweiß gerade ausfällt und auch noch Joghurt im Glas entsteht. Oder was? Was der Mann sich nur denkt.

Richmodis Kölsch 4,8% Köln. Im Antrunk schwer, mit einer kölschuntypisch scharfen, fast metallischen Bittere. Die walkt wuchtig durchs Maul, verdrängt Süße und Malzaroma und begräbt jeden Anflug von Genießbarkeit unter sich. Versuchspersonen, denen R. in Verbindung mit psychedelischen Drogen gereicht wurde, fürchteten, den plötzlichen Erstickungstod zu sterben. Die Farbe ist relativ normal.

Riebeck Pils 5,1% Riebeckbrauerei Gera. Haha, gibt's gar nicht mehr, die Brauerei. An den Ghostbrauer: Statt der Hopfenpellets wohl die Erbswurst erwischt?

Riedenburger Weiße 4,7% Riedenburger Brauhaus Michael Krieger. Daß wir nicht weißbierhörig sind, Sie haben's längst gemerkt, konnte uns nicht davon abhalten, dieses exorbitante Hefeweizen mit seinem mostigen Nachtrunk zu testifizieren. Einstimmig!

Rilke, Rainer Maria »Dann geht ein Bier hinein, / Geht durch der Glieder angespannte Stille – / Und hört im Herzen auf zu sein.« (*Der Panther,* wenig bekannte Erstfassung)

Ringbrand Dressler Pils 4,9% Dressler Getränke-Vertriebs GmbH Hamburg. Bier, Beer, Biere, Birra, Cerveza: So steht es in fast beschwörerischer Absicht auf der Dosen. Wir indes glauben und glauben es nicht. »Feine Hopfenherbe« – und die Erde ist 'ne Scheibe.

Ritter Dunkel 6,9% Brauhaus Torgau. Halten Sie mal Ihr Ohr an den Schaum. Es knistert wie im Märchenland der Bierkönige. Rubinrot, gleich einem guten Roten mit Schaum. Dürftig rezent, leicht unrein im Geschmack, nahezu geruchlos, stumpf-feine Malzlinie, angemessene Hopfennote (eine gute 3, würden wir sagen). Trotz seiner Fruchtigkeit bemerkenswert rank. **Pilsner** (4,9%): beeindruckend uninteressant. Wie durchs Kettenhemd filtriert. Beider Etiketten scheinen einem Kindermalwettbewerb entsprungen zu sein.

Ritter First Premium-Pils 4,8% Dortmunder Ritterbrauerei. Hat nur unter erheblichen Mühen Aufnahme in dieses Buch gefunden. Denn das Bierkommissariat entschied: Kränkelnde Farbe, strohig, verpilzt, aufdringliche Belanglosigkeit, en bloc ein rechter Mumpitz. Die »Treueaktion 1996« verspricht »5 Mark für 100 Ritter Treue-Etiketten«. Wir konnten uns zur Teilnahme letztlich doch nicht entschließen.
Allen Unkenrufen zum Trotz wird R. immer noch als Bier getrunken (und das seit 1889). Kein Verfallsdatum.

Rosenbräu Schankbier Hell 4,0% Rosenbrauerei Pößneck. Räumt energisch mit dem Vorurteil auf, Schankbier sei trinkbar. Aber wenn Sie es partout probieren wollen, bitte! Die **Schwarze Rose** (5,2%) besticht durch ihren Kellergeschmack, muffig-stumpf. Kalter Kaffee mit CO_2. Liegt wie Bley in den Gebinden. Der feine Unterschied zu »Black Rose« von Thin Lizzy? Wir bleiben dabei: lieber Thin Lizzy. Beim **Rosen Pils** (4,8%) dürfte, dem würzigen Geruch nach zu urteilen, kein so befremdliches Bier zu erwarten sein. Strohig-gelb. Mit assortiertem Gerstenstroh gebraut? Der Schmack zeigt's an. Im Namen der Rose: So braut Ihr Euch in Euer Verderben! **Black Tiger** (2,6%) entstammt einer Vermengung von Schwarzer Rose und Zitronenlimo, der in Tätigkeit gesetzten Narrheit also. Was bleibt den beiden anderes übrig. Einzeln genommen trinkt sie auch keiner. Die letzte Chance.

Rostocker Hansebräu 4,9% Rostocker Brauerei. Schwarzteefarben. Eine ansprechende Helldunkelbiervariante. Klug gehopft. Rührende Malzkomponente. **Pils** (4,8%): gefälliger Antrunk, rezent, äußerst schlank, etwas sandig im Abgang. Eine Idee zu glatt. Another victim of the so called German Einheitsgebot. Das **Helle Bockbier** mit 6,9% ist ein durchschnittlicher Bock. Wenn Sie grad nichts anderes finden.

Rothaus Pils 5,1% Badische Staatsbrauerei Rothaus. Ein überhaupt nicht süddeutsch anmutendes Pils. Der Eindruck verstärkt sich noch beim **Tannenzäpfle** (5,1%), dessen kleine Flasche wir im berauschenden Hopfennebel gar nicht ausmachen konnten. Es wird der Titel »Das Wein unter den Bieren« verliehen.

Rother Bier Von der Stadtbrauerei Roth. Vom Brauhaus – Roth. Jawohl. Und als ausgesuchte Bürger dieses gesegneten Ortes unseren Wagen auf dem mit rothem Sandstein ausgelegten Marktplatz und vor der Privaten Brauereigaststätte *Zum Goldenen Schwan* entdecken, bil-

den sie spontan einen schier endlosen Autokorso, umkreisen die heilige Stätte und hupen und tröten aus vollem Herzen, um ihre Güte zu beweisen und der Gnade dieses seltenen Augenblicks und Glückes Ausdruck zu verleihen, denn sie wußten, dort herinnen sitzt der Namensgeber ihrer Stadt und ihres Bieres, des **Rother Pils'**, eines vollen, unbändig süffigen Getränks mit perfektem, quasi und logisch unschlagbarem Hopfenaufsatz, einem äonischen Aroma der Sonderklasse, für welches auch das unschlagbare **Zwickel** geradesteht, ganz klar, hier ist alles im Sack, die Welt darf staunen über diesen Ort und dieses Bier, das Rother Pils, das Pils von Roth.
Nur Herr Rudolf nicht. Der behauptet noch heute, das sei ja alles gelogen. Obwohl er's mit eigenen Augen hätte sehen und mit eigener Zunge hätte schmecken müssen.

Rother Urtrunk 4,7% Rother Bräu. Unter der Öko-Diktatur des Hefeproletariats prostituiert sich der Hopfen als Inoffizieller Mitarbeiter für ein paar lumpige Groschen beim Ministerium für Malzsicherheit. Angesichts dieser Umstände hätten wir uns am liebsten einen Ghostdrinker gewünscht.

Rotkäppchen Im Grunde genommen kein Bier, sondern sog. trockener »Sekt« seit 1856 und vor allem zu DDR-Zeiten ausgiebig genutztes »Volksgetränk«. »Reich an Tradition – erlesen im Geschmack«, behauptet das Etikett der heute rarer gewordenen üblen Mixtur aus Zucker, vergorenen Trauben, Zucker und Zucker. Schmeckte und schmeckt (vielleicht der »Riesling Brut« ausgenommen), daß man meint, so was gehöre sich nicht. Wahrscheinlicher Hauptgrund fürs Scheitern des Realsozialismus auf »deutschem Boden« (Systemzusammenbruch) und die aber entschiedene Rückkehr zum – Bier.
Verursacht nebenbei drückendes und tosendes Kopfweh (siehe Kopfweh, das). Panschereien industriellen Ausmaßes konnten allerdings nicht nachgewiesen werden.

Ruine Stockenfels Geisterburgartige Folterkammer nahe Fischbach in der Oberpfalz, wohin um das Jahr 1500 schlechte bayerische Bierbrauer verschleppt wurden, damit sie für ihre Schandtaten Buße tun und gerechte Strafe erleiden. Das konnte so aussehen, daß die beim Panschen zugesetzte Menge Wasser aus dem Burggraben abgeschöpft und zur Gerstebefeuchtung ausgebracht werden mußte. Oder es war das Halunkenbier bis zum letzten Tag von eigener Hand zu konsumieren. Eine Sage bloß?
Wie man hört, erheben sich in jüngster Zeit mächtig Stimmen sonder Zahl, die Verantwortlichen bei Schultheiss, Henninger, Binding usf. mögen wegen innerbetrieblicher Kostensenkung ihren nächsten Jahresurlaub gefälligst nach der R. Stockenfels antreten.

Russ Mit Zitronenlimonade versetztes helles Weizenbier. Die wohl revolutionärste Tat auf dem Mischgetränke-Sektor. Nämlich, wie man behauptet, 1918 in der Münchner Räterepublik von dem »Russ« und seiner Oktoberrevolution nahestehenden Rotgardisten erfunden, die während der Wache ihr Weizen nicht missen, aber auch allzu flotte Berauschung verhindern wollten. Indem sie ihr Bier verlängerten, verlängerten sie ihre Aufmerksamkeit. Die überwiegend granitkonservative Bevölkerung fand das eine gut, das andere nicht. Sie sprach also dem neuen Mischgetränk eifrig zu, verringerte dadurch die Limonadenvorräte, die Rotgardisten waren erneut gezwungen, Bier in Reinform zu konsumieren, legten sich folglich nach dem achten Liter zur Ruhe, und die Gegenrevolution siegte.

S

Saalfelder Grotten Pils 4,8% Bürgerliches Brauhaus Saalfeld. Langweiligkeit, Unnatürlichkeit und die geographisch-historischen Merkmale der Feengrotten waren ausschlaggebend für die Idee, S. mit dem Attribut »grottenschlecht« zu versehen. Es grüßt die Erbswurst von neuem. Alle natürlichen Ingredienzen eines Premium Bieres von Weltruf und doch so – wir müssen uns wiederholen – grottenschlecht. Wenn Ihr da mal nicht auf die Hopfennase fallt. Dem **Dunkel** unterstellen wir extensive Farbstoffanwendung: Grottenpils mit Farbmalz und Seifenblasenschaum. Vor Gebrauch schütteln! Auch das **Jubiläumsbier** (5,6%) würden wir keiner Fee kredenzen wollen. Allenfalls dem Grottenolm. Komprimiert alle dem Hause eigenen nachteiligen Eigenschaften. Was würde bloß der Ursaalfelder Ror Wolf dazu sagen? Den **Bock** und seine 6,5% erwähnen wir nur, damit wir auf unsere 800 und mehr Marken kommen.

Sachsengold Spezial/Pilsener Art/Knappen Pils 4,6%/4,6%/5,1% Getränkevertrieb Werdau. Könnten auch als alkoholische Mineralwässer durchgehen.

Sagres Central De Cervejas Vialonga Lisboa/Portugal. Mit Abstand die größte Brauerei Portugals – vor der zweitgrößten. Praktisch neben der zweitgrößten die einzige Brauerei Portugals. Stellt zwei Biere her, ein **Dunkles** und ein **Helles** (5,1%). Letzteres lag vor. Wurde zwar ausgezeichnet (»Qualitätspreis Madrid«), doch geschieht es nicht aus Lieblosigkeit, wenn wir feststellen, daß S. kaum das von der Brauerei angepriesene hinreißende Bier »exzellenter Qualität« ist. Nun, antiseptisch, ungefähr ledern, eine originale Plärre, würden wir behaupten, die Schleimhäute wenigstens stellten ihre Arbeit ein. Wahrscheinlich ein Hitzebier. Und hier plästert's ewig. Das kann ja kein objektiver Test werden.

Samichlaus Bier 14,0% Brauerei Hürlimann Zürich/ Schweiz. Definitiv »stärkstes Bier der Welt«, zur Weihnacht dessertiert. Wir mußten passen. Nach EKU 28 (siehe EKU) kein Bedarf mehr. Familienbiere suck. Cognacschwenker sind out. Fahrt zur Hölle mit dem Schmant.

Samuel Adams Boston Lager 5,2% Boston Beer Company/USA. Wer glaubt, er könne sich auf ach so dollen Meriten oder sonstwas ausruhen und sturheil von der großen alten Tradition seines Bieres schwadronieren, wird hier eines Besseren belehrt. Erst seit 1985 auf dem Markt, geht S. von Anbeginn in die Pilsrichtung und erfreut durch ein pralles Hopfenaroma, zügige Rezens und einen nahezu perfekten Schaum, prunkt mit wohliger Körperfülle und erhielt auch gleich den Titel »The best beer in America« zugesprochen. Korrekt.

San Miguel Premium Lager 5,4% Miguel Fábricas de Cerveza y Malta Madrid/Spanien. Im Gegensatz zur europäischen Generaltendenz steigt der Bierverbrauch in Spanien seit Jahren beharrlich an. Am ehemaligen Marktführer S. mag das nicht liegen. Sein stärkstes Pils mufft wie Mops, kokettiert mit einem einwandfrei verkorksten süß-säuerlichen Bukett und offeriert zu guter Letzt eine so gut wie akzeptable bis annehmliche Erdbeerbeschichtung.
Ist natürlich alles Unfug. Das Azorenhoch bleibt aber stabil.

Sanwald Hefe Weizen Hell/Dunkel/Kristallweizen 4,9% Brauerei Sanwald Stuttgart. Das käsige Verwesungsaroma schreckt nicht wenig ab. Als wenn der Weizen über dem Misthaufen gedarrt worden wäre oder das Bier daneben gebraut. Sonst ganz anständig. Nur eben die Überwindung.

Sapporo Premium Lager 4,5%. Mit Lizenz der ersten, 1876 gegründeten japanischen Brauerei von Guinness auf den Markt geschleudertes – Bier? Hopfen zieht im Zeitraffer vorbei, alle sonstigen signifikanten Merkmale schlurfen unerkannt die Via dolorosa entlang. Bitte abpfeifen. (siehe auch Bier, asiatisches)

Sargdeckel Eigentlich *Martha-Klause*. Neben dem *Bürgerhof* (siehe Bürgerhof) langjähriger Nebenwohnsitz des frühen Herrn Rudolf. Täglich während seiner Studienzeit stürmte er diesen konzessionierten Ausschank, in dem das Leben ständig neu buchstabiert werden mußte und der als Bierasyl (siehe Bierasyl) kaum Zweifel daran aufkommen ließ, daß er seiner Abkehr von Keuschheit und Abstinenz mehr als dienlich war. Dort setzte er sich über die menschliche Hierarchie ins Bild, wo sie leichtfüßig aufs soziale Nichts zukurvt, wo ihn wildfremde Leute, die wahrlich zuunterst auf der Liste der Taugenichtse zu figurieren hatten, mit generösen Lokalrunden beschämten, auch wenn sie dafür unvermerkt ihre gebrauchte Unterwäsche in Zahlung geben mußten. Im *Bürgerhof* bewahrte man hingegen den Geist des Suppenhuhnes in einer unvergleichlich schmackhaften Brühe, und die sichtbar vorhandenen weiblichen Reize der Wirtstochter D. hätten mit Sicherheit ganze Heerscharen in Versuchung geführt, wäre sie nur einen Meter kleiner gewesen.
Unterhaltung bot sich im kleinkriminellen Milieu zur Genüge, und spendabel war es allemal. War es mal nicht spendabel, behalf sich Herr Rudolf mit Würfelfalschspiel, allerhand Eß- und Trinkkunststücken oder verpfändete seine Artur Schopenhauer-Gesamtausgabe.
Als er einmal mit 38 Viertellitern die Palme eines offenen Trinkwettstreites davontrug, verlor er für nicht wenige Sekunden die Gewalt über das Gesamt seiner sinnlichen

und rationalen Widerspiegelungsformen. Auch von intakter Ziel- und Haltemotorik konnte keine Rede mehr sein, und der Heimweg war nur noch empirisch zu ermitteln. Standortvergleiche, Kurvendiskussionen, Faß- und Flaschendrehen, nichts half.

Bis zuletzt zollte er den ewig jungen Damen Bewunderung, die sich durchs Leben schlugen, indem sie bedürftigen Gästen physische Vertraulichkeiten gegen Bargeld oder Erfrischungsgetränke gewährten, aber wenn man Trost brauchte, jeden anderen Gaststättenseelsorger in den Schatten stellten.

Nur zu oft legte Herr Rudolf dort seine Schreibpausen ein, schrie doch das, was ihm widerfuhr, nach der Nähe von Menschen mit gültiger Schanklizenz. Im Zuge ihrer Geselligkeiten versanken die Schankräume häufig in Glasbruch und Erbrochenem (siehe Brechen, das), während er seine Herzensangelegenheiten referierte oder die gebrochenen Herzen seiner Mittrinker genügend Anlaß zu Knochenbrüchen boten. Danach war er meist nicht mehr derselbe, mitunter das völlige Gegenteil, was immer das heißen mochte.

In *Sargdeckel* und *Bürgerhof* kam er sich vor wie in einem Paralleluniversum: unendlich nah an der jämmerlichen Sinnestäuschung, die von der Menschheit als Leben akzeptiert wird, und doch un(an)greifbar und Welten davon entfernt.

Das Schritthalten mit der Moderne hält so manche Prüfung bereit, zum Beispiel den Abriß beider Vollgasthöfe. Den Wirten half dieser bittere Gegenschlag des Daseins wenigstens, ihren Kampf gegen den Selbsterhaltungstrieb zu gewinnen. Herrn Rudolf half es bislang nichts.

Satellitenüberwachung Nach einem Bericht des Berliner *Tagesspiegels* vom 20. April 1996 setzen deutsche Bierbrauer neuerdings auch Satelliten ein, um die Qualität der Brauzutaten und ihres Bieres sicherzustellen. Die Deutsche Agentur für Raumfahrtangelegenheiten kündigte an, die russische Weltraumstation MIR werde künftig mit einer in

Deutschland entwickelten Hochleistungskamera vom All aus das Wachstum der Braugerste überwachen. Die Satelliteninformationen könnten der Brauwirtschaft schon vor der Ernte wertvolle Daten über Eignung und Güte des Getreides zutragen und so für eine bessere Bedarfsplanung und frühzeitige Kaufentscheidungen sorgen.
Informierten Kreisen zufolge zeigten sich die Getreidebauern, die in früheren Jahren den Brauern gleich reihenweise miese Gerste untergejubelt hatten, ob dieser »Einmischung in ihre Angelegenheiten« wenig begeistert. Von ihrer Seite wird die satellitensichere Überdachung der eigenen Anbauflächen erwogen. Die Brauer wiederum drohten mit der Gründung eines BNDzÜddGQ (Braugewerbe-Nachrichtendienst zur Überprüfung der diesjährigen Gerste-Qualität).

Saufkasinos Im 19. Jahrhundert vorübergehend existente Form der Bierkneipe: geschlossene Gesellschaften mit eigener Satzung, zu dem Behufe gegründet, auf genossenschaftlicher Basis und unter Umgehung von Konzessionsvorschriften größere Mengen an Bier und anderen Alkoholika zu besorgen und diese dann ohne Beachtung der Polizeistunde und ohne die Anwesenheit unliebsamer Mittrinker möglichst kommod in sich hineinzuschaffen. Der Staat sah die S. als »Brutstätten der Sozialdemokratie« an, versuchte zunächst, deren Gründung behördlicherseits zu verhindern, und verbot sie schließlich 1896. Auch so verheißungsvolle Tarnnamen wie »Eintracht«, »Erholung«, »Gemütlichkeit« oder gar »Im Grünen« halfen da nicht mehr. »Vaterland«, »Keine Sorge« und »Wir saufen uns nur die Hirse zu« wären taktisch vielleicht klüger gewesen.

Saufteuff, der Satan unmäßigen Zechens, Luzifer der Trunksucht, der seine düstere Herrschaft über das Deutsche Reich im 16. Jahrhundert mit Stringenz ausübte. Glaubt man den Berichten, so hatten unmäßige Völlerei und Zecherei die gesamte Bevölkerung ergriffen: Menschen der unteren Schichten lagen wie die »betrunkenen

Schweine« (Luther) in den Straßen und unter den Kirchbänken (siehe Church Ale), die Geistlichen waren vom Bier geschwängert, die Fürsten prosteten sich auf den Reichstagen so lange zu, bis niemand auch nur noch seinen Krug heben konnte, und Bierkomments, Hoftrinkordnungen und Zechbefehle sorgten dafür, daß alles keine Grenze fand.
Die Reformatoren sahen im permanenten »Überessen und Übertrinken«, in der fortgesetzten Maßlosigkeit und im »epicureisch viehisch Leben« (J. Andrae) den Teufel und vermaledeiten Antichristen am Werk, die Apokalypse stand praktisch vor der Tür. Ihr Rettungs- und Heilsangebot: Auf dem Pfad der Tugend direkt zu Gott.
Es nützte wieder nichts. Als Männer der Kirche forderten sie deshalb ab sofort staatliche Eingriffe. Die fürstliche Obrigkeit stimmte, weil das Biertrinken Steuern und andere Annehmlichkeiten in Aussicht stellte, dem moralisierenden Gestänker zwar nicht uneingeschränkt zu, erließ jedoch zügig mehr und mehr Biertrinkverordnungen, Zechbeschränkungen und Verbote gegen Luxus und Verschwendung, weniger aus sittlicher Empörung denn aus Sorge um die ständische Ökonomie und die öffentliche Ordnung.
Da hatte der Frühkapitalismus (rationale Lebensplanung, Triebunterdrückung) auch die Biersäufer erreicht.

Schäffbräu Treuchtlingen. Zehn Sorten drohen ganzjährlich, und schon seit 1364 vornehmlich das **Pils** stört mit 4,9% und einem Abritt aus lupenreinem Kupfer. Oder Blei? Nein, Kupfer. Für die Restkomponenten gilt: Grüne Soße auf modrigen Erdäpfeln. Und das in Franken! Grauenhaft.

Schaffer-Bräu Pilsner 5,0% Schaffer-Bräu Georg Schaffer Schnaittach. Der schafft was: ein unfaßbar gläsernes Bier zu brauen, das uns wohl ein wenig beleidigt dünkte, doch gefällig floß, zuweilen gar kräftig. Wir behaupten: immanent gelungen. Wie ein Stück saure Mango. O. s. ä.

Schankhygiene, die Kronkorken nicht abbeißen! Flaschenhals nicht mit dem Taschentuch abwischen! Flasche vor dem Öffnen nicht schütteln! Keine artfremden Flüssigkeiten in Bierflaschen einbringen! Aus der Flasche mittig und zweifingerhoch über dem Mundrand einschenken! Nur Biergläser zum Biereinschenken verwenden! Gläser vor dem Einschenken kalt ausspülen! Vor dem Trinken Mund abwischen! Glasinhalt nicht umrühren! Niemals mehrere Schlucke (siehe Schluckakt, der) gleichzeitig! Beim Abräumen nie in die Gläser fassen! Beim Gläserspülen kein Spülmittel, sondern nur kaltes Wasser verwenden! Gläser zum Trocknen stürzen! Niemals mit Geschirrtüchern polieren! Nur gutes Bier trinken! Bierdosen gar nicht erst aufmachen!

Schaschko, Hias Überzeugte durch die Aufkleber- und Postkartenkampagnen »Biertrinken ist gesund« und »Welcher Wirt kann ein Bier so zapfen, daß es schmeckt?« Näheres in der Weißenburgerstr. 39, München.

Schaum, der Dr. Knaust (siehe Dr. Knaust) schreibt: »Der Schaum ist nichts anderes als ein Haufen kleiner Bläslein. Aus was Ursachen nun die Wasserbläslein entstehen, aus denen kommt auch der Schaum des Biers her. Denn das Bier hat viel Fettigkeit bei sich, doch eines mehr als das andere. Wenn es nun in eine Kanne oder Glas gegossen wird, so kann die Luft in einem Moment nicht alsobald heraus kommen, sondern bemüht sich nach und nach in die Höhe zu steigen, wird aber von der Fettigkeit verhindert und muß an der Superficie des Bieres verbleiben. Weil sie aber nichts desto weniger in die Höhe zu kommen sich bemühen, so geschieht es, daß zugleich das Bier in die Höhe gedehnt wird. Dahero kommen die Bläslein und aus denen der Schaum.« Hätten Sie's gewußt?

Schaumdüse Soll von der Draught-Guinness-Dose (siehe Guinness) beherbergt werden und den Zapfvorgang simulieren oder nachempfinden. Irgendwie so. Wir

Schneider Weisse mit der Schaumkelle, gehalten von Herrn Rudolf.

waren neugierig, zerschnitten das Weißblech und fanden ein Stück Plastik, mit dem sich weder Schaum erzeugen noch Bier vermehren, sondern vermindern läßt. Denn wo Polyethylen, da kein Bier. Es ist schon ein Quantum Hintergehung in der Welt.

Scheerbart, Paul Schöpfer der zwei immerwährenden »Katerpoesie«-Zeilen: »Guten Morgen! schreit das Menschentier. / Und mancher Schuft trinkt jetzt noch Bier.« Berühmt desgleichen jene Briefe an seine Frau, in denen er beständig und meist erfolgreich um Biergeld bettelte: »Liebes Nusi-Pusi! Bitte gib mir doch noch zwanzig Pfennig, daß ich noch ein Glas Bier trinken kann. Ich bin auch ewig Dein alter Paulemann.«

Scheps Auch Schöps. Früher berühmtes, auch ins Ausland versandtes Breslauer Bier, dessen Wirkkraft durch den lateinischen Knittelvers »Scheps caput ad soendit, nu scalit indiget allis, sessitat in stirnis, mirabilis intus in hirnis« belegt ist. Holen Sie Ihren Grundwortschatz raus!

Scherdel Pils Aus der Privatbrauerei Scherdel/Hof, mit 4,7% und weiteren seltsamen Eigenschaften. Eigentlich »verkapptes Radler« (M. Conrad), eigentlich auch ein bißchen ranzig, rostig in der Farbgebung, Zucker könnte sogar drin sein, Hefe in Spuren tendenziös mit an Bord, eine ridiküle bis enigmatische Kombinatorik, die in ihre Einzelteile zerfällt und auseinanderstiebt und wie üblich »Premium Pilsener« benamst wird, es ist der helle Schwachsinn mit adäquatem Etikettendesign zwischen HipHop und Herti. Mußte das sein?

Schlappeseppel Pilsener 5,0% Brauerei Schlappeseppel Aschaffenburg. Soll das auch noch weggeprüft werden? Es soll. Eiliger Zungenhopfen. Aufs neue elende Mittelfarbe. So darf kein Bier aussehen. Strenger Antrunk, gedämpftes, holziges Finish. Was peilt man an? Limo? Zwiebelbier? Hopfenlauge?

Immerhin »Aschaffenburgs älteste Bierspezialität«. Aber wozu? Wieso? Weshalb, warum?
Wer nicht fragt, bleibt stumm.

Schlichter Ursprung Hell 4,7% Winkler Bräu Schlicht. Zutreffender Name. Schlichter Witz.

Schloßbräu Rheder Pils 4,9% Gräflich v. Mengersensche Dampfbrauerei Rheder Brakel. Ein Bier wie eine Stopfgans. Alles drin, was wir von einem Meistertrunk erwarten. Ausgestattet mit einem lukullischen Malzkörper und den schönsten Ansichtskarten aus dem Hopfenparalleluniversum, entwickelt sich Sch. zu einem unserer Faves. Vergessen Sie Jever! Das **St. Annen Dunkel** (4,9%) steht in nichts nach. Zwar leicht bockiger Geruch, doch unter der metallisch herben Kuppel spielt ein bundreines Röstmalzorchester. Nicht ohne Reiz. Der **Bock** (6,8%) noch. Schon beim Anblick des eingeschenkten Getränks öffnen Ihre Speicheldrüsen die Schleusen. Das kommt uns fürs Wässern auf trinkbare 5,0% gerade recht. Nur einen höheren Spund könnten sie alle drei vertragen.

Schlösser Alt 4,8% Düsseldorf. Wir bitten bei diesem Bier zu beachten, daß es schaumig ist und von schwachem Geschmack, leicht wäßrig und dennoch präsenter als Frankenheim (siehe Frankenheim) und insgesamt intensiver und mehr und eher Bier als jenes und sanft hopfig, bitter und nur zum Weitertrinken animierend und also ausnehmend unsexy.

Schluckakt, der Tiefe Weisheit und das Wissen um das Wesen der Dinge wohnen der Tatsache inne, daß der menschliche Körper Flüssigkeit aufnehmen muß. Noch mehr dieser lobenden Attribute kommen dem Umstand zu, daß die Flüssigkeiten nach einer Eignungsprüfung geschluckt werden und nicht einfach, der Schwerkraft gehorchend, den Därmen und damit ihrer Resorption entgegenplumpsen. Segensreich ist zudem die kulturhistorisch bedingte Übereinkunft, daß etwas Gutes auch schmeckt. Ein frisches Pils zum Exempel.

Für den Sch. braucht es also erstens etwas zu schlucken und zweitens etwas, wo hinein es geschluckt werden soll. Das Bier und die Mundhöhle sind jeweils ein solches Etwas, und letztere stellt glücklicherweise eine funktionelle Einheit dar, worunter das muntere Zusammenspiel ihrer Wände, von Zunge, Speicheldrüsen und Gebiß zu verstehen ist. Leider wird das Bier aufgefordert, die Mundhöhle unverzüglich zu verlassen, und zwar in Richtung Schlund und Speiseröhre, denn deren Fassungsvermögen ist begrenzt. Die Form der die Mundhöhle umschließenden Wange wird wesentlich vom Wangenfettpfropf bestimmt. Er verhindert das Einziehen der Wange beim Saugen des Bieres. Der weiche Gaumen ermöglicht hingegen den für den Sch. erforderlichen zeitweiligen Abschluß des Nasenteils vom Schlund. In der Mitte darüber hängt das lustige Gaumenzäpfchen, welches vervollkommnet das zur Abdichtung angelegte Gaumensegel. Bei schlechtem Bier (siehe Warsteiner) bewirken hilfreiche Nerven eine Funktionsuntüchtigkeit des Gaumensegels, wodurch die Flüssigkeit leicht wieder über die Nase abfließen kann.

Während des Bieraufenthaltes in der Mundhöhle erfüllt die Zunge mehrere Tätigkeiten, ihre Sensibilität dient der Kontrolle der aufgenommenen Flüssigkeit. Dazu ist die Zungenoberfläche praktischerweise in mehrere Zonen unterteilt: vorne für Export und Märzen, zentral für Bock und Doppelbock, halb hinten und an den Seiten für Dunkles und Alt und ganz ganz hinten für Pils und Kölsch. Die Daten der Geschmacksorgane werden zur Zentrale weitergeleitet, bestätigt oder gegebenenfalls verworfen. Die Speicheldrüsen treten auf den Plan, sekretieren, was das Zeug hält, und machen das Nahrungsgut gleitfähig. Woher sollen sie auch wissen, daß ein Bier dieser Unterstützung nicht bedarf. Einen Vorteil hat das: So bekommt der Magen Wind von der Sache und kann die allfälligen Anstalten treffen.

Was wird wo geschmeckt?

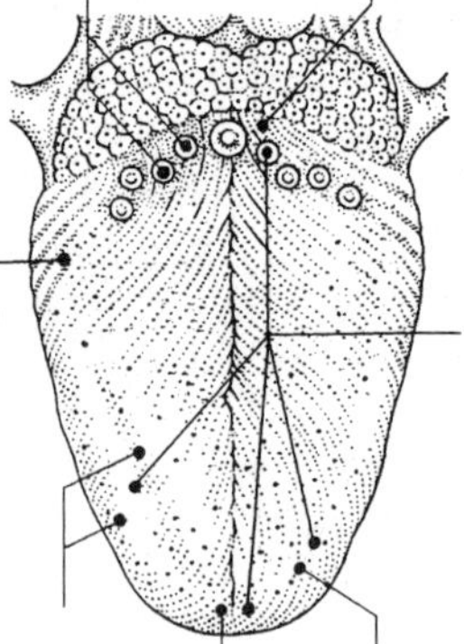

Das Bier passiert nun den Schlund, der zirka 12 cm lang ist und wo sich Speise- und Luftweg kreuzen. Letzterer möchte verschlossen bleiben, wenn es vorbeirauscht, denn die Lunge ist nicht der Ort, an dem sich Schönheit und Kraft des Biergetränks zur Zufriedenheit des Restorganismus entfalten könnten. Die Speiseröhre ist die denkbar günstigste Verbindung von Mundhöhle und Magendarmtrakt, darüber hinaus ein muskulöser Schlauch, dessen Formanpassung und Motorik von der Beschaffenheit der zu befördernden Nahrung abhängt. Beim Bier gibt's wenig zu tun, das mag die Speiseröhre, denn sie ist nicht gewillt, den Biermolekülen Gelegenheit zu langfristiger Sozialisation zu gewähren. Die Mundboden- und Schlundmuskeln übernehmen den Job und spritzen das

Bier förmlich in den Magen. Lediglich nach dem letzten Schluck läßt die Speiseröhre eine Kontraktionswelle von oben nach unten laufen.
Im Rumpfdarm, das ist vielleicht noch wichtig, warten abwehrbereite Bindegewebe. Was also die Geschmacksknospen übersehen haben, wird hier gesammelt und antiperistaltisch retourniert (siehe Brechen, das). In Magen und Darm passiert dann alles weitere. Soviel zum Sch.

Schmucker Meister Pils 4,8% Privatbrauerei Schmucker Ober-Mossau. Ein Schmuckkästchen voller funkelnder Geschmacksnuancen. Ein: Meisterwerk der Einfallslosigkeit – und übrigens können wir uns gut und gerne vorstellen, wie Siegfried »Sigi« Unseld, seines Amtes als Vorstand und Chefdenker und Spitzenwandersmann des Suhrkamp-Verlages waltend, einen Kasten selbigen Bräus geschultert, schnaubend und freudig quäkend dem »Betriebsausflug« seiner ziemlich unanfechtbaren Firma vorauseilt, damit er letztens das Zeug ganz alleine und eben ohne die bucklige Belegschaft zur Neige bringt. Warum? Sch. kommt aus Mossautal/Odenwald, glänzt durch sellerieartige Frische, falbe Hopfung, spinnwebenartigen Schaum, deutlich in den Vordergrund geschobenes »quellreines« Wasser und – na, damit ist dann aber auch schon wieder alles gesagt. Wir rufen Greiz!

Schnaps, Bier und Häufig anzutreffende Kombination an deutschen Theken – vor allem zu fortgeschrittener Stunde, wenn bereits schon egal ist, was da noch weg muß. Besonders wagemutige Variante: synchrones Hineinlaufenlassen beider Alkoholika. Der Trinker hält dabei Bier- und Schnapsglas in einer Hand und kippt beide zusammen ab (sog. Doppeldecker). Aparter Nebeneffekt: Steigerung der Bittere durch ein sanftes Nachbrennen in der Speiseröhre.
Früher: das Ganze undenkbar. (siehe Trinken, narkotisches)

Schnecken Eines der Wesensmerkmale der widrigen Weichlinge benannte der technische Leiter des Botanischen Gartens in Tübingen im Juni 1995 mit den Worten: »Die Schnecken sind biersüchtig.« Diese Beobachtung bestätigt Jacques Préverts »Lied von den Schnecken, die zum Begräbnis ziehen«: Zwei Schnecken machen sich zum Friedhof auf, weil ein Blatt verstorben ist, kommen allerdings erst im Frühling an, die Natur hat mittlerweile ihre übliche Verjüngungskur absolviert, Blätter sind neu erstanden, alles blüht in voller Pracht. Die Sonne spricht zu den beiden arg Enttäuschten: »Nehmt doch wenigstens Platz / Trinkt ein Glas Bier / Wenn's euch danach ist.« Und sie fanden wohl ihren Trost.

Schneider Bräu Pils 4,8% Schneider Bräu Zur Kanne Weissenburg. Ein wackeres, handwerkliches Pils mit trockener Hopfennase. Das **Helle Vollbier** (4,7%) eine Idee fülliger, also volle Kanne, das **Weizen** (5,2%) offenbart eine ganze Streuobstwiese an fruchtigen Aromata – und doch malzige Würze, ja würzige Mälze. Zum Beschluß das **Altfränkische Märzen** (5,6%) zeigt sich im warmen Bernsteinton. Ein Märzen gilt manchem Pilsbrauer als veritable Bewährungsprobe und manchem Trinker als schwere Prüfung. Hier sagen wir: Schneider Bräu, setzen. Eins.

Schnorrerschluck Ein echtes Damenthema. Er: »Schatz, möchtest du auch ein Bier?« Sie: »Nein, du weißt doch, ich trinke nichts.« Die Flasche ploppt, er, durstig, hat den Mund schon geöffnet und will laufen lassen – sie: »Ach, gib mir doch mal einen Schluck.« Er, verzweifelt, reicht ihr die Flasche oder das Glas. Mit großem Zeit- und Schaumaufwand nippt sie daran. Er verdreht die Augen. Sie: »Ich verstehe nicht, wie man sich so anstellen kann. Wegen dem einen Schluck.«

Schöfferhofer Kristallweizen/Helles/Dunkles Hefeweizen 5,0% Schwanenbrauerei Schwetzingen. Wir schürzten die Lippen schon zur Ausformung wohlklingender Laute, da mußten wir schnaubend wiehern bis zum Milzriß: Aus dieser sensorischen Herde war beim besten Willen kein Einzelgeschmack zu separieren und auf den Gaumen zu (er-)legen. Die Brauerei zeigt auch kein diesbezügliches Unrechtsbewußtsein und bezeichnet ihre Bräus en bloc als »herzhaft-spritzig«.

Schönberger Ur-Pils 4,9% Brauerei Schönberger Groß-Bieberau. Schwer, aber nicht unmaßgeblich, notieren wir, obwohl das Hopfenfinish erst nach vier Sekunden einsetzt, wo wir den Standard doch endgültig auf zwei bis zweieinhalb Sekunden definiert haben. Das **Odenwälder Landbier** (4,6%) konnte uns mit seiner malzigsingenden Frische für sich einnehmen.

Schönbuch Weizenbier Laut hauseigenem Bierdeckel »fetzig weizig«. Achgottja.

Schultheiss Pilsener 5,0% Schultheissbrauerei Berlin. Können Sie auch einfacher haben: mit »Eigenurin« (Carmen Thomas). Kenner schwören Schwein und Bein, das sei sogar gesünder. Für die **Berliner Weisse** (3,7%) gilt ein für allemal: Man kann sie nicht trinken. Der Hersteller empfiehlt nicht umsonst, seinen »Spree-Champagner« mit Sirup zu mixen. Wir meinen, das hat der Sirup nicht verdient. Vielleicht mit Rübensirup geeignet für Leute, die suizidal disponiert sind.

Schumacher Alt 4,8% Düsseldorf. Bier mit angeschlossenem Brauhaus, in das die Düsseldorfer Fußgängerzonentruppen einzurücken pflegen. Präsentiert eine leicht rötliche Farbe und schmucken Schaum für die Augen jener, die beim Biertrinken beobachtet werden wollen. Und einen feinen und stabil aromatischen Hopfencharakter für den eigentlichen Durst. Wenn der nach drei bis vier Gläsern »gelöscht« ist und die Nacht hereinzubrechen beginnt, geht man nach Haus'. Zum Zechrabauken wird man nicht.

Schwabenbräu Pilsener 4,9% Schwabenbräu Robert Leicht Stuttgart. Die Angst, welche einen befällt beim bloßen Vernehmen des Namen Robert Leicht, ist vollauf berechtigt. Und auch und vor allem die schreckliche Gedanken an Motorenöl evozierende Flaschenform, bevorzugt feilgeboten in Tankstellen, steht ein für Horror und ekle Pein. Gar nicht so leicht das Getränk auf der Zunge, eher bleischwer. Ein beklemmender Eindruck, der bleiben wird bis ans Ende der *ZEIT*. Und das kann ja recht bald sein. **Das Schwarze** (4,9%) hat auch dieses Jahr den Einzug in unsere Billboardcharts der Schwarzbiere knapp und donnernd verpaßt. Körperkontakt mit dem als **Das Echte** beschimpften Märzen (5,5%) möchten Sie bitte meiden.

Schwanen Pilsener 5,0% Großostheim. Triumphale Schlichtheit. Keine Sprüche, wenig Textgirlanden, kommt ein Senk-, fast Sturzpreis hinzu, der das luftige, schwebende, merklich beschwingt gehopfte Pils zum makroskopischen Ereignis werden läßt und einmal mehr unter Beweis stellt: Geschmack vor Geprahle, Gebrauchswert vor Tauschwert! (Und das bei einem Eder's-Abkömmling. Oh weh.)

Schwarzbrauen, das Eher ein Phänomen des Mittelalters und der frühen Neuzeit als der Zeitgeschichte (Ausnahme: Prohibition). Die in jenen Zeiten allseits üblichen Vorschriften der Städte und Zünfte, welche ausschließlich vor Ort tätigen Brauern die gewerbliche Bierproduktion und den Zugang zum Biermarkt erlaubten, wurden aus zwei Gründen immer wieder mißachtet: zum einen, weil auswärtige Brauer sich nicht mit den auf dem Heimatmarkt erzielten Profiten zufrieden geben wollten, zum anderen, weil die Stadtbevölkerung manches Mal mit Preis und Qualität des offiziösen Biers kaum einverstanden war.

Um die städtischen Vorschriften zu umgehen, siedelten sich zugereiste Brauer außerhalb der Stadt und deren Bierbrau-Bannmeile an oder dümpelten auf Brauschiffen vor den Toren des Gemeinwesens, warfen ab und an Bierfässer über die Stadtmauern und bekamen dann postwendend das dafür fällige Geld um die Ohren gehauen. Das eigentliche Sch. fand jedoch innerhalb der Stadt – tja – statt. Dort nämlich hielten sich stets ein paar Bewohner auf, die ihr verbürgtes Recht, für den Hausgebrauch und den Eigenbedarf zu brauen, etwas großzügiger auslegten, mit ihrem Gebräu auch fremde Häuser belieferten und unter Umständen anderen Bedarf als nur den persönlichen deckten. Da ihre extrem verbraucherfreundlichen Angebote meist unter jenen der Brauerzünfte lagen, fuhren die Schwarzbrauer gute Quoten ein. Man hieß sie übrigens Hecken-, auch Hucken- oder Afterwirte, wohl insofern sie – weil sie sich der Obrigkeit widersetzten – manches Mal die Hucke voll und den Arsch versohlt bekamen. So geht es halt allen Avantgarden. (siehe auch Bierkrieg)

Schwarzfischer Pils 4,8% Schloßbrauerei Schwarzfischer Zell. Der Biereilbote zerbrach beide Exemplare **Vollbier Hell** (4,8%). Ein Lump! Dafür bettete er das Pils auf Samt und Seide, ein schlüssiges Bier: Selten vernahmen wir so (t)röstlich-mineralischen Trank. Die Bierakademie sei aufgerufen, hier exegetisch nachzufassen, wir vermögen's augenblicklich nicht. Das **Edel-Märzen** (5,4%) macht desgleichen Freude. Seine Eigentümlichkeit verlangt neue Begriffe, deren Auftritt für die 4. Auflage anvisiert und zu erwarten ist. »Edel« jedenfalls nicht falsch. Im Falle des uns ab ovo ein wenig hölzern dünkenden **Export-Hell Edelstoff** (5,4%) entschieden wir schließlich auf süßlich-vollzungig. Gegen Ende versickernd. Ende der Untersuchung.

Schwellenbier, das Bier, mit dessen Hilfe man die Schwelle zum endgültigen Bleiben in der Kneipe überwindet. Im Prinzip: Eins noch wird schon nicht verboten sein. Da dem tatsächlich so ist, folgen dem Sch. in der Regel noch einige Schwallbiere, und das letzte Bier ist fern.

66jähriger Bierkrieg Soll in Bayern stattgefunden haben. Man übertreibt da gerne. (vgl. Otto Ernst Breibeck: *Das fünfte Element der Bayern,* Regensburg 1978)

Seele des Bieres »Ist durchaus nicht dazu da, den Menschen in irgendeiner Weise Schaden zuzufügen.« (Gilbert Delos: *Biere aus aller Welt,* Erlangen 1994)

Seidl, Conrad Unser österreichischer Kollege. *Standard*-Mitarbeiter und Verfasser dreier, mit allerlei Kenntnissen gesegneter Bierbücher (*Hurra! Bier!, Unser Bier, Noch ein Bier,* jeweils Wien). Letzteres (1993) mit einem erschütternden Autorenporträt bester Vorher-/Nachherschule und dem schönen Satz: »Dadurch, daß Kindern unter 16 der Aufenthalt in Räumen, wo Alkohol ausgeschenkt wird, verboten ist, sind Mütter vom Geschehen im Pub de facto ausgeschlossen.«
Wer sagt's denn. Conrad »Mittelgelb« S.

Selberbrauen, das Dazu brauchen Sie Leitungswasser, Bierhefe, Hopfen und Malz. Der Fachhandel bietet alles, außer Wasser, feil. Wein zu machen ist dagegen eine Übung für ausgewiesene Simpel. Das Malz – zirka 9 kg auf 25 Liter Endprodukt – zerkleinern (schroten) Sie in der Kaffeemühle, bis sich das Plastikgehäuse zielstrebig von selbst verkohlt. Anschließend maischen Sie im vom Nachbarn geborgten 20-Liter-Windeltopf ein, möglichst in einer mit »eng« nur entfernt realistisch beschriebenen Stehkombüse. Unter viehisch galoppierendem Kreuzschaden schleppen Sie dieses Monstrum eines Topfes, voll von einer haferflockenbreiähnlichen Pampe, ungefähr 1000 Mal zwischen Bad und Küchenzelle hin und her, um durch Mischen verschiedener Anteile dieser Suppe bestimmte Zwischentemperaturen zu erzielen. Schließlich glauben Sie sogar den Geschlechterkampf gewonnen, bloß weil Sie die Babybadewanne zur Gärung einer exorbitant übelriechenden, nicht minder zähen Plempe nutzen dürfen. Aufsässige Nachbarn entziehen Ihnen ihre

Gunst, da sie vermuten, Sie gingen mit der Absicht schwanger, Sauerkraut auf gewerblicher Basis zu manufakturieren. So röche es jedenfalls. Nach drei Monaten kalter Lagerung im Keller, hier empfiehlt sich der Winter, werden Sie die Früchte Ihrer Mühen schmecken und neuartige sensorische Sensationen erleben. Wenn Ihnen das dennoch Spaß macht, dann sind Sie für die tieferen Einsichten dieser Welt verloren. Oder gewonnen.

Semmelbräu Geschmeidig gleitet unser Peugeot Diesel durch Merkendorf oder Stadeln, genau weiß man das hinterher ja nicht mehr. Linkerhand entdecken wir ein Schild so marineblau wie der Himmel an seinen besten Tagen. »Semmelbräu! Semmelbräu! Das haben wir noch nicht«, ruft der Chor, aber die heute wenig engagierte Fahrerin schüttelt ihr schönes Haar, dreht den Grunge lauter und biegt an der nächsten Ecke ab. Unwiderruflich verloren geht in diesem Moment ein wichtiges, womöglich singuläres, kulturarchäologisch unschätzbar wertvolles Kapitel der Biergeschichtsschreibung. Denn bei Semmelbräu muß sogar Stefan Macks *Die neue fränkische Brauereikarte* (Heroldsberg 1996) passen.
Als Entschädigung rekommandieren wir dem Leser eine Leberkässemmel beim *Metzger Neukam*, c/o Neuendettelsau/ Mittelfranken. Von der anschließenden Einkehr in den gegenüberliegenden Gasthof *Sonne* ist jedoch lauthalsigst bzw. unter allen Umständen ohne jede Einschränkung abzuraten. Dringend abzuraten.

7 Cuvee 7,0% Brasserie Demarche Ciney/Belgien. Von der Farbe, wie sie ein Pfund Kunsthonig hat. Kürbis, Rosinen, Kapern, Dörrfleisch, alles durcheinander. Hier lieber die Luft im Glas lassen.

Sequenztrinken Empfehlenswert: zwei Export, Kristallweizen in unbegrenzten Mengen, zum Abschluß Kölsch (ein bis drei Gläser). Es geht aber auch anders.

Sester Kölsch 4,8% Köln. Das ist doch kein Kölsch. Aber geschmacklich dominiert von einer Süße, die im Hals Klößchen bildet. Das assoziative Feld umfaßt »penetrante Hitze«, »klebriges T-Shirt« und »hartnäckiger Schweißgeruch«.

Shipyard Export Ale 6,0% Kennebunk Brewing Co. Portland/USA. Hat uns, was Farbe, Schaum, Geruch und Geschmack anbetrifft, sehr an die ostzonale Interpretation des Pilsgedankens erinnert. Jedoch ohne die damit unweigerlich verbundene Inkontinenz. Als Ale oberes Mittelfeld. Wird deshalb auch nicht zum Zementanrühren verwendet.

Sieben Minuten, die berühmten Hartnäckiger Mythos, nach dem ein ordentliches Pils sieben Minuten gezapft werden müsse und dem wir auch an dieser Stelle nicht minder hartnäckig entgegentreten. Speist sich aus der Unkenntnis schanktechnischer Laien, die entweder die Kohlensäure nicht richtig dosieren können oder aus ihren Knebelverträgen mit schlechten Brauereien nicht herauskommen. Ein guter Schankwirt gibt maximal drei Minuten vor, in drei bis vier Schüben. Wer das Gegenteil behauptet, dem nehmen wir dieses Buch wieder weg. (siehe auch Acht-Sekunden-Karel, der)

Siebensternchen Pils 5,0% Lang Bräu Wunsiedel Schönbrunn. Na ja. Zwei Sternchen würden wir vergeben. Eins für das schöne Etikett. Und eins für den schönen Namen.

Sigel Kloster Pilsner 4,9% Klosterbrauerei Metzingen. Ein Menetekel. Farbflucht. In schlammigen Pfannen gebrutzelt. Einweg, ein Weg, der zu nichts führt.
Zurück an Absender. Zurück an ALDI.

Singer Bier 4,4% Museumsbrauerei Schmitt Singen. 800 hl Ausstoß. Dienstags wird gebraut, und zwar ein beherzt gehopftes Export. Für Besichtigungen am besten anmelden, vor Ort trinken und genießen. Wer's zeitlich nicht einrichten kann, nimmt's auf Flasche mit. Das Paradies hat einen Bügelverschluß.

Sion Kölsch 4,8% Köln. Ein Durstlöscher, das Corona (siehe Corona) unter den Kölschbieren: hell und spritzig, zitronig in der Farbe, um anschließend und nach förmlich erquickendem Antrunk süßlich-prickelnd hinunterzupreschen. Zeit zur Entfaltung bleibt da nicht. Das Getränk will und muß einfach weg, raus aus dem Glas in einem Zug, den durstigen Sportler zu beglücken, die einwandfreie Siegersau im Tennisstübchen an höllischen Hitzetagen nach dem duffeligen Match.

Sol Desde 1899 Cerveceria Moctezuma Orizaba/Mexiko. Schon närrisch, was die Hombres alles hineinquirlen müssen, um auf ridiküle 4,5% zu kommen. Mais, Reis, Ascorbinsäure zum Desinfizieren. Wir räumen jedoch ein, daß dieses Elaborat in Ansätzen sogar flach hopfig ist. Bieriger als Corona (siehe Corona) allemal.

Soll-Subjekte Denkwürdige soziologische, 1990 vom Herrn Diederichsen erdachte Kategorie; »weil wirklich seit 45 kein Radikaler Linker in der BRD auch nur einen einzigen Arbeiter oder andere Soll-Subjekte der Geschichte auch nur zu einem Schluck Bier mobilisiert hatte«. (*HLG. Dichter & Prawda*, Hamburg 1990) Was heißt hier »nur«? Und »auch nur«? Und »zu *einem* Schluck Bier«? Herr Diederichsen! Wissen Sie eigentlich, wovon Sie da reden? Sicher? Ganz bestimmt? Im Vertrauen: Eigentlich wissen's Sie ja nicht. Aber wir sagen's nicht weiter.

Solltemann Nannte sich ein Gebräu aus dem altmärkischen Salzwedel, von der zurechnungsfähigen Bürgerschaft schmunzelnd nie ohne Fragezeichen formuliert. Beim Heinz! Man sollte lieber nicht.

Sommertag, schöner/Grillparty Wenn die Sonne unsere Gemüter wieder zu erwärmen beliebt, dann, so will es die Legende, suchten wir Freie Autoren die Waldeinsamkeit an murmelndem Bach. Auf samtenen Mooskissen würden wir des Blätterdomes Schatten genießen, den Blüten beim Duften zu- und der Liebsten tief in die Augen schauen. Versonnen brächten wir frisch Gereimtes über die Lippen, und die Frucht bisheriger Liebesmühen quirlte uns um die Beine und die vom Blattgold benetzten Schachtelhalme. Ausgelassen hüpften die Nacktschnecken umher, die Spinnen sprängen Bungee, argwöhnisch beäugt von metallisch blauen Libellengeschwadern. Heimgekehrt, lüden wir dann, nachdem das Wurm zur Dämmerstunde sorgsam gebettet, gute Freunde vor, ergingen uns in wohlgesetzter Rede und geistreichem Witz, brieten so manche Wurst und tränken so manches gute Pilsener Bier. Ein gütiger Mond würde das übermütige Grillfeuer lodernd-leuchtend gewähren lassen, wenigstens da, wo wir mit unserer fröhlichen Runde der Vorsehung wider Erwarten einen schönen Abend zum Beschluß des Tages abgerungen hätten.
So jedenfalls will es die Legende.

Spalt Die Bedienung stellt das Helle in erste zaghafte Frühlingssonnenstrahlen. Ein verheißungsvoller Auftritt. Das Pils, freundlich und gut gelaunt, tropft auf des Testers Notate. Leicht hefig im Abtrunk, eigensinnig, charmant.
Spalter schaltet den Schmerz ab. Gut nach einem Abend mit Splatterfilmen. Aber auch so: Spalter Biere kommen aus dem praktisch namensgebenden Spalter Hopfenland und sind gehopft wie gesprungen, heißt: rutschen mit Tempo, präsentieren sich souverän komplex-hopfig (Pils) oder lager-cool (Helles). Der *Wittelsbacher Hof* in unmittelbarer Nachbarschaft zum Werkzeugfachhandel *Eisenlutz* beherbergt die konkurrenzlos hypertonischsten Geschöpfe, die jemals dem Biere zusagten.
Frage am Rande: Kann Biertrinken doof machen?

Spalter Premium Pils 5,0% Stadtbrauerei Spalt. Leichter Alterungsgeschmack, sonst braucht man sich mit solchen Hopfengaben nicht zu verstecken. Schließ- und endlich baut Spalt einen der besten und teuersten Hopfen auf unserer Erdscheibe an. **Vollbier Hell** ist ein schöner, schlanker Pilstyp, etwas poröser Schaum. Das **Edel Export Dunkel** bei 5,5% schon lieblicher, abgeschwächter als das uns rundum zwiespältig stimmende, weil derb unharmonische **Edel Export Hell** (5,5%). Das **Hopfen Leicht** (2,9%) führen wir an dieser Stelle als das einzige uns bekannte und dennoch genießbare Leichtbier an. Wir waren sehr überrascht.

Spar Pils Feinherb Für die Spar-Handelsgesellschaft gebraut. Wo und wozu? Der Dose entnahmen wir eine Flüssigkeit von der Farbe, die gemeinhin zieret des Kettenrauchers Fingerkuppe, mit unter Verwendung aller verfügbaren höheren und Methylalkohole erschwindelten 4,9%. Aus alten Bierneigen und Retouren recycelte Hopfengabe. Schaum erinnert mitunter an die angebräunten Häubchen auf nitratverseuchten Feldbächlein. Dies bestätigt auch Dosenbierspezialist Roth, der per Telephon (siehe Biertelephon) als Fernverkoster assistiert und neulich sogar die Begutachtung einer Dose TIP-Pils (siehe TIP) überlebt hat. Wer Bier gern wegkippt, kommt hier voll auf seine Kosten.

Spaten Hell 5,2% Spaten-Franziskaner München. Für ein Hell viel zu hoch vergoren. Hat uns an Eder's Export und Foster's gemahnt. (siehe da) Vielleicht noch etwas mit dem Spaten nacharbeiten?
Apropos: »Wie frisch gezapft«, verheißt das Etikett, was aber soll uns das? Der alte und knochentumbe Mythos vom Faßbier gehört an dieser Stelle sogleich hinter Schloß und Riegel. »Dumm wie ein Sack Türklinken«, mahnt J. Holetzeck immer wieder nicht unzutreffend an. Mit einem Scheffel Verstand hat es jedermann beim Flaschenbier selbstens in der Hand und kann sich in der

Wirtschaft sagen: wie frisch aus der Flasche geschenkt. Erstaunlich, warum bereitwillig viele »Bierkenner« sich den Fängen Dritter ausliefern. »Frisch gezapft« kann viel bedeuten, sogar bei ungeschickten Wirtsleuten, patzigen Serviererinnen und den obligaten Dreck- und Fettschwaden in der heruntergekommenen Spelunke.

SPD Hat augenscheinlich nichts Besseres zu tun, als – nach einem Bericht der *Frankfurter Rundschau* vom 6. Juli 1996 (»SPD möchte klares Bier«) – das Reinheitsgebot (siehe Reinheitsgebot, deutsches/bayerisches) nachbessern zu wollen, um dem Einsatz genmanipulierter Hefe einen Prügel von Riegel vorzuschieben. Obendrein müsse »ein allgemeines Gentechnikverbot« im Biersteuergesetz festgeschrieben werden. Andernfalls ginge das deutsche Bier »klammheimlich« den Bach runter.
Beklagte auch noch zu allem Überdruß die SPD-Europa-Abgeordnete Dagmar Roth-Behrendt.

Spendrup's Old Gold Premium Beer 5,0% Grängesberg/Schweden. Nachdem in Schweden jahrelang so gut wie gar kein Bier gebraut, ab 1977 nur als sog. Durchschnittsbier mit max. 3,6% außerhalb staatlich kontrollierter Geschäfte veräußert werden durfte und heute prinzipiell wieder mal überhaupt nichts mehr geht, weder auf seiten der Produktion noch auf seiten der Konsumtion, wundert man sich schon, wie S. die angegebenen 5,0% erreicht. Und wozu. Ein Chefbier für die Schreibtischschublade? Und wo genau stehen Sudhaus und Abfüllbaracke? Die Flasche schweigt sich aus. Gilbert Delos *(Biere aus aller Welt)* meint, es gehöre »schon eine große Portion Mut dazu, den Entschluß zu fassen, in den skandinavischen Ländern als Brauer zu arbeiten«, und loben wollen wir deshalb und preisen nicht nur des Brauers Wagemut und Knocheneinsatz, sondern sogar – nachsichtig und verständnisvoll, wie wir sind – sein Produkt, ein als »Starkbier« apostrophiertes Gewächs nicht der allerübelsten Sorte. Ja, Rezens, umsichtige Hopfung und das beinahe lutschbare Vanillefinale sollten Mut auf mehr machen. Mehr Sorten, mehr Prozente, mehr Bier. (siehe Bierrevolten/Bierkrawalle)

Sperber Bräu Vollbier Hell (4,9%) Sulzbach-Rosenberg. Hat uns nicht gefallen. Genau genommen: gar nicht. Mehr dürfen wir noch nicht verraten (LG München I 9 O 14741/97).

Sperrstunde Erstmals 1310 ausgerechnet für München gesetzlich festgeschrieben. Bestandteil der behördlichen Kontrolle im Mittelalter. Jeder Bierbrauer war verpflichtet, immer »volles Maß zu geben« und seinen Bierzins zu entrichten. Pfändung drohte, wenn nach dem letzten Läuten, dem Signal zur S., weiter ausgeschenkt wurde.
Im siebzehnten Jahrhundert legte eine Brauordnung für Berlin fest, »daß des Abends, sobald die Trommel geschlagen, das hieß, wenn es von der Kirche neun schlägt«, Zapfenstreich sei. Der Amtsmann machte auf dem Zapfen des Fasses einen Kreidestrich, sobald die Paukenschläge loskrachten. Übertragung später aufs Militärische.

Spitzkrug Märkisches Pils 4,8% Oderlandbrauerei Frankfurt/Oder. Schöner Verleser: Blitzkrieg. So geht es dann auch zu. Die nach anfänglich erfolgreicher Umklammerung des Zungenrandgebietes (siehe Zungenrandgebiet) aufgeriebenen Malzverbände beziehen außerhalb der Zahnreihen am Wangenpfropf Stellung. Im Anschluß an die vergeblichen, äußerst verlustreichen Ausfallversuche der rasch herangeführten Rezensreservetruppen schleicht sich ein Hopfenspähtrupp in Räuberzivil an, die Rückzugsmöglichkeiten zu erkunden. Ha, entdeckt! Die Geschmacksknospen gehen zum Angriff über. Gefangene werden nicht gemacht. Spucken wir also das Getränk wieder aus! Kurz mit Leitungswasser gurgeln. Gerade noch mal gutgegangen.

Sprichwort Gut Bier macht die Wangen roth und den Hintern bloss. Ach wenn ich nur schon geprügelt wäre, sagte der Junge, als er eine Flasche mit Bier zerschlagen hatte. Das wird das beste Bier sein, bei welchem nicht viel Wassers wird gefunden werden. Man muß des Nachbars Bier nicht eher loben, bis man aus der Schenke heraus ist. Ich kann die Nase kaum noch über Wasser halten, sagte der Mann zu seiner Frau, als sie Geld zu Schuhen haben wollte; und er hatte sie den ganzen Tag über Bier gehalten. Komm mit mir auf ein Seidel Bier, sagte der Teufel zum Satan, als er ihn im Walde traf. Das Bier wäre gut, hätte die Sau nicht den Zapfen gezogen. Man kann nicht immer wie ein Hundsfott leben, sagte Maz Prunk, und forderte für einen Sechser Tischbier. Es ist ein Bier, sagte die Gans, da ging sie vom Miststall zur Pißrinne. Undsoweiter. Undsoweiter. *Das Große Sprichwörterlexikon* von K. F. W. Wander verzeichnet insgesamt 210 Sprichwörter und Redensarten zum Thema Bier sowie mindestens noch einmal genauso viele versteckte Nennungen unter Stichworten wie »Wurst«, »Wasser«, »Wirtshaus« und »Wässerchen«. Exakte Zählungen bleiben späteren Arbeiten vorbehalten.

Stadion, Bierwerbung und Bis zum Abschluß der Saison 94/95 am 17. Mai 1995 dröhnte vor dem Anpfiff, während der Pause und nach Spielende über knatternde Lautsprecher durchs Frankfurter Waldstadion der sinnige Reim: »Ein schönes Tor, / ein frisches Bier, / Fußballfreunde, / das wollen wir.«
Kein Wunder: Die Eintracht mußte daraufhin »den bitteren Weg in die Zweitklassigkeit« antreten. Denn geworben wurde für Dortmunder Bier. Das auch keinen Deut besser schmeckt als die Frankfurter Ausgabe. Während Dortmund die Meisterschaft gewann. Irgendwas stimmt hier nicht. (siehe auch Fußball, Bier und)

Stadtschänke So hieß die liebenswerte, anheimelnd schummrige, unzeitgemäß bestuhlte, gleich vor den Pforten des Meppener Kreisgymnasiums gelegene Gaststube, die noch bis in die späten siebziger Jahre hinein getreulich bei Stange und Leisten blieb. Kicker und Flipper waren die einzigen Brückenköpfe der Moderne im Interieur. In einer Welt, die bereits machtvoll von Bistro-Chrom, Deckenflutern, Stechpalmen, Cocktail-Lounges, Glibberlicht und Jeansshoplärm überquoll, bildete die St. eine Insel der Behaglichkeit. »Es gibt kein richtiges Leben in Flaschen« (Hermann L. Gremliza), aber falsche Gemütlichkeit ist ja wohl immer noch bekömmlicher als echtes Elend. Doch wo damals billige Halbliter-Krüge über groben Holztischen aneinanderklongen und überschäumten, zog allzubald ein Schablonenjugoslawe ein und zertrümmerte die Tradition. Eheu labuntur fugaces anni!

Stammwürze, die Prozentualer Gehalt an vergärbaren Zuckern, der Brauer sagt auch Extraktgehalt, in der Anstellwürze (siehe Gär- und Lagerkeller, der), bevor sie den Hefen zum Fraß vorgeworfen wird.

Standardwerk zum Bier, das Halten Sie gerade in den Händen. Ihnen ist natürlich klar, daß dies bloß eine Momentaufnahme des derzeitigen Braugeschehens sein kann, daß alles in Bewegung ist, alles fließt und Sie, um am Ball zu bleiben, die folgenden Nachauflagen erwerben müssen.

Standortsökonomie Nach »Standort Deutschland« (Kohl) und »Lebensstandort Deutschland« (DGB-Vorsitzender H. Schulte) jetzt auch die »Standortsökonomie der deutschen Brauwirtschaft«. Im Gegensatz zum alten Obrigkeitsrecht des Bierbanns und zur festen Bindung der Braubefugnisse an den Gebäudebesitz sowie zu einer ersten Lockerung der standortsökonomischen Strukturdeterminanten (siehe Strukturwandel) im 19. Jahrhundert qua »Eisenbahnlinien« (die aber »mit Erfindung des Lastkraftwagens an Bedeutung verlieren«) liegen heute häufig Brauereien in Handelsstädten und Finanzzentren vorne. Standortsökonomische Priorität genießen Produktionsstätten, die über die größte »Biernachfrage« verfügen. Zusätzliche »standortrelevante Faktoren« sind »die

Absatzagglomeration, der Herkunfts-Goodwill und die Absatzkontakte«. Dipl.-Kaufmann Peter Schmidt bereits 1975: »Die Absatzkonkurrenz im deutschen Biergewerbe ist durch die Tatsache geprägt, daß Bier in der Bundesrepublik ein absolut homogener Massenbedarfsartikel ist, für den nur sehr schwer beim Verbraucher Präferenzen aufgebaut werden.« Natürlich nur dann, wenn man dieses Buch nicht liest.

Staropramen 5,0% Staropramen Praha/Tschechien. Zögerlicher Schaum, weiche Aromahopfennote, die sich in ein schwach brandiges Malz bettet. Auch hier wieder: Die Rezens läßt zu hoffen und zu wünschen übrig.

Starovar 5,0% Starovar Cheb/Tschechien. Ein dunkler Exporttyp, scheinbar. Smells like Kandis-spirit. Bald schon ein bisserl zu behäbig. Symbolisch gehopft. Das Haus hat schon bessere Tage gesehen. Erinnert sei ans legendäre **Diät-Pils** (Dia Pivo).

Stauder Premium Pils 4,6% Privatbrauerei Jacob Stauder. Man nennt es »Die kleine Persönlichkeit«. Man weiß nicht, zu welchem Ende. Auch weiß man nicht, warum es so oft gelobt. Denn »edel« heißt hier: leicht wie ein freiheitsliebender Wellensittich, fast flatterhaft. Auf der historisch-systematischen Bierforschungs-Zeitachse verzeichneten wir nur einen Bitterpunkt. Auch das gibt Punkteabzug.
Im Prinzip ist St. somit dummerweise ziemlich mies und durchgefallen.

Stecken Kölsch 4,5%. Das vermutlich unbekannteste Bier der Welt. Niemand hat je von ihm gehört. Der Tester fand eine Flasche mit dem leicht verwitterten Etikett in seinem Garten und versuchte sich zu erinnern, woher sie kam, welches Gebräu sie einst beherbergt haben mochte, ob er sie ausgetrunken und weggeworfen – doch ohne Ergebnis. Sämtliche befragte Kölschkenner schüttelten die

Köpfe, Ahnungslosigkeit verschattete ihre Mienen. Bei umgehend anberaumten Probebohrungen im hauseigenen Grünbereich erbeutete man plötzlich und zufällig weitere Flaschen St. Aus verschiedenen Etikettenfetzen ließ sich rekonstruieren: »Stecken Kölsch, seit 1750, rein obergärig: Private Brauerei G. & A. Hintermaier, 50223 Frechen«.
Da traf es ihn wie Donner und Blitz zusammen. Kein Wunder, daß niemand das St. kannte! Hatte er doch Flaschen gefunden, die nahezu 250 Jahre alt, Flaschen, die den Stürmen der Zeit getrotzt hatten und unversehrt geblieben waren!! Eine Sensation, klar. – Doch neue Fragen standen sogleich im Raum: Für wen eigentlich konnten die Trinkgefäße bestimmt gewesen sein? Was hatten sie enthalten? Was ist aus der Brauerei geworden? Sind die Hintermaiers nach Bayern zurückgezogen? Und wie schlecht muß das St. eigentlich geschmeckt haben, damit die Brauerei heute, nur zwei Jahrhunderte nach ihrer Gründung, niemand mehr kennen will?

Steffens Linz/Rhein. Nichts unversucht läßt die Brauerei St., um in der Bierbranche nachhaltig zu reüssieren. Jede Disziplin ist ihr recht, und so hat sie sich nicht lumpen lassen und erfand sogar ein **Alt** (4,9%). Allein, das ging in die Hose; starke Parfümierung kann nicht vergessen machen, daß unterm faden Schaum eine geistlose, alkalische Brühe schwappt, die sich früher oder später als arge Bedrohung für den natürlichen Säureschutzmantel der Haut erweisen dürfte. Beim **Pils** (4,9%) wurde weniger dilettiert. Zwar nagt es zaghaft am Gaumen, kann aber trotzdem mühelos getrunken werden. Nur trinkt es keiner. Der Markt hat nämlich seine eigenen Gesetze, da könnte ja jeder kommen. Zum Beispiel mit **Steffi obergärig** (4,9%), dem erträglichsten Bier des Hauses, dessen kräftig goldene Farbe, weicher Antrunk und leicht karameliges, würziges Aroma überzeugen. Um so bitterer für die Brauer, ihr Erzeugnis nicht mal »Kölsch« taufen zu dürfen (siehe Kölsch-Konvention), und wieder heißt es: kein

Verkauf, kein Ruhm, nur verzweifelt große Reden: »Nach dem Urteil der DLG [...] haben wir den ›PREIS DER BESTEN‹ erhalten. Die Brauerei Steffens darf sich als ›SPITZENBETRIEB DER BRANCHE‹ bezeichnen. Wir werben nicht mit Premium Bier. Wir brauen für Sie PREMIUMBIER!«.
Und was machen sie dann, die Geplagten und Gedemütigten? »Am Steffens-Pavillion gibt es Zigaretten«, rufen sie in die taube Welt hinaus. Es ist eine Tragödie.

Steinlager Premium Lager 5,0% Lion Breweries Neuseeland. Heimste von 1985 bis 1987 ohne Probleme den Preis eines »World's best lager« ein. Nicht ganz zu Unrecht. Schon der knuspernde Schaum geht passabel bis prächtig an, gefolgt von einem generös gleitenden Hopfenaroma, das vermuten läßt, ausgedehnte Hopfenfelder lebten in karmischer Existenz fort und schlügen sich okzidentiell-spirituell auf der Zungenhaut nieder. Da liegt es, das Zungenhopfenkarmahappening, als recht fragiles Gebilde, dem evtl. der Malzkern fehlt, weil er während der langen Überfahrt auf der Strecke bleiben mußte. Dafür gab's einen Preis, und so schließt sich der Kreis.

Sternburger Pilsener 4,9% Sternburg Brauerei Lützschena. Konsequent zum Wühltischbier degradiert. Dabei konnten die früher was. Seiner Genese nach kein eigentliches Bier, aber täuschend echt nachgemacht. Gelbe bis grasgrüne Farbe (Beta-Carotin). Auch Schaum (Spüli). Schmeckt nach aufgelösten Malzbonbons, versetzt mit Rindergalle (Vorsicht BSE!). Für Leute, die sich den finalen Rettungstrunk attribuieren wollen: **Export** (5,4%).

Stern Pils 4,8% Stern- und Dampfbrauerei Essen. Warum bloß findet diese famose Brauerei in keinem der uns vorliegenden Bierführer Erwähnung? Regt doch schon das Pils zum Wasserlassen an wie nix uns Bekanntes zuvor. Die essenübliche Kiste **Export** (5,2%) nur links von der Parkbank zu sich nehmen. Und **Borbecker Helles**

Dampfbier (4,8%) roch detailliert nach Grippevirus. Wir dachten zusätzlich an Kieselsäure. Leicht aufstoßen mußten wir. Die »Rarität« ist uns nicht bekommen.
Frau Jonischkat (Bochum) allerdings ruft dazwischen: »Denen gehört doch mal richtig Dampf gemacht!«
So kann man es auch ausdrücken.

Sternquell Bock 6,5% Sternquellbrauerei Plauen. Ein schläfriger Bock. Schludrig filtriert. **Pils** (4,9%) und **Premium Spezial** (5,4%): gut, aber nix Aufsehenerregendes. Gott sei Dank nicht »angereichelt«. Da fällt uns ein: Warum steht auf den Etiketten immer das putzige Wort »Zutaten«? Wird das Sudhaus dermaleinst ein Dr.-Oetker-Studio? Sagen Sie uns das, wenn Sie können.

St. Georgen Bräu Buttenheim. Drei Sorten (**Ungespundet-hefetrübes Kellerbier**, 4,9%; **Annafest Bier**, 5,6%; **Helles Vollbier**, 4,6%), dreimal gut. Fragen Sie bloß nicht weiter! Auch nicht, was die Etiketteninskription »Gg. Modschiedler« bedeuten mag. (Unsere Vermutung: »Gegen Mode, schielende Menschen und Einsiedler«)

Stout Lazeunjemmun, the Prince of Darkness! Schwerer, obergäriger, röstmalzorientierter Dunkelbiertyp. Kann in Hochform sehr an Kakao- oder Kaffeebukettstoffe erinnern. Alkoholismus wie beim Ale (siehe Ale). Auch hier wieder ausgeklügelte Säure. Soll ab Ende des 17. Jahrhunderts der Braunschweiger Mumme nachempfunden worden sein. Im wesentlichen kennen wir Sweet St. (England; wird gerne während der Rekonvaleszenz verabreicht), Dry St. (Irland) und Imperial St. (siehe auch Imperial Russian Stout). Das einst aus London stammende und in Kontinentaleuropa zum Starkbier mutierte Porter galt ursprünglich als leichtere Variation des St.
Der Dichter spricht in diesem Fall: »The stout was of superior quality, soft against the tongue but sharp upon the orifice of the throat, softly efficient in its magical cir-

culation through conduits of the body.« (Flann O'Brien: *At Swim-Two-Birds*)
Und damit zurück nach Frankfurt. (siehe auch Guinness)

Strafbier Die Gemeinde Senftenberg – so informiert uns Manfred Hübner (*Zwischen Alkohol und Abstinenz – Trinksitten und Alkoholfrage im deutschen Proletariat bis 1914*, Berlin 1988) – hatte im 16. Jahrhundert eine Satzung verabschiedet, wonach alle verhängten Strafen und Bußen in Bier zu begleichen waren, das hernach von der ganzen Gemeinde weggetrunken werden sollte. Zwar wurden Bierstrafe und St. per fürstlichem Dekret bald abgeschafft, gleichwohl ist deren Einführung gerade heute wieder anzumahnen. Im Dienste und im Sinne der Humanitas.

Strukturwandel Auch die Brauereiindustrie unterliegt dem seit Habermas (1962) allerorten zu beobachtenden und um sich greifenden St., wie Müller und Schwalbach in einem »discussion paper« des Wissenschaftszentrums Berlin bereits 1978 erkennen mußten. Als Folgen zeichnen sich steigende Unternehmenskonzentration und wachsende Mehrbetrieblichkeit in bislang ungeahntem Ausmaß ab. »Die Ursache für die gestiegene Unternehmenskonzentration und höhere Mehrbetrieblichkeit mag z. T. auf den Trend zu größeren Braustätten zurückzuführen sein«, teilweise sogar mit »spektakulärer« Tendenz. Wichtigstes Motiv: Kostendegression, begleitet von der Umstellung auf KSBK, die Kombinierte Sorten- und Betriebsstätten Koordination. Ein weiteres Problem: das »Transportproblem«. Auch hier wird deutlich, daß der St. noch zu keinem Abschluß gekommen ist: »Insgesamt kann gesagt werden, daß der SOLAND/BECKENSTEIN-Algorithmus für die oben angeführten Probleme mit einigem Aufwand zwar Lösungen erbringt, aber für den Anwender in der Praxis nur interessant sein kann, wenn er Zugang zu neusten Hochleistungscomputern hat«, so Müller/Schwalbach in ihrem Resümee.

Stubbi Diminutiv für eine (gefüllte) Drittelliterflasche Bitburger. Primär im Kölner Raum gebräuchlich.

Studenten, Bier und Im 18. Jahrhundert wurden nach dem Vorbild der Freimaurerei die Burschenschaften gegründet. Mitglieder sind reiche Männer, die Frauen nicht dabeihaben wollen und sich in Farbentragende (Band, Schirmmütze) sowie Nichtfarbentragende (Bierzipfel) gliedern. Beide Gruppen bestehen aus Studierenden (Aktivitas) und den meist akademisch tätigen Altmitgliedern (Alte Herren). Die Aktivitas unterteilen sich in Füchse sowie aktive und inaktive Burschen. Aus dem Kreis der aktiven Burschen werden pro Semester drei stets in vollem Wichs auftretende Chargierte gewählt: ein Sprecher oder Senior, ein Fechtwart und ein Schriftwart.
Von der in Gründungszeiten nationalbürgerlichen Orientierung blieb eine nationale bis nationalistische übrig, und auch sonst ist gute Stimmung Hauptsache. Den Höhepunkt des Gruppenlebens bildet der förmliche Kommers, bei dem der Präsident unbedingte Ruhe an der Tafel fordert, Verstöße sofort ahndet, den Landesvater sticht und flott den Salamander reibt. Dagegen zeichnet sich die Kneipe durch unterhaltsame Beiträge und Auflockerungen aus. Man singt Lieder aus dem Kommersbuch, rammt dem Nachbarn einen Säbel in die Backe oder spielt Stiefelaustrinken: Ein verwinkelt stiefelförmiges Glas wird mit Bier gefüllt, und wer beim Umtrunk schlabbert, muß den Alten Herren einen blasen. Zu vorgerückter Stunde gilt die Regel, den Stiefel unbemerkt mit Urin statt Bier zu füllen und dann weiterzureichen. Hier erreicht die Stimmung ihren Siedepunkt.

Stülpner Bräu 6,5% Stadtbrauerei Olbernhau. Starkbierattraktion mit Schaumgebirge. Hell. Rezent. Süffig. Klasse! Ungewöhnlich geschmeidig. Keineswegs bockig. Vergessen Sie also beim Genießen nicht: Das ist ein Starckbier. Vergessen Sie lieber das **Olbernhauer Edel Pils** (4,9%) und seinen verhaltensauffälligen Hopfen (ziemlich unbeherrschtes Auftreten). **Bockbier Dunkel** (6,0%): Jesus, wer hat den Erzgebirglern verraten, wie man einen dergestalt fetten Bock fabriziert. Etwas mehr Mousseux, bitte.

Stuttgarter Hofbräu Das landeshauptstädtische Unternehmen startete vorzeiten eine Werbekampagne unter dem Motto »So ein Bier« und forderte deshalb Hofbräu-Konsumenten auf, mittels Bierfilzen in vier Zeilen lyrisch tätig zu werden und die Elaborate einzusenden, damit man evtl. wegen der Originalität des Niedergeschriebenen einen Preis einstreichen könne. Nicht prämiert wurde folgende Suade eines Jugendlichen:
»Ich bin erst siebzehn Jahre alt / Und schon in der Trinkerheilanstalt. / Das verdanke ich nur dir: / Stuttgarter Hofbräu. So ein Bier.«

St. Wendeler Brauburger Pils 4,8%. Wendalinus Bräu. Eid Redef tbuärts hcis, eid Tiehrhaw nebeguzrediw. Das war rückwärts.

Suchtbeauftragter Soll sich im Fall der entsprechenden IGM-Fachkraft justament auf Entziehungskur befinden. Die Stelle ist neu zu besetzen. Bewerbungen mit den üblichen Unterlagen (Qualifikationsnachweise).

Suchtverhalten Betriebsintern hat man sich auf Trinkbeginn spätestens um 14.30 Uhr geeinigt. Eine Betriebsversammlung wurde nicht einberufen.
S. abteilungsbedingt variabel. Fahrer und Pförtner sprechen dem Bier bereits ab 12.45 Uhr zu. Mitunter dominiert nördlich des Mains auch der Sekt (siehe Rotkäppchen; siehe Fauser, Jörg).
In Petersaurach rühmte sich ein Arbeiter nach einhelligen Zeugenaussagen bereits um halb zehn Uhr morgens, er habe »im Moment« seine acht Hellen intus und werde es den »Arschgeigen« da oben »schön zeigen« und eben heilfroh immer weitertrinken, bis zur Werkssirene.
Schöne Geschichte.

Sudhaus, das Hier machen Wasser, Malz und Hopfen miteinander erste Bekanntschaft. Das S. ist vollgestellt mit großen Gefäßen, den Bottichen. Das sind so Kupferdinger. Man kann auch Pfannen zu ihnen sagen, obwohl sie keine Stiele haben. In der Maischpfanne verrührt der Biersieder das naß oder trocken geschrotene Gersten- und/oder Weizenmalz mit lauwarmem Wasser. Schrittweise wird die Temperatur der Flüssigkeit erhöht. Da die Pfannen eine akzeptable Größe haben, ist schlecht mit der Hand umrühren. Dafür gibt es Rührwerke. Die Flüssigkeit heißt Maische, sieht aus wie Haferflockenbrei und möchte ständig in Bewegung bleiben. Bei bestimmten Temperaturen hält der Biersieder eine Temperaturrast. Um die Stärke des Malzkornes durch seine ihm innewohnenden Enzyme zu möglichst einfachen, vergärbaren Zuckern abzubauen. Glucose, Saccharose, Fructose, Maltose, Maltotriose heißen die, und der Biersieder möchte ja mal eine rauchen gehen. Dann wird abgemaischt. Die Maische wird in den Läuterbottich gepumpt. Läuterbottich, weil nun feste von flüssigen Bestandteilen getrennt werden sollen. Unverzüglich wird die Flüssigkeit in Würze umbenannt. Von oben wird die Vorderwürze abgezogen und in die Würzepfanne gepumpt. Was von oben nicht geht, wird von unten abgezogen. Die Kornspelzen fungieren als Filterschicht, so lange, bis die Würzepfanne voll ist. Meist wird mit heißem Wasser nachgegossen, um die Feststoffe bestmöglich auszulaugen. Überschwänzen heißt das. Die gewonnene Flüssigkeit heißt Nachguß. Früher wurde daraus das Kofent (siehe Kofent, das) gefertigt. In der Würzepfanne wird der Biersieder die Würze zum Kochen bringen. Vorher durfte die Temperatur die 78 °C nie überschreiten, jetzt schon, und möglichst rasch. Beginnt der Sud zu kochen, wird Hopfen zugegeben. Aber auch später. Vor allem teurer Aromahopfen wird erst zu Ende des Kochprozesses appliziert. Kocht die Pfanne, kann der Biersieder eine rauchen gehen. Hin und wieder überprüft er die Konzentration seines Sudes mit einer Spindel. Konzentration meint hier den Anteil vergärbarer Zucker, für die der Volksmund den Begriff »Stammwürze« (siehe Stammwürze, die) geprägt hat. Gekocht oder gesotten wird kompetentlich zwischen 90 und 120 Minuten, bis die gewünschte Konzentration erreicht ist, weil das Wasser als Dampf wegschlotet. Rührwerke nicht vergessen, sonst brennt der ganze Laden an. Ist alles zur Zufriedenheit, wird ausgeschlagen, die Ausschlagwürze aufs Kühlschiff gepumpt, mit Ziel Gärkeller (siehe Gär- und Lagerkeller, der). Sie passiert vorher den Hopfenseiher, der die Hopfendolden, Mäusekadaver, Zigarettenstummel, Schuhe, und was dem Biersieder sonst noch versehentlich in die Pfanne rutscht, zurückhält. Denn diese Gegenstände schaden den Pumpen. Dann kann er wieder eine rauchen gehen. Halt, alles Quatsch! Biersieder dürfen ja gar nicht rauchen.

Sünner Kölsch 4,8% Köln. Laufen wir bei Getränke Müller auf und wollen eine Kiste Kölsch kaufen, richtet sich unser Begehr auf Sünner. Nein, wird uns beschieden, aber Dom undsoweiter. Gut, sagen wir, nehmen wir das Dom. Beim Rausgehen führen wir Beschwerde, es sei doch ein Unding, daß er das leckere Sünner nicht vorrätig halte. Da dreht sich Getränkemüller um, hebt an, also von wegen leckeres Sünner, das sei ja so eine Sache. Da habe man es ja gerade im Fäßchenbereich oft, daß auch Pilstrinker gern mittrinken. Wir sagen, was, das könne ü-ber-haupt nicht sein, das Sünner sei doch ein Kölsch par excellence. Er zweifelt. Wir kommen in Fahrt, süffig, komplett und flauschig, richtig sämig sei das Sünner, das hat alles. Beim Dom, na gut, da könne man verstehen, daß da Pilstrinker gern mittrinken, aber beim Sünner, nee, nie. Also, geht Getränkemüller dazwischen, richtig sei es ja wohl genau umgekehrt: Dom süffig, Sünner pilsig. Außerdem könne man über Geschmack bekanntlich nicht streiten, zahlen bitte.
Und wir haben doch recht.

Süßmeier, Richard 1986 wurde auf dem Münchner Oktoberfest (siehe Oktoberfest) in zwei Zelten nach Einflußnahme eines nicht näher bekannten SPD-Stadtrates erstmals alkoholfreies Bier ausgeschenkt (von Löwenbräu und Hacker-Pschorr, die Maß je DM 6,50). Dem einstigen »Wirte-Napoleon« S. schwante sogleich Schreckliches, weshalb er sich als Amateur-Historiker betätigte: »2500 Jahre vor Christus haben die Sumerer ein gewässertes Gerstenbier gebraut, das war so schwach, daß das Volk gleich von der Bildfläche verschwunden ist.«

T

Tabakrauchen, das Der Tabak gehört zum Trunk wie die Rauchschwaden zur Wirtsstube gehören. Ohne Zweifel kommt ihm für den geselligen Biergenuß eine katalysierende Funktion zu. Anders verhält es sich bei der sensorischen Begutachtung, die überdies eine dezidiert schwierige und horrend problembeladene zu nennen ist und die es gilt, durch Tabakdampf nicht noch schwieriger und problembeladener zu gestalten. Eigens zu diesem Behuf hat der Ex-Kettenraucher Rudolf dem narkotischen Kraut abgeschworen, nicht zuletzt, um seinen Ruf als infallibler Simultanverkoster zu festigen. Sicher, nach zwanzig Bieren zeigen auch seine sensualistischen Fähigkeiten erste Ermüdungserscheinungen. Daß sich der feine Herr Roth bei der verantwortungsvollen Verkosterarbeit Zigaretten im Mund gedreht und daselbst auch heimlich geraucht hat, in der Hoffnung, der gestrenge Kollege merke es nicht, ist ihm deswegen keineswegs entgangen. Freilich hat man den sauberen Herrn Rudolf öfters nach dergestalt vollbrachtem Tagwerk, in einen entlegenen Winkel gepfercht, bei anspruchsvoller Tanzmusik stangenweise in R 1 Minima-Zigaretten pusten sehen. Aber das bleibt unter uns.

»Tag des deutschen Bieres« Erstmals am 23. April 1995, in Erinnerung an das durch die Herzöge Wilhelm IV. und

Ludwig X. von Bayern zum selben Termin erlassene Reinheitsgebot absolvierte Propagandaveranstaltung des Deutschen Brauer-Bundes, unter dessen Flagge, man soll das nicht vergessen, auch Schultheiss, Binding, Warsteiner und viele andere mehr ins Fiasko segeln. »Alte und neue Bierlieder wurden geschmettert, die Zapfhähne standen nicht still.« Antje I. wurde zur – nomen est omen – ersten Bierkönigin Westfalens gekürt.
Mit deutschem Bier, so der Verband, ließe sich »durchaus mehr Staat machen.« Indem auch in Fuerteventura deutlicher Anwesenheit demonstriert würde. Und auf Mallorca. Die eigentliche *message* des Biertages aber ist: »Für ältere Menschen, die über Einsamkeit klagen, hat Bier auch eine wichtige soziale Funktion: Denn das gesellige Zusammensein beim maßvollen Biergenuß fördert die zwischenmenschlichen Beziehungen und hilft damit vielen, zu einem seelischen Ausgleich zu gelangen.«
Demnächst deshalb neu: Bierfahrten mit Wärmflaschenverkauf nach Ingolstadt und Paderborn, 30 Mark, Abfahrt hinter der Kirche.

Tagesverbrauch, durchschnittlicher Von Jahrhundert zu Jahrhundert, von Tag zu Tag verschieden. Keine gesicherte Datenbasis. Mythische Mengen und sagenhafte Portionen machen die Runde. Zahllose Schriften verbürgen, ungeheuerliche Mengen Bier seien in den verschiedensten Klassen von Trinkern pro Tag durchschnittlich bewältigt worden. (siehe Prokopfverbrauch) Z. B. soll ein Matrose der Hanse leicht zwölf Liter verbraucht haben, und die Dänen nennt der Dichter Shakespeare in seinem Welterfolg *Hamlet* unumwunden »Säufer«.
Ob Dichtung, ob Wahrheit? Wir kennen uns schon lange nicht mehr aus. Denn bedenkt man, daß für die Fertigstellung dieses Nachschlagewerks in drei Tagen vierundachtzig Flaschen Bier von zwei Personen … – nein, das machte ja einen Quotienten nahe dem durchschnittlichen T. … ehem … sozusagen vierzehn … also, da stimmt dann entweder … Herr Rudolf! Herr Rudolf? ? ??

Tankstelle Supermarktgroße Anlage zur Versorgung der Bevölkerung mit Lese- und Kraftstoffen wie Öl, *Playboy*, Sekt, *Penthouse*, Benzin, Bier (»Sprit«) usw., meist im Besitz zwiespältiger Va banque-Existenzen, die mit Vorliebe Studenten für sich rackern lassen. Wegen ihrer großzügigen Öffnungszeiten (teils rund um die Uhr) eine unverzichtbare Ergänzung zum regulären »Schmierstoff«- und Getränkemarktwesen. Viele Menschen besitzen überhaupt nur ein Auto, damit sie nachts zur »Tanke« fahren müssen, wo sie dann derart viel Bier kaufen (»Sixpacks«), daß es ohne Auto ohnehin nicht heimzutransportieren wäre (»zirkuläre Interdependenz«). In Skandinavien und Irland erfüllt die T. zudem unschätzbare soziokulturelle Funktionen: als Erbin des Dorfplatzes, als Einkaufs- und Kommunikationszentrum. Hier bahnen sich Ehen an und werden geschieden. Vor allem das Gemeinwesen Schweden wäre ohne T. vermutlich nicht mehr haltbar, müßte kollabieren und letztendlich Finnland zugeschlagen werden, wo es aber bekanntlich auch nicht besser aussieht. (siehe auch Tankstelle, Getränkemarkt und)

Tankstelle, Getränkemarkt und Stillgelegte Tankstellen ziehen Getränkemärkte an, vornehmlich in verlassenen Landstrichen. Ihre Inhaber werben mit allergrößtem Bierreichtum, lassen aber selten öffnen. Merkwürdig ist das. (siehe auch Tankstelle; siehe auch Getränkemarkt)

Tauchsieder, der In Reichenbach/Vogtland hatte nicht nur der Bieresel Jürgen IM »Schankbier« Fuchs im Galopp, sondern auch der Betreiber der Broilergaststätte die letzten Reste seines Verstandes verloren. Da der einflußreichere Teil jener bei ihm verkehrenden Gästeschar das Bier (Wernesgrüner) im Winter angewärmt zu trinken wünschte, applizierte er an die Wände seiner Schankstube in emsiger Kleinarbeit gefertigte niedliche Tauchsiederkabinchen, die auf Kontakt reagierten und die herbeigesehnte Biertemperatur im Ergebnis der Transformation von elektrischer in Wärmeenergie garantierten.

Eine unglaubliche Sauerei. Um das wüste Jahr 1990 herum wird ihn ein gerechtes Schicksal ereilt haben. Wie übrigens auch den Fuchs, der es nur noch zum Kaffeetrinken mit Kohl bringt. Kaffee mit Kohl!

Tausendkorngewicht Liegt für ein gutes Pilsmalz (siehe Pilsmalz, ideales) zwischen 30 und 35 Gramm. Beim Malzverkauf an den Brauer mußten die Mälzerlehrlinge früher artig jeweils 1000 Körnlein abzählen, und wehe, das Gewicht stimmte nicht. Früher eben.

Teetopf In einem T. kann man kein Bier brauen. Sprach 1870 der Abgeordnete Bissing vor der badischen Kammer.

Temperenzler, linksradikale Das Bier sei ein »Teufelswerk«, teilt die erste Nummer des gottseiesgeklagt noch immer nicht zugrunde gegangenen Blattes *Arranca! Zeitschrift für eine radikale Linke* im Sommer 1993 mit, denn wer zuviel Bier trinke, sei »nicht mehr tragbar für den ›Zusammenhang‹«, glaubt man in guter antiautoritärer Manier. Bier setzt den Großmuftis und Maulhelden des revolutionären Kampfes für saubere Kreuzberger Milchkaffeebistros ordentlich zu. Während eines Selbstversuchs litt der anonym gebliebene Schülerzeitungsredakteur nach »zwei Bieren« unter »taub werdendem Zahnfleisch«. Beim Zahnarzt konnte er dann notieren: »Alkohol entpolitisiert«, »Alkohol macht erpressbar, nicht nur deshalb ist Alkohol und linke, autonome, revolutionäre Bewegung ein Widerspruch in sich.«
In ähnlicher Tendenz hatte bereits Lenin (*Dekret über den Hopfen*, 1914) die Bierfrage angerissen. »Das Proletariat ist eine aufsteigende Klasse. Es braucht nicht den Rausch zur Betäubung oder als Stimulus – sowenig wie den Rausch sexueller Übersteigerung, wie den Rausch durch Alkohol […]. Es braucht Klarheit, Klarheit und noch mal Klarheit.« So wird er jedenfalls vom *Roten Morgen*, dem Zentralorgan der KPD, noch im Januar 1992 zitiert, was weder die Gramma-

tik befördert noch den abschließenden Sinn solcher Regieanweisungen klarer hervortreten läßt. Unsere Freunde von der *Arranca*, stark benebelt und illuminiert, marschieren unterm Banner der dreißiger Jahre (KPD-Motto: »Alkoholkonsum ist konterrevolutionär!«) einstweilen zur Großen Freiheit. Das niederschmetternde Ergebnis ihres gruppendynamischen Sit-ins mit den Florabesetzerinnen in Hamburg: Bier gefährdet die Gesundheit und fördert den »inhaltslosen Dröhnzustand, in dem der Wunsch nach Selbsterfahrung und Bewußtseinserweiterung frustriert wird.«
Uns schauen derweil siebzehn golden schimmernde Biere ganz frustriert an, weil sie endlich umgehauen werden wollen. Über Revolution mögen sie einfach nicht mit uns reden.

Tempo-Redaktion Keine Ahnung vom Bierverkosten (vgl. Heft 5/1995). Zu Recht 1996 geschlossen worden.

Tennent's Stout 6,0% Tennent Caledonian Breweries Glasgow/Schottland. Es gibt ein Leben neben Guinness! Sanfter, gutmütiger werkelt das Malzkraftwerk vor sich hin, der Ölstand im oberen Bereich, das wellige Kaffeesahnearoma tut ein Übriges, alles ist gelungen. Alle Achtung!
Und Euer **Lager** (5,0%) macht kaum was kaputt. In nachlässige Farbgebung und schales Drumherum nistet sich zungenstabile Rezens ein, die selbst eine so strenge Ansäuerung wie die eben vermerkte überholt und vergessen macht. Noch mal und zum Lobe Schottlands: Gute Leute das und Ihr da bei Tennent.

Ihr superbes **Tettnanger Keller-Pils** (4,7%) hat uns die Kronenbrauerei Tettnang trotz mehrmaliger Zusage noch nicht geschickt.

Teufelsauge Auch Bilsenkraut. Enthält die wertvollen Nervengifte Atropin, Hyoscyamin und Scopolamin. Wurde dem Bier in der Prähopfenphase mit Hingabe verabreicht. Brutale Dröhnung.

The Phoenix Beer Wozu hat man Freunde? Damit sie von Mauritius ortsübliches Bier heranschleppen in der schlanken 0,33 l-Flasche. Seit 1963. Staatliches Bier. Sozialistischer Trunk. Im Bier liegt die Kraft, sagt der Kronkorken. 5,0%. Malziges Sonnenprodukt. Fazit: Keine Einwände. Ticket lösen.

Thier Pils 4,9%. Dortmunds echte Pilsnatur. Warmgelb, dominant malzig. Wir hätten wieder mal auf Export geraten. Aber gut, der Dortmunder weiß es eben nicht anders. Bei geschlossener Flasche belassen. (siehe auch Hövels)

TIP-Bier Pilsener Brauart Feinherb. Toll im Preis. Tiptop im Wert, nämlich qua Lohnbrauverfahren an unbekannter Stätte auf 5,0% gedrillt. Wird nirgendwo gebraut, sondern aus Brühwürfeln destilliert, ist aber »qualitätsgeprüft«, was immer das heißen mag, der liebe Gott soll's später klären.
Es ist, man weiß es längst, ein Dosenbier. Fürwahr ergießt sich in das zu Bewertungszwecken herangeschaffte schottische Whiskyglas ein grünlicher, bald auch ockerfarbener Saft. Anschließend hohe Brauseannoncen, komplettiert durchs sumpfig andesignte Bukett.
Michael Schumachers Boxenbier.

Titanic 1) Englischer Schnelldampfer, der 1912 nach Zusammenstoß mit einem Eisberg unterging. 2) Norwegische Hardrockband (1969 bis 1979). 3) Kleinbrauerei im englischen Stoke-on-Trent, die leicht bittere Ales braut. 4) Frankfurter Schmunzelzeitschrift, gegründet 1979. In Heft 4/1994 erschien mit einem Rudolfschen Beitrag die »Adoptivmutter des modernen Bierverkostens« *(Der Feinschmecker)*. Denn es bedurfte erst der Überredungskünste von Herrn Roth, dem Leiter der renommiertesten Bierauskunftei in Frankfurt/Main, um darauf aufbauend die Bierbibel schlechthin (siehe Standardwerk zum Bier, das) zu verfertigen.

Wie immer hat unser Zeichner eine kleine Sache geändert. Viel Spaß beim Suchen.

Trabelsdorfer Schloßbräu 5,1%. »Edel-Pils«, das vor lauter Bescheidenheit aus Versehen zum Hellen mit stark hefigem Körper und stumpfem Finish geriet. Ja Gott, so was gibt es halt.

Tradicni Svetle Pivo Starobrno Pivovar Brno/Tschechien. Ein Helles, wie es 100 von 90 sind. Das Ganze spielt sich so um die 3,0% Alkohol ab, ist ein frommes Bräu mit leichtfertig gefälligem Nachtrunk. Und wenn nicht sofort frische Luft vom Himmel fällt, sagen wir: **Svetly Lezak**, das Lager (4,5%), hat nicht mehr als einen Hopfenfloh-zirkus anzubieten. Scheitert an der 5%-Klausel. Wir haben es mit Anstand ausgetrunken. Viktorisiert wird das Sortiment vom **Brnensky Drak** (5,0%), auch Brünner

Drache geheißen, der im Halbliterflakon mit seinen 14,0% Stammwürze in deutschen Gefilden allenfalls zum Märzen verkäme, hier jedoch die artigsten Malz- und Rezensprämissen mit einer schlüssigen Saazer Hopfenconclusio beschenkt.
Dafür würden wir uns glatt die Pilsadern aufschneiden.

Tranksteuer Die Anfänge der Bierbesteuerung können durchaus bis ins 14. Jahrhundert zurückverfolgt werden, doch ist eine hinreichend genaue Beschreibung der Bierbesteuerungsformen mangels klarer Quellenaussagen kaum möglich. Es bestanden allem Anschein nach Rohstoff- und Fabrikatssteuern nebeneinander. Überwog im 15. Jahrhundert die Fabrikatssteuer als sog. Bierakzise, trat die Rohstoffsteuer im 16./17. Jahrhundert auf den Plan (z. B. Malzpfennig), um im 18. Jahrhundert wieder von der Fabrikatssteuer (z. B. Bierpfennig) abgelöst zu werden.
Noch ungenauer sind die Angaben darüber, von wem die Steuer erhoben wurde. Zahlte entweder nur der Brauer oder nur der Wirt? Oder zahlten beide? Was, wenn der Brauer gleichzeitig als Wirt fungierte? Klar ist nur, daß die Landesherrschaften angesichts all dieser trefflichen Einnahmen vor Lachen nicht in den Schlaf kamen.
Die moderne Gesetzgebung richtet sich nach Stammwürze, bezogen auf die eingebraute Menge. Ist demnach als Mischsteuer einzustufen. Der heutzutagigen Regierung reichen freilich nicht mehr bloß Pfennige, ihre Schlafstörungen sind geblieben.

Treber, die Die Trester der Biergewinnung. Ausgequetschte Spelzen mit Restinhaltsstoffen, so Eiweiße, Fette, Rohzellulose, Mineralisches, Stickstoffreiches. Beliebtes Tierfutter.

Treuener Export 5,0% Privatbrauerei Blechschmidt Treuen. Nicht zu breit, mit einem guten Körper, verliert aber durch mangelnde Rezens manches an Charisma. Der **Bock** fährt 6,8% auf und bietet eine rubinrote Farbe, einen Klasseschaum, eine etwas fremde Nase und ein wenig Brandigkeit. Aber nur ein wenig. Pole position jedoch für das **Pilsner** (5,0%). Filigran hopfig. Der Schaum ein faszinierendes Hinterglasperlenspiel. Durchsichtiges Gold. Glänzen, Glitzern, Gleißen, als habe Braumeister Arndt Blechschmidt jedes Bierteilchen eigens und per Hand mit erlesenstem Hopfenharz lackiert. Wer macht sich die Arbeit heutzutage noch! Mit einem Faß T. unterm Arm ist uns jeder jederzeit willkommen. Ohne Ankündigung.

Trier »Der Elefant von Trier trinkt hundert Flaschen Bier«, tradiert ein Kindervers. Nur: In der amtlichen Einwohnerstatistik ist weit und breit kein Elefant verzeichnet. Bevorzugtes Getränk der Trierer: Wein, gefolgt vom Viez (Äppler). Ludwig Harig, ein »waschechter« Saarländer, berichtet aus seiner Kindheit, daß der Onkel Emil immer gesagt habe: »Wenn die Mosel noch viele Male einen Krampen geschlagen hat und der Wein fast am Ende ist, dann kommt die Stadt Trier, dort gibt es im Museum ein Weinschiff aus Stein gemeißelt, das wird gerudert von Knechten, die haben Köpfe so groß wie die Weinfässer auf dem Schiff.« Bis zu diesem Augenblick hatte Harig ausschließlich (!) Weinfässer gesehen, »und plötzlich, an einem Sommertag, in Zell an der Mosel, erschienen mir in meinem Kopf alle diese saarländischen Bierfässer, wie sie die Bierknechte von den Bierwagen in den Bierkeller rollten, und ich stellte mir vor, wie groß und dick und rund ein moselanischer Menschenkopf sein müßte, wenn er so groß, so dick und so rund ist wie der Deckel eines Fasses.« Vom **Trierer Löwenbräu** (Werbung: »Wir bleiben unsrer Heimat treu und trinken Trierer Löwenbräu«), das längst die Sagenzeit hinuntergeglitten ist, ging in der Gegend der Spruch: »Löwenbräu, unerreicht, eins getrunken und drei geseicht.« Nicht besonders einfallsreich, aber das Bier war es auch nicht.

Trinken, narkotisches Einer historisch begründeten Typologie zufolge ließ es sich die Aristokratie vornehmlich bei der heißen Schokolade gutgehen, das Bürgertum pries den »Großen Ernüchterer« Kaffee. Dem Proletariat war es vorbehalten, auf Dauer nicht nur den »organischen Alkoholika« (Wolfgang Schivelbusch: *Das Paradies, der Geschmack und die Vernunft*, Frankfurt/Main 1992) Wein und Bier zuzusprechen, sondern zunächst, und das heißt: im 18. und 19. Jahrhundert vor dem fuseligen Schnaps zu kapitulieren. Branntwein als Schmiermittel des Maschinisierungsprozesses machte die Qualen der Fabrikarbeit umgehend vergessen. Dem Unheil entfloh man durchs verdoppelte Elend toxischer Berauschung, zugleich nahmen die Bindungskräfte häuslicher Trinkrituale ab: An der Bude war der Sprit jederzeit verfügbar, narkotisches T. Usus und Ritus geworden, nicht selten mit dem Ergebnis elender Vereinsamung.

Die herrschende Klasse suchte, als im Zuge wachsender Produktivität und sich komplexer gestaltender technischer Abläufe stumpf gesoffene Arbeitstiere dem Akkumulationsregime hinderlich zu werden drohten, der »Branntweinpest« alkoholpolitisch entgegenzusteuern. Mäßigkeitsvereine und Abstinenzlerbewegungen agitierten für vollständige Befriedung und Kontrolle des Alltagslebens. Um 1880 vermochte eine zweite bürgerliche Temperenzlerbewegung gewisse Einflüsse geltend zu machen, weil »Maßhalten« statt totale Abstinenz propagiert wurde, sah sich aber bald überflügelt durch organisierte »Sozial- und Rassenhygieniker«, die den Lohnarbeiter in die ausgenüchterte Volksgemeinschaft einzuspannen versuchten – eine Vorgabe, der auch Nüchternheitsapostel im eigenen Lager wie Protagonisten des DAAB (Deutscher Arbeiter Abstinenten Bund) folgten. Z. B. wurde Bockbier auf Plakaten als »Waffe der Reaktion« bemäkelt.

Die Antwort der entwickelten, nicht mehr lumpenproletarisch dominierten Arbeiterklasse jedoch lautete in ihren besten Teilen: Bier, Bier in der Kneipe. (siehe Klassenkampf, Bier und)

Trinker, ja, ich war ein Behauptet Gunter »Alles lief nur unter Sprit« Gabriel in seiner *Bild*-Kolumne »Ja, ich war ein Trinker« vom 29. Mai 1996. Sein Schicksal: »Ich tobte in Diskos und Bars rum, ruinierte meine Ehen und legte mein Geld in Bauherrenmodellen an.« Seine Erfolge: eingerammte Diskothekentüren, »auseinanderspritzende« Diskothekenbesucher und »Power-Slides« auf Diskothekentanzflächen. Sein stärkstes Songwriting: »Frank Zander grölte meinen Song ›Ich trink auf Dein Wohl, Marie‹«. Sein größter Kumpel: Juhnke, Harald. (siehe Juhnke, Harald)
Warum das alles? »Ich bin auf einem Speditionshof aufgewachsen. Mein Alter hatte ein paar Trucks, spielte etwas Mundharmonika und Mandoline. *Es wurde manches Pils getrunken.*«
Heute lebt Gabriel »in drei Wohnwagen auf einem Werkstatthof bei Hannover«, hat sein Geld in Ehen angelegt, ruiniert Bauherrenmodelle, tobt »auf Truckerfestivals« rum und reißt »die Leute von den Stühlen«. Trinkt »ein paar Biere, sonst tagelang nichts.«
Ein Beispiel unter vielen.

Trinkgefäße Der Widerspiegelungstheorie gemäß sind T. »Spiegelbild ihrer Zeiten und deren Sitten« (Hermann Jung: *Bier – Kunst und Brauchtum*, Dortmund o. J.), mithin Hochzeitskrüge, Serpentinkrüge, Humpen, Stiefel, Pokale, Trichterbecher, Schnellen, Pinten, Walzenkrüge, Emailgläser, Porzellanfäßchen, Seidel, auch das allgemeine Steinzeug und das Eichgefäß der bayerischen Maß. Die Renaissance erfand den Humpen aus Glas, Zinn, Silber oder Keramik. Großartige allegorische und heraldische Darstellungen demonstrierten Fortschritt, humane Denkungsart und Sinn für Humor, denn der Renaissancemensch war ein vorzüglich geschultes Augenwesen, das viel auf Klarheit der Darstellung und eine sauber und korrekt austarierte Perspektive hielt. Die auf jeden Fall auch hieß: trinken.
Memento mori und carpe diem lauteten die barocken Daseinsmotti, wahre Monströsitäten in Elfenbein, gegossene

oder haarsträubend getriebene Humpen, brutale Pokale ließ man fertigen, ein bißchen viel Aufwand für so knapp bemessene Lebenszeit.
Nicht zu verdrängen war nebenher das Steinzeug, nur der altgermanische Lehmbecher hatte aus Gründen des sittsamen Umgangs bei Tische ausgedient.
Im 17. Jahrhundert eroberten Gläser aller Art den Trinkgefäßemarkt. Das ist aber eine andere Geschichte. Der kulturhistorische Gehalt dieser Abhandlung läßt sich wie folgt resümieren und bilanzieren: »Vom rustikalen mittelalterlichen Tongefäß in allen Varianten, hinter dem die ehrenfeste, fromme und derb-fröhliche Gesinnung der Dürerschen Epoche steht, über die hochentwickelten Schöpfungen der von künstlerischer Lebenspoesie geprägten Renaissance bis zu den erquickend heiteren, von sorgloser Prunkfreude gekennzeichneten Prachtgefäßen des Barock – das schöne Trinkgefäß der gegenwärtigen Ära ist Ausdruck eines anspruchsvollen, aber gediegenen Zeitgeistes.« (Hermann Jung, a. a. O.)

Trinkgeld Bis 1989 war es nämlich für einen artigen Berliner Burschen, wenn er nicht auf den Kopf gefallen war, leicht möglich, mit Biertrinken Geld zu verdienen. Wer wenig hatte oder aber Durst, fuhr schnell mal in die umliegende DDR, tauschte schwarz und erwarb für Pfennigbeträge einen Kasten Bier. Wieder zu Hause, trank er rasch die Flaschen leer, löste die Etiketten ab und brachte das Leergut (siehe Leergut) zum Supermarkt. An Pfand bekam er weit mehr Geld zurück, als er eingesetzt hatte. Und wenn einer das oft genug machte, starb er als reicher Mann oder an Leberzirrhose.

Trunksucht Zuweilen trinkt der Mensch mehr Bier, als ihm guttut, in eklatanten Fällen auch ein Leben lang. Man reserviert für einen solchen Vorgang oft den Begriff T. Robert Walser nannte die T. »eine bildhäßliche Sache« und fragte: »Warum ergibt sich der Mensch ihr?«
Antwort: »Wir sind in allem unvollkommen.«

Tuborg Pilsener 4,9%. Erhältlich ist mittlerweile eine in Mönchengladbach gebraute Lizenzausgabe, die, soweit sich das Testerteam erinnern kann, wenig gemeinsam hat mit der Durstigenmanndose aus Dänemark, welche so schlecht nicht war. Das heutige T. firmiert als »De Luxe Beer«, wird aber nach keiner Seite so recht auffällig. Eine müde Kreatur, die langwieriges Brauergezänk über sich hat ergehen lassen müssen und deshalb in allen relevanten Bereichen der Bierspektralanalyse äußerst zurückhaltend, schleppend, beinahe scheppernd agiert. Fast könnte man ein wenig traurig werden.

Tucher Übersee Export 5,2% Tucher Bräu Nürnberg. Das macht Ihr richtig. Ein Export im wahrsten Sinne, nur geeignet zum Weitwegschippern. Typologisch ganz und gar kein Export, vielmehr ein trichterbrüstiges Pils. **Pilsener** (4,9%): Ach Gottchen! Feinherb. Man kann es bald nicht mehr lesen. Trinken natürlich auch nicht. Und all diese törichten Streifen auf dem Etikett. Pralinenpackung oder Versandrechnung? Der **Lorenzi Bock** (7,0%) mit schauderhafter Benzinnase. Für ein **Helles** und ein **Dunkles Hefeweizen** (beide 5,3%) hatten wir gerade keinen Hund hier.

Tübingen Gerade die als Hochburg des Geistes verschriene »kleine große Stadt« (W. Jens) ist im Gegensatz zur landläufigen Meinung ein Ballungszentrum bedeutender Bierbölker. Schon dem mittelalterlichen Kneipenschwadroneur Nikodemus Frischlin kreidete man seine Liebe zum Bier an: »Trunksucht war nicht das einzige Laster, das man ihm mit Grund vorwarf.« Hölderlin trank laut Wilhelm Waiblinger »männlich. Auch das Bier schmeckte ihm. Er vertrug mehr, als man glauben sollte.« Der Saufaus Waiblinger selbst schrie während rabiater Bierexzesse das leere Universum und fraß verkatert Heringe. Hegel (siehe Hegel, G. W. F.), der sein bißchen Verstand im Evangelischen Stift ertränkte, schrieb dadalogisch: »Das Ganze ist das Wahre. Das Wahre ist eine

Halbe.« Ludwig Uhland ließ seinen Roland Schildträger ausrufen: »Hei, bayrisch Bier, ein guter Schluck, soll mir gar köstlich munden!« Mörike trank Ulmer Bier wie nix und war anschließend »lustig«. 1826 erschien in T. Johann H. M. Poppes Werk *Die Bierbrauerey auf der höchsten Stufe ihrer Vollkommenheit.* Der Ochsenmetzger und Volkspoet des letzten Jahrhunderts, Christian Späth, sprach wohl für alle: »Wir gehen in die unteren Räume, wo Gläser voll mit Bier tun schäumen.« Hermann Hesse nahm als Buchhändlerlehrling an Professor Theodor Haerings offenen Abenden teil. »Da raucht man gute Zigarren, trinkt einiges Bier, und jeder darf der Korona die qualvollsten Fragen vorlegen.«
Welch ein hochgradig angereiztes Bierwerbepotential! Nur: T. wird aller Voraussicht nach auch in Zukunft PR-strategisch unberücksichtigt bleiben. (siehe Reklame)

Turbobier Bier mit genveränderter Hefe, die den Schaum Stunden um Stunden stehen und auch dann nicht zusammenbrechen läßt, wenn das Getränk längst verdunstet ist (siehe auch Giesler). Die EG, die überdies genveränderte Gerste, genveränderten Hopfen und genverändertes Brauwasser – ohne Kennzeichnungspflicht – zulassen möchte, plant zusätzlich die Einführung wasserabweisender Schnurrbärte und feuchtigkeitsunempfindlicher Fönfrisuren. Die wird der Biertrinker nämlich brauchen, wenn er zukünftig durch Schaumwände taucht, um zum Wesentlichen zu gelangen.

Turmherren Pils 4,8% Brauerei Wagner Eltmann-Roßstadt. Vordergründige, aber gute Hopfennote. Rezent. Schaum nicht totzukriegen. **Urhell** (5,0%) ein komplettes Vollbier, spritzig, bald ein wenig zu dürr. Das **Export** (5,2%) hat Ladehemmung. Der Malzton verbirgt sich erfolgreich hinter einem nicht näher zu definierenden Beigeschmack. Das **Festbier** (5,5%) ist weich und mild und schwer, doch irgendwie blaß. Der **Leonhardi Bock** (6,6%) dagegen ein unzureichend vergorener Bock.

Wirkt überraschend fruchtig. Man schmeckt die Hörner förmlich. **Ungespund's Kellerbier** tut seinen 4,9% und uns auch keinen Gefallen. Schade. Die Etiketten wurden unleugbar nach Genuß von mehr als einem Kasten aus eigener Produktion entworfen.

Tusker Premium Lager 4,8% Kenya Breweries Nairobi/Kenia. Warzenfarbiges Getreidegetränk, schwer wie das linke Bein von Herrn Roth. Auch Wälz-, Kugel- oder Tretlagerbier. Sieger im offenen Wettbewerb der größten Schaumblasen. Der Hopfen gibt sich gänzlich unbeteiligt, den haben wir nämlich befragt.

U

U Fleku Berühmteste Prager Bierkneipe. Besteht seit 1499 und schenkt ein samtig-dunkles **Lagerbier** aus. Vor 1989 zur Gänze ostzonalen Hippies ausgeliefert, die in ungezügelter Biermission das Weichbild der Stadt zertraten.
Mitnichten abzuhalten waren sie von versifften, nicht etikettierten Flaschen, die in den Zügen feilgeboten wurden. Nicht Herpes, nicht Blasenkatarrh, nicht Nasen- und Beinbruch konnten verhindern, daß diese deutsche Teilpopulation aus der Nahrungskette ausscherte, die Prager Bahnhöfe und Zeltplätze verheerte und der slawischen Welt einen rechten Geschmack von alternativ deutschem Wesen vermittelte.
Verzweifelt gingen die Prager Stadtväter daran, einen neuen Interzonenbahnhof vor ihren Mauern aufzuführen, um das Zottelvolk dorthin zu verklappen. Vergeblich. Magisch vom Dunkelbier angezogen, fällt der Deutsche in die Innenstadt ein und den Inhabitanten auf den Wecker. Jetzt, wo er DM hat, wird er auch

noch frech, der Zottelzoni, und erntet von den Böhmen nicht nur abweisende Blicke. Wer will es ihnen verdenken.

Uhland Meisterbräu Brauerei Glocke Geislingen. Von Ludwig Uhland, dem Namensgeber des U.s und Oberlehrer der Schwäbischen Dichterschule, wird erzählt, daß einen seiner zahllosen Gedichtbände die poetischen Worte eröffneten: »Lieder sind wir, unser Vater schickt uns in die offne Welt.« Der Drucker korrigierte zunächst in »Luder sind wir ...«, nach der Revision durch Uhland vertat er sich erneut mit »Leider sind wir ...«, und beim drittenmal hieß es »Leder sind wir ...« So auch im Fall des U.s: Erst nach der vierten Flasche gerät es einigermaßen ansehnlich.

Ukraine Ist auf dem besten Wege, sich aus den Klauen des russischen Wodka-Bären zu befreien und Biertrinkernation zu werden. Lecker schmeckt **Kaltenecker** aus Uzgorod an der Grenze zur Slowakei, das, wohl um den Einheimischen was vorzugaukeln, mit einem durchweg deutschsprachigen Etikett versehen wird. Die Idee hatte ein ukrainisch-kanadisches Joint-Venture, so daß es nicht wunder nähme, fände man Kaltenecker in einer Montrealer Kneipe als irgendwie großdeutsches Spitzenerzeugnis auf der Speisekarte. Sind wir schon wieder soweit?
Von der Einführung des Pfandflaschenwesens profitiert in erster Linie das ukrainische Mütterchen, das nach dem Zusammenbruch des verbrecherischen stalinistischen Renten- und Sozialsystems beim Flaschensammeln in Straßencafés erstmals unternehmerische Initiative beweisen kann. Danach kommen die Fläschchen in Kästen aus Drahtgeflecht, worin sie auf großen Rumpel-Pumpel-LKWs mit 20 km/h Spitze zur Brauerei zurückgefahren werden.
Weitere einheimische Biere sind **Obolon** aus Kiew (siehe Obolon), **Braumeister** aus Lwiw (siehe Braumeister)

und **Tschernihivskie Piwo** aus Cernivci. Der ausländische Tourist (1996 zirka 15 Personen) sowie der einheimische Prestupnik (i. e. Mafiosi = jeder mit Geld) leisten sich dagegen alles, was im Moskwitsch-Kofferraum über die nur im Prinzip eisern bewachte Grenze gebracht wird: **Stary Royal**, **Staropramen** (siehe Staropramen), **Martiner Bräu**, **Cierny** und **Zlaty Bazant** aus der Slowakischen Republik, **Kilkenny** (siehe Guinness), israelisches **Maccabee** und türkisches **Efes** (siehe Efes), **Heineken** (siehe Heineken), **Zywiec** aus Poland (siehe Krakus), **Berliner Pilsener** (siehe Berliner Pilsener) und **Holsten** (siehe Holsten) oder **Harboe Silver Pilsener** aus DK-4230 Skaelskor, gebraut nach dem deutschen Reinheitsgebot, abgefüllt in Dargun, Mecklenburg-Vorpommern. Von Bierkühlung allerdings hält der Ukrainer nichts, was ja auch gesund sein soll.
Wer gerne ungesund lebt, bestellt sich im Kiewer Stadtteil Podil für 900 000 Kupons (die Übergangswährung der Ukraine; echtes Geld soll »demnächst« eingeführt werden) ein gut gezapftes Halbliterglas Bitburger. Legt er noch 100 000 Trinkgeld drauf, darf er sich damit dicke tun, eine Halbe für eine echte Million getrunken zu haben. Sind aber auch immerhin gute 8,80 Mark.
Letzten Widerstand gegen den zunehmenden Biergenuß leistet hauptsächlich die ukrainische Damenwelt. Ihr schlankerer Teil bevorzugt Champanskoje (alkoholhaltiges Süßgetränk mit Bubbeleffekt) und bereits fix und fertig in der Flasche abgemischtes Cola-Rum. Breitgewachsenere und -geschminkte Damen halten sich dagegen an Wodka, der gerne unterm Café-Vollplastetisch hervorgezaubert wird. Das stört den Wirt nicht, auch wenn die eine oder andere nach einem guten Weilchen und zirka zwei Litern Wässerchen einfach umfällt, um dann von ihrem erstaunlich hageren Mann nach Hause geschleppt zu werden. Vgl. auch geflügeltes ukrainisches Wort »Egal – normal!«

Unheil Dein Name sei Schankbier!

Unverfrorenheit, die Seit etlichen Jahren dominierendes Strategem auf dem Kultursektor. Hat jetzt auch die Brauwirtschaft ansatzweise im Griff. Vorreiter wie immer: Henninger (siehe Henninger) und Binding (siehe Binding), beide c/o Frankfurt am Main. Während Binding das Bündnis mit der Post AG sucht und in allen größeren Schalterhallen seinen Katalog »Der Brauerei-Shop« respektive »The brewery-shop« auslegen läßt, um dem geplagten Frankfurter Bürger zum Getränk auch noch u. a. »Gaston-Schürze«, »Hosenträger«, »Krawatte«, »Maxi-Schirm«, »Zapfer-Schürze« und den ganz unverzichtbaren Miniatur-Modell-»Super-Truck« (siehe Trinker, ja, ich war ein) sowie den – fast hätten wir's vergessen – »Party-Schirm« aufzuschwatzen, bis er, der Bierkonsument, müde und geplagt gleich das komplette Sortiment ordert, kennt die U. bei Henninger wahrlich schon gar keine Grenzen mehr. Redaktionell mühsam getarnt, präsentiert ein ganzseitiger Promo-Artikel in *Bild Frankfurt* (29. Mai 1996) das Haus Henninger als »Meine Firma«, in der einträchtig (siehe Frankfurt, Eintracht) die Direktoren, der Verkoster, Braumeister, Abfüller, Bierkutscher, Export-Fachmann, Pförtner, die Innendienst-Leiterin, der Fuhrpark-Chef, die gute Seele und der Werbemensch nichts unversucht lassen, ein entfernt bierähnliches Produkt als Bier zu verkaufen.
Und siehe: Die Welt glaubt's und nimmt den Sud ab. In sechzig Ländern. Da hoffe noch einer auf die höhere Vernunft.

Ur-Bier »Vermutlich entstand das erste Ur-Bier, als ein Stück Brot feucht wurde und zu gären begann.« *(Das große Lexikon vom Bier)* Heute macht man Pferdefutter oder Semmelsuppe draus. Auch nicht von Übel.

Ur-Böhmisches 5,0% Pivovar Most/Tschechien. Ohne Frage, diese Biere sind immer dunkler, als wir das gewöhnt sind. Erinnern mitunter an einen guten hellen Bock. Und es verbirgt sich manch Geheimnis hinterm

Schaum. Nicht immer bekommen den tschechischen Brauern die teils üblich gewordenen Verrenkungen für den deutschen Markt. Kräftiges Malz und guter Saazer Hopfen streiten mit allen Mitteln um die Vorherrschaft beim Nachtrunk. Könnte spritziger sein.

Ureich Premium Pils 4,8% Eichbaum Brauereien Mannheim. Urig-eichbaumfurniertes Trinkerlebnis aus dem Hornglas, selbst die Dose bewahrt den preßspanhaften Grundcharakter.

Urfels Pils 5,0% Brauhaus Urfels Duisburg. Die Getränkemarktbesatzung weiß den Preis nicht und gibt's für – »Sind Sie einverstanden?« – 75 Pfennig her. Das Brauhaus kennt den Herstellungsort nicht und läßt schreiben: »Hergestellt und abgefüllt in einer nordrhein-westfälischen Großbrauerei.« Und wenn Sie in Erfahrung bringen wollen, wie eine »Spezialabfüllung« schmeckt, riechen Sie kurz dran, das Übrige denken Sie sich.

Ur-Krostitzer 4,8% Brauerei Krostitz. Ein deutlich zu dunkles, malzbetontes, eher exportgefährdetes Bier, zum Teil mostig. Im Nachtrunk aggressiv bitterböse, also viel und schlecht gehopft. Nach dem Rothschen Hopfenedikt des Jahres 1979 eigentlich aus dem Warenverkehr zu ziehen. Schaum schon mal großporig und ohne großes Stehvermögen. Sächsisch schwer. 89er-Demonstrantenbier. Ein laut Werbung angeblich »ehrliches Pils«. Hauptverbreitungsgebiet: Großraum Leipzig, daran ändert auch der neue Eigentümer Binding nichts. Gott sei Dank.

Ushers Dark Horse Porter 5,0% Ushers of Trowbridge Place Birmingham/Großbritannien. Schöne Bitter-Schokolade. Kann man billiger haben. Freilich ohne Alkohol.

V

Vaihinger Tomatensaft Vaihinger Fruchtsaft Stuttgart. Wie kommen Sie denn hier herein? Raus!

Vasold Pilsener 4,6% Privatbrauerei Vasold & Schmitt Neunkirchen a. Br. Schaum wie ein Küchle, zuckerbestreut, auch sonst ein sehr gutes Pils. Das **Fränkische Vollbier** (4,6%) gedämpfter, ruhend-malzig im Antrunk. Hopfenasymptotisches Finish – für so ein puppenleichtes Bräu! Durchs **Benedikt Dunkel** (5,0%) ziehen ein paar Rauch- und Räucherkerzenschwaden. Uns gehen jetzt die Worte aus. (siehe auch Kellerbiere, fränkische)

Veldensteiner Landbier 5,0% Kaiser Bräu Neuhaus/ Pegnitz. Opulent im Schaum, malzige Fülle, akkurat bronzerote Färbung, etwas zu spritig. Kühl und halbdunkel gereift. Könnte eine Schaufel mehr Hopfen vertragen. Pro Sud, versteht sich, nicht pro Flasche. Das **Kaiser Pils** (4,7%) aus gleichem Hause reserviert. Hopfenkratzig im Nachtrunk mit hefiger Nase. Beim **Kaiser Hell** (4,8%) dachten wir zuweilen, es sei Gift.

Veltins Pilsener 4,8% Brauerei Veltins Meschede-Grevenstein. Sieht einladend aus, riecht einladend, schmeckt nach mehr. Das Bukettensemble in friedlichem Einvernehmen, bald zu friedlich. Nachdenkliche Bittere. Wie abgezirkelt, beliebig, ja farblos, um nicht zu sagen: für Pilsfreunde nicht empfehlenswert.

Verkostung, die Keine Mühen haben wir gescheut, dem werten Leser einen nach unseren begrenzten Möglichkeiten repräsentativen Querschnitt der hiesigen sowie Pas-

sagen und Sektoren der internationalen Bierlandschaft vorzulegen. Viele Sorten und Marken begleiten wir schon jahrelang, die einen mehr, die anderen weniger. Nur in den seltensten Fällen haben wir uns zu Bieren geäußert, die wir allein oder lediglich einmal tranken. Flaschenbier wollte mit Faßbier verglichen, aus erfahrungsgesättigten Eindrücken auch von großen Marken ein definitives, unumstößliches Urteil deduziert sein. Allein, es mangelte ab und an – unwillentlich, ohne Vorsatz – an der Induktion, am Aufschreiben z. B. aller relevanten Angaben. So fehlen hie und da entweder Alkoholgehalt oder Brauerei oder beides, weil wir im Zorn oder im Augenblick seligster V. vergaßen, das Diktiergerät anlaufen zu lassen; oder wir schrieben alles geflissentlich auf, verbaselten zu guter Letzt die Sache jedoch, weil das entscheidende Stück Papier zum Zigarettenanzünden verwendet ward. Manchmal hatten wir keine Lust, und geschehen sollte es auch, daß vor Ort, in der Kneipe, im Zwiegespräch mit dem Brauer *keine* Facts eingeholt wurden.
Dank gebührt unserem guten Gefährten, dem Ausguß. Dank gebührt auch den vielen kleinen und rührigen Brauhäusern, die uns auf Anfrage Proben zur Verfügung stellten. Exkursionen wurden exekutiert, Abstecher in ferne Länder und nahe Bierlokalitäten absolviert. Im persönlichen Disput zwischen den Autoren wurde manche Bewertung umkämpft und vertieft, Freundschaften wurden auf- und Übertretungen des vierten Gebotes angekündigt. Alles tags drauf willkürlich widerrufen. Halten auch Sie mit Empfehlungen nicht hinterm Berg, denn weder Ausschließlichkeit noch Letztgültigkeit konnten und wollten wir anstreben. Für Besonderheiten sind wir immer gern zu haben. Nicht alles, was wir verfaßten, ist Klamauk und respektlose Einlassung, ja Einmischung. Im Gegenteil: Vieles von dem, was wir schrieben, ist wahr bzw. wird wahr werden.

Verschneiden, das Hat nichts mit Bäumchen und Hecken am Hut. Auch nicht mit Beschneiden. Meint vermischen (Arbeitsweise). Arbeitsgegenstand: Glückliche

Sude werden mit Blausuden (siehe Blausud, der) gemischt. Verhindert nach außen allzu große Qualitätsschwankungen. Arbeitsmittel: Verschneidbock.

Vicinale Diketone Die berüchtigten Jungbierbukettstoffe. Entstehen bei der Hauptgärung und werden bei der Reifung abgebaut. Von ihren Vorstufen, den Acetohydroxysäuren, erzählen sich die Biochemiker, sie seien sehr labil und setzten alles daran, Diketone zu werden. Verstehe einer diese Vorstufen. Was ist so schlimm daran, eine Acetohydroxysäure zu sein?
Der Gehalt an Diketonen ist hingegen ein wesentliches Kriterium für den Reifegrad eines Fertigbieres. Zuviel davon sorgt für unreinen, jungen, unharmonischen Geschmack und Geruch. Bis hin zur Ungenießbarkeit. Diacetyl und Pentadion heißen die Burschen. Merkt sie Euch!

Vier-Komponenten-Lehre Axiomatik einer historisch-systematischen Analyse der zeitlos-geschichtlichen Funktionen des Bieres hinsichtlich der vier Komponenten Nahrung, Genuß, Freude und Medizin. Noch in Arbeit. (Wird voraussichtlich 1999 vorgelegt.)

Vogts, Berti Wie hielt es der Weltmeister von 1974, mehrfache Deutsche Meister und Europapokaltriumphator mit dem Bier? Elektromeister Willi Knüppel war Stadtbrandmeister in Bertis Geburtsort Büttgen. Seine Worte: »Berti war auch bei der Freiwilligen Feuerwehr, mischte im Fanfaren-Zug mit. Auch im Schützenverein war er aktiv. Das ging dann vorbei, als er Fußball-Profi wurde. ›Bier‹, hat er immer gesagt, ›Bier ist nichts für mich.‹«
»Löschen« hatte für ihn also eine ganz andere »Bedeutung«.

Vornamensgebung Selten, sehr selten, eigentlich, wenn man's genau nimmt, zu keiner Zeit gelangt das Bier, während Familiennamen wie Bier, Bierbaum, Bierfreund und Kuhbier geläufig sind, auf amtssprachlich deutsch geregelten Behörden als Vorname zum Eintrag. In Amerika ist das wieder ganz anders. Während einer Podiumsdiskussion über »wechselseitige deutsch-amerikanische Klischees« im Tübinger Deutsch-Amerikanischen Institut bemerkte der Deutschlandkorrespondent des *Wall Street Journal,* Daniel Benjamin: »Kein Amerikaner versteht, warum ein Deutscher seinem Kind nicht zum Beispiel den Vornamen ›Bierstube‹ geben darf.« (*Schwäbisches Tagblatt,* 4. Januar 1995)

W

Wächtersbacher Fürsten Pils 4,8% Privatbrauerei Wächtersbach. Edelherb, ein bißchen aufgeblasen, sonst mundend.

Wäldches Sportlerausflugslokal nahe der Nidda in Frankfurt/Main. Nebenbei auch Brauerei. Setzt ihrem Softball-Kollegium ein **helles** und ein **dunkles Zwickel** vor. Ersteres leidet unter dem üblichen Brombeerbrimborium, letzteres zirpt kohlensäurereich auf der Zungenspitze, macht ansonsten aber entschieden in Africola.
Zum Wäldches-Tag, dem Pfingstdienstag, einem Rummelplatzevent für die Frankfurter Makler- und Sportlerbanden, publiziert W. den sog. *Wäldches-Boten.* Im Sommer 1995 forderte man dortselbst »eine Grundphilosophie, und die bedeutet mehr als Bier«; nämlich: »Zheißt es immer wiederurück, denn der rückläufige Trend ist gerne en vogue.«
Dem haben uns nixmol zufügen.

Wagner Pils 4,8% Wagner Bräu Kemmer. Beim Trinken anschnallen! Hier wäre eine Ode fällig. Bitteschön: Das Bier legt den Schaum in den Nacken, sein weißes Geweih.

Der Hopfen, der Fegebaum wirft trefflich, ja vortrefflich Bittere ab, und an ästiger Zunge weht ein Rest von Malz. Die Sonne selbst hält ein in ihrem Lauf, dieses goldfarbene, hopfeninteraktive Bier zu schauen. Und nicht nur sie, sondern auch der warme Glanz der Zufriedenheit ist es, der sich über unsere Kennermienen legt.

Wallfahrtstätte Als solche gilt laut *Zug* 3/96 das Rottach-Egerner Benediktinerkloster. »Bierkenner aus aller Herren Länder« pilgern ins heute »Herzoglich Bayerisches Brauhaus« genannte Lokal, ein Pendant zum Münchner Hofbräuhaus, und trinken während des Sommers das spezielle **Jubiläums-Bier**. Sagenhaft.

Wappen Pils 4,7% Brauhaus Felsenkeller Arnstadt. Alles, was ein Bier nicht braucht: wenig Schaum, spritiger Nebentrunk, höhlengleich muffige Malzsüße, Hopfen konnte gar nicht nachgewiesen werden (vergessen?). Man freut sich auf die Zigarette danach. **Export** (5,4%): o. B. Das **Felsenkeller Hefe-Weizen**, das erste seiner Art im Osten, weist 4,9% vor, wirkt fruchtig, verhalten, säuerlich, schwach differenziert, bleibt ohne nennenswerten Körper. Wie bei seinen untergärigen Kollegen dezidiert modriger Fremdgout. Aber Herrn Holetzeck »schmeckt« so was.

Warsteiner Premium Verum 4,7% Brauerei Warstein. Der Amselfelder unter den Bieren. Vertreter des sog. Sauerländischen Pilstyps und Flaggschiff der unsinnig bierfeindlichen Premiumwelle. Premium meint in diesem Falle Designerbier, also ohne Ecken und Kanten, keine Spezifik, kein eigentlich regionaler Bezug. »Die Königin unter den Bieren« – was ein Murks. W. hat eine schön ausgerechnete Malzsüße, super abgestimmte, aber ein- und ausdruckslose Hopfengabe, prima Rezens und top Haltbarkeit. Ist in dem Sinne kein Bier, sondern am Computer entworfenes, bierähnliches Produkt, gemacht für Gelegenheitsmenschen, die ihre Zeit vor eben diesen

Computern zubringen und solch öde Widrigkeit sogar als Leben hinnehmen. Unseren Lesern sprechen wir ein eindeutiges Warsteiner-Verbot aus – bei Strafe lebenslänglichen Dosenbiertrinkens. (siehe auch Miss Germany)

Wartburg Pils 4,9% Eisenacher Brauerei. Liegt gut im Glas, possierlich gehopft, riecht schlechter, als es schmeckt. »Aus erlesenen heimischem Rohstoffen.« Beim **Export** (5,2%) der nämliche Pilsetikett-Dativfehler. Das ist doch Absicht! **Schwarzer Drachen**? Ein, sapperlott!, Schwarzbier, erreicht 4,9%, sauberer abgestimmt als die Orthographie. Geradezu leicht mit moccasahnefarbenem Schaum, da gibt es nichts zu maulen. Gehet hin und trinkt dieses Bier!

Was ein Bier braucht Alles.

Wasser, das Farblose, klare Flüssigkeit. Grundbaustein allen Lebens. Wächst tief in der Erde.
Eine bekannte Tatsache ist, daß der Geschmack des W.s örtlich changiert. W. erschöpft sich niemals nur in der reinen Verbindung von Sauerstoff und Wasserstoff. Es besitzt in hohem Maße die Fähigkeit, andere Stoffe zu lösen. Darum enthält es Verunreinigungen mannigfaltiger Art.
Wir können bei Bier von Wasserverunreinigung sprechen, wenn das W. vorher durch die Gefäße einer schlechten Brauerei geflossen ist, die selbst seine famose Selbstreinigungskraft überfordert hat. Meerwasser besitzt einen zu hohen Salzgehalt und ist zum Brauen mit Sicherheit ungeeignet. Süßwasser dagegen ist keineswegs süß, der Brauer macht sich keiner unerlaubten Zuckerzufuhr schuldig. Die im Süßwasser versteckten Metallsalze und Säuren sind es, die es zum Bierbrauen mehr oder weniger tauglich erscheinen lassen, klassifiziert nach Härtegraden. Ein Pilsmolekül läßt sich verständlicherweise bevorzugt von weichem W. umwerben. Das nur am Rande. Alle Brauereien halten auf ihr W., und die einen haben mehr, die anderen weniger Aufwand damit, es aufzubereiten.

Auf den Etiketten (siehe Etikett, das) steht immer was von »frisch« und »Felsquellwasser«. Sehr gespannt sind wir, wann einer »mit abgestandenem Regenwasser gebraut« appliziert. Bei vielen Bieren brachte uns die Organoleptik auf diesen verwegenen, aber gar nicht mal so abwegigen Gedanken. Da heißt es aufpassen.

Wasserhäuschen Institution des vorgezogenen Nachtlebens. Lockt mit kostengünstigen Konsumangeboten und maximal zwei Sorten. An oft stark befahrenen Straßen gelegen, ersetzt das W. die Tankstelle (siehe Tankstelle) bis zum Ausschanklimit um 22 Uhr – bis dahin aber volles Rohr, no limits, zügiger Service, knallende Kronkorken (siehe Kronkorken, der)! Auch bis zum Brechen (siehe Brechen, das), und item bis zum Orientierungsverlust. Dann ruft man, daß es die ganze Nachbarschaft hört, »Gib mir meinen Schlüssel zurück!« oder »Kröte, du!«.
Das W. wird mancherorts euphemistisch »Trinkhalle« genannt. Doch der Sanitäter kann problemlos vorfahren, denn das W. steht, wir sagten es schon, gut sichtbar an den Hauptverkehrsadern.

Weidmann Pils 5,0% Zuid Hollandse Bierbrouwerij Breda/Niederlande. Herr, laß diesen Kelch an uns vorübergehen!

Weihenstephaner Edel-Pils 5,1% Bayerische Staatsbrauerei Weihenstephan. Interessiert Sie das ewige bajuwarische Zankapfelgeblök über die zweifellos älteste Braustätte der Welt? Interessiert Sie? Daß man in Weihenstephan 1040 begann und seither nicht mehr aufhören mag, einen von gängiger Münchner Faulmanier abweichenden und großmütig komponierten Zungendelektator der Pilsener Art zu brauen, dessen schon sehr frivole Hopfenstimmung unter spritzige Kohlensäurewhirls fällt und sehr wohl, sehr wahr »hopfenblumig« genannt wird?

Also, wir finden das gut und selbstverständlich besser als die lasche, mangelhaft süffige, zur Brotzeit gereichte Variante **Original Bayrisch Mild** (5,1%), welche claro et dito den Ochsentitel »Premium Bavaricum« mit sich führt.

Weihnacht, die W. ist, kein Bier im Haus, da bleibt nur ein Beutegang zur *Kleinen Oase*, einem Imbißverschlag am Busbahnhof.
Gewaltbereites Stimmengewirr und muntere Kloakenbächlein weisen den Weg. Es gibt Bier und Schnaps, Bockwürste, Bouletten, Versandhausschnitzel, Krammetsvögel. Alles. Und das bei einer Preisgestaltung, die jeglicher marktwirtschaftlicher Überlieferung hohnspricht.
Eine vergnügliche Runde wärmt sich hier gegenseitig. In der Ecke sitzt die bleichsüchtige Gitti. Gitti ist nicht ganz richtig im Kopf und stellt ihre vor Jahresfrist erlittene Fehlgeburt nun täglich mit wechselnden Plüschtieren nach. Schon die Art, wie sie Beine aus- und übereinanderzuschlagen pflegt: daß man ihr durch die Schamfuge bis in den Rachenraum spähen kann. Eine anatomische Unmöglichkeit, sicher, aber von den Umsitzenden trotzdem lebhaft und kontrovers diskutiert. Eisig leckt der Wind an unserer Nase.
Kurz vor uns waren drei Emissäre der aus vermutlich niederen Motiven ausgesperrten Trinkgemeinschaft vom benachbarten Soundsoplatz eingetroffen und bereits großzügig mit herabwürdigenden Äußerungen überzogen worden, vor allem, was niedrige und uneheliche Herkunft anbetraf. Mit Interesse verfolgen sie den ersten Ansturm und verlesen hintennach eine Grußadresse, die dezidierten Versöhnungswillen zum Ausdruck bringt. Mündlich fassen sie ihre Sorgen in der Forderung zusammen, auch fürder hier Bier kaufen zu dürfen. Außerdem, so betonen sie, wolle der Kurt die Gitti wiederhaben. Der fundamentalistische Flügel der *Oase* kräht wiederholt derbste Unterstellungen in den Kristallhimmel. Gitti seufzt engagiert, und die Realos signalisieren nonverbale

Zustimmung, indem sie stoisch weiter ihre Brühwürfel lutschen oder arhythmisch in die Luft beißen.
Eine schielende Katze schlürft verstohlen ausgeworfene Konservierungsmittel auf. Gitti aber hebt plötzlich fürchterlich zu schreien an, verrenkt sich obszön und läßt unter martialischem Quieken einen schroff mißhandelt wirkenden Teddy aus ihrem Rock in den Schnee plumpsen. Dann schlafft sie ab und wünscht, unverzüglich mit heißem Wasser begossen zu werden. »Meint es der Kurt denn ernst?« läßt sich Gittis Bruder vernehmen, bevor das Bier sein Verständnis für den Segen des Gleichgewichtes außer Kraft setzt und er vom Stuhl fällt. Die Abgesandten bejahen kräftig. Auch die bisher Unbeteiligten sprechen sich nunmehr dafür aus, den Leuten vom Soundsoplatz wieder Bier zu verkaufen. Mit den knappen Worten »Ja, Kurt, der blöde Arsch!« bringt auch Gitti ihren Standpunkt in die Debatte ein. Hastig stapfen die drei abgerissenen Gestalten davon, leere Flaschen und Geld sammeln.
»Das war ja eine schwere Geburt«, hören wir den Wirt entnervt in unsere Richtung sagen. Zwiebulöser Brodem begleitet seine Worte, und fast möchten wir behaupten, daß sein Gebiß eines ordnenden Prinzips entbehrt. »So geht das nämlich jeden Tag«, schiebt er hinterher und uns zwanzig Flaschen über die klebrige Papptheke.
Zufrieden trotten wir heim, an den Kloakenbächlein entlang. Und auch in der *Kleinen Oase* kehrt weihnachtlicher Friede ein.

Wein Großer Kontrahent und Gegenspieler des Bieres. Spaltet die trinkende Bevölkerung in div. Apologeten, Prediger, Anhängerschaften, Sekten, Clubs, Vereine und Klassen, bleibt aber, obwohl bis zum Dreißigjährigen Krieg z. B. südlich von Frankfurt dominant, sozial- wie revolutionsgeschichtlich hinter dem Bier weit und klar zurück. Vorteil des Bieres gegenüber dem W.: Es ist ein solider, nachhaltiger Rauscherzeuger mit wertvollen Spurenelementen und Vitaminen und sowieso völlig grundlos jedem lachhaften langstieligen Glas W. ob aus dem

Humpen, dem Krug, dem Glas, dem Seidel, der Flasche und sogar aus der Dose immer vorzuziehen.

»Wein auf Bier, das rat' ich dir, Bier auf Wein, das laß sein« Der Positivismus vertritt die Auffassung, hier werde die allgemein-menschliche Einsicht referiert, unterschiedliche Sorten Alkohol sollten nicht durcheinander getrunken werden. (siehe Durcheinandertrinken, das) Es verhält sich aber so, daß die Wissenschaft selbst erzeugt, was sie glaubt erkannt zu haben. Früher, als man Bier und Wein aufs vergnüglichste neben- und hintereinander wegschaffte, lautete unsere beliebte Sentenz nämlich: »Wein auf Bier, das rat' ich dir – Bier auf Wein, auch das darf sein.« In traditionalen, der Berauschung äußerst aufgeschlossenen Gesellschaften ließ sich hören: »Bier und Wein – muß alles rein.«
Erst im Prozeß der Zivilisation, in dessen Verlauf individueller Selbstzwang und drakonische Ich-Kontrolle gang und gebe wurden, tauchte plötzlich ein Spruch auf, der entfernt an obige Aussage erinnert: »Wein und Bier, trink' dero vier, Bier auf Wein, sag' alsbald nein.« Auf dem Höhepunkt allseitiger Zivilisiertheit, während der Zeit des Puritanismus und Abstinenzlertums, hieß es sogar rigide »Wein auf Bier, halt: Finger weg – Bier auf Wein, nein, laß den Dreck«, und sogleich waren auch die entsprechenden Gesetze aus dem Boden gestampft (Prohibition).
Die in großen Teilen trinkfreudige Bevölkerung zeigte jedoch, was eine Harke ist, ersann den Topos »Bier und Wein: Scheiß halt rein« und griff zum unauffällig herzustellenden und zu verbreitenden Schnaps. Erst Wirtschaftswachstum und Freßwelle schufen die Grundlage für eine so kommode Erkenntnis wie »Wein und Bier – das lob' ich mir«. Ungeklärt bleibt, warum sich ersterwähnter Satz bis zum heutigen Tage hat durchsetzen, hat halten können.

Wein- vs. Bierrausch Jahrtausendealter Streit, welches Getränk lustiger macht. Weintrinker argumentieren so:

»Attilo Turani (42) mußte 24 Urlauber vom Flughafen abholen. Aber: Die Maschine aus Gran Canaria hatte 4 Stunden Verspätung. Attilo ging in die nächste Taverne und bestellte Wein. Zwei Liter, eisgekühlt. Die Urlauber stiegen frohgelaunt in seinen Bus. Als Attilo stöhnend hinterm Steuer Platz nahm, ahnte noch niemand, daß jetzt ihre verrückteste Reise begann.
Erste Bedenken, als der Fahrer anfing zu singen und die Hände vom Steuer nahm. Er lallte: ›Schaut mal. Ich kann auch freihändig fahren.‹ ›Anhalten!‹ schrien die Fahrgäste. Attilo lachte und gab Vollgas. Mit 140 km/h Richtung Bergamo. Ein Fahrgast versuchte, ihm ins Steuer zu greifen. Attilo trat voll auf die Bremse – der Urlauber stürzte. Dann machte der Fahrer seinen Gästen den Vorschlag: ›Wenn ihr euch alle im Gang hinkniet, halte ich an.‹ Als alle auf dem Boden hockten, trat er wieder in die Bremse – 24 Fahrgäste purzelten durcheinander.
Letzte Rettung: 3 Frauen schrieben mit Lippenstift auf die Innenseiten von Geschenkkartons Mitteilungen an andere Autofahrer: ›SOS, besoffener Busfahrer. Rettet uns.‹ Ein Mercedes-Fahrer sah den Hilferuf, alarmierte über Autotelefon die Polizei. Horror-Bus kurz vor Bergamo gestoppt. Attilo hatte 2,88 Promille.« 1:0 für den Weinrausch! Wer gleicht für die Biertrinker aus? Und mit welcher Geschichte? (Quelle: *Bild*) (siehe auch Wein)

Weiß Der Bierschaum ist niemals w. Nicht. Niemals. Nirgends. Nie.

Weißenoher Klosterbier 4,6%, »Stammwürze-Garantie 12,3%«. Ein Heroin unter den Bieren. Doch immerhin vorstellbar auch dies: nämlich zum Frühstück gleich ein solches wegzuschütten, und »ich glaub', der Tag wird schwer« (Tester H.-J. Huhn). Bzw. »ein Bier für Leute, die zu faul sind, den ganzen Kasten hochzutragen.« (ders.) Ogottogott, Biertrinken kann so langweilig sein. (siehe auch Kellerbiere, fränkische)

Weizenbier Obergärige bayerische Spezialität mit Nachgärung in der Flasche. Da kommen vermehrt fruchtige Aromata zum Zuge. Stammwürze ähnlich dem Pils (siehe Pils). Anfängern empfehlen wir ein Kristallweizen, also klar filtriert. Später, wenn sie das Einschenken begriffen haben, kann auf die richtigen hellen und dunklen Hefeweizen umgestiegen werden. Muß aber nicht. Noch haben wir es mit den Ausläufern einer penetranten Weizenbierwelle zu tun, die vorzüglich in Szenelokalen (mit Zitronenstückchen) Platz greift und durch den Triumphzug von Brauerei Maisel (Bayreuth) so manche Bierproduktionsstätte gezwungen hat, W. in ihr Sortiment aufzunehmen. Wobei nicht jede dunkle Weiße weniger als nur eine Farbvariante der hellen Weißen vorstellt. Natürlich muß es auch Exportweizen, Weizenbock und Weizendoppelbock geben.

Weltbild, egozentrisches Geht Ihnen das nicht auch oft so, daß sich die ganze Welt um Sie zu drehen scheint? Elfenstühlchen, Heidelbeerbäume, Himmel, die Arschlöcher von nebenan? Auf der Suche nach dem einen Zuhause, nach Kneipenexzeß, beispielsweise?

Weltenburger Barock Hell 5,1% Weltenburger Klosterbrauerei. Das Bukettkostüm überhaupt nicht barock, vielmehr frühromanisch-behäbig, als hätten die Mönche der, wie sie vorgeben, ältesten Klosterbrauerei Deutschlands (seit 1050) jedes Malzkorn unter ihren Kutten einzeln ausgebrütet. Zum **Barock Dunkel** möchten wir uns lieber nicht äußern, und der **Asam Bock** (6,5%) und seine erbsengroßen Schaumblasen in Superslomo machten uns mit der Tatsache vertraut, daß unsere Körper für den Abbau dieses Alkohols noch kein Enzym entwickelt haben. Das **Kloster-Pils** (4,7%) gibt sich aufgeräumt und renoviert und stark klosterfraumelissengeistlich. Trinkt man am besten zu Lebkuchen mit Spätzle und Mandelsplitter-Gurkensalat. Die reinste ruinöse Erfindung. Auch die hätt's nicht gebraucht.

Weltzusammenhang Was die Welt im Innersten zusammenhält, wurde trotz angestrengten Nachdenkens nicht einmal Adorno abschließend klar. Daß sie hingegen zweifellos nach Bier verlangt und in jedem einzelnen ihrer menschlichen Elementarbestandteile dasselbe Bedürfnis zum ewigwährenden Gesetz stilisiert, lehrt uns der Weltzusammenhangsspezialist Thomas Bernhard sel.: »›Ein Bier, bitte‹, heißt, die Welt will ein Bier. Sie trinkt es und wird mit der Zeit wieder durstig.«
So ist es.

Werbung Laut einer Untersuchung von Theobald Simon (*Die Werbung der Brauereien,* Nürnberg 1931) ist zu unterscheiden zwischen Wirte- und Konsumentenwerbung. Schwerpunktarbeit im ersten Sektor: Dem Wirt so lange zusetzen, bis er glaubt, er sei der letzte Depp und müsse nun alles mit sich machen lassen. Denn: »Eine gemeinsame Eigenschaft [...] haben alle Wirte, auf die immer Rücksicht genommen werden muß, daß sie nämlich von der Brauerei verlangen zu können glauben, was sie wollen, solange sie finanziell durch die Brauereien nicht gebunden sind. Hieraus ergibt sich die Hauptschwierigkeit, die sich der Wirtewerbung entgegenstellt, daß man möglichst schonend den Wirt von seinen Forderungen abbringen und trotzdem ihn als Kunden zu gewinnen versuchen muß.«
Zweitens und im Fall der Konsumenten sei stark auf deren »Psyche« Rücksicht zu nehmen, die sich strukturell liiert mit dem unversiegbaren Wunsch nach Klimbim, Nippes und Tinnef. Denn der Biertrinker ist ein gemächliches Wesen, vergleichbar etwa dem Elephanten oder der Meeresschildkröte (siehe Zusammengesetztes): »Das Phlegma des Biertrinkers ist bekannt. Eine Auswirkung dieser Eigenschaften findet sich bei der Werbung der Brauereien in der Bevorzugung solcher Werbemittel, die man zusammenfassen kann unter der Bezeichnung ›Aufmachung‹, wie schöne Gläser, Untersetzer [siehe Bierfilz, der], Bierschilder [siehe Wirtshausschild, das] oder Maßnahmen zur Hebung der ›Gemütlichkeit‹«.

Einen Sonderfall stellt die sog. »Verteidigungswerbung« dar. Sie ist kräftig auf dem Vormarsch, dient aber nicht den eigentlichen Zentralzielen von Bierwerbung als solcher, nämlich dem verstärkten Saufen und Bechern (siehe Bitburger): »Alle Maßnahmen, die sich gegen abstinenzlerische Bestrebungen und gegen höhere Biersteuern richten, sind eine Verteidigung des Braugewerbes gegen äußere Angriffe und haben mit der Werbung für den Mehrabsatz für Bier nichts zu tun.«

Werner Bölkstoff 4,9% Gilde Hannover. Da werden wir von einem Hopfenaroma bestürmt. Doch o weh! Hundsföttische Malzbrandigkeit liegt im Hinterhalt. Das Gemetzel findet auf der Zunge statt. Schaum? Fettaugen schauen dich an. Ein Bier aus einem Guß. In den Ausguß. Nicht umsonst ziert das Etikett die obligat blöde »Hau wech«-Sprechblase. Wozu das alles, wenn man's vorher weiß. (siehe auch Logik, lustige)

Werner Export 5,0% Werner Bräu Poppenhausen. Typisches Du-darfst-Bier. Im Malzbereich werden nur extrakorporale Geschmacksverstärker wirksam. Analog dazu aneinandergestrickte Schaumbällsche, zwei rechts, zwei links, eins fallen lassen. Dagegen strebt die »versorgungswirksam gewordene Finalproduktion« (Plotin) beim **Pilsener** (4,9%) eine polyphone Hopfendarbietung an. Allein, die Instrumente sind schlecht geputzt. Danach gefragt, wie es am besten ausdruckstänzerisch umzusetzen wäre, fiel uns nur Günther Strack als emeritierte, besser: eremitierte Hopfdohle ein. Ein Alptraum, gewiß. Aber hier hat die Realität ganz konkret versagt.

Wernesgrüner Pilsener 4,9% Wernesgrüner Brauerei. Wir haben geleckt, geschleckt und geschmeckt, gegurgelt und gespült, es wollte an den Geschmacksknospen einfach nichts hängen bleiben. Zeigt sich von allen Bukettseiten wenig ausgeprägt. Für den weiland »Vogtlanddollar« und die nunmehrige »Pilslegende« reichlich matt. Nur ganz versteckt, gaaaanz vorsichtig, im hintersten Nachtrunk ein wenig Malz- und Hopfenandeutung, um dann unvermutet doch noch mit einem exzeptionellen Grande Finale zu beschließen. Könnt Ihr uns das mal erklären? Wo wir gleich dabei sind: Warum der MDR die Wernesgrüner Musikantenschenke aus einer Leichtbauhalle auszustrahlen versucht, die den V-Waffenstollen gleicht wie ein Arsch dem anderen, wäre uns auch ein paar klärende Worte wert.

Westfälisch Alt von Rolinck 4,8% Privatbrauerei A. Rolinck Steinfurt. Goldene Farbe. Darüber ein sahniger, dunkelgelber Schaum. Darauf ein Schokoriegel. Darunter Butter, Zucker und Karamelcreme. Innendrin leichte Fruchtigkeit, ein süßes Geheimnis und eine feine Bittere, die dir voll den Erfrischungskick gibt. Echt spitze. Und trotzdem kein Frühlings-, Fruchtzwerg- oder Frascati-Quark, sondern – sagen wir es einfach direkt – ein recht süffiges Bier. Doch das **Rolinck Pilsener Premium** (4,7%) erweist sich – wie mag es kommen? – in Antrunk wie Finish als äußerst achtlos, den Hopfen hat man am Straßenrand liegen gelassen. »Wir brauen mit Respekt vor Ihrem Wunsch nach zeitgemäßem Geschmack: Ein Spitzenpilsener«, verdammt sei der Opportunisten verlogenes Handwerk.

Westmalle Tripel 9,0% Trappistenbrasserie Westmalle/ Belgien. Wenngleich die Mönche einen Haufen Zinnober um ihre Brauliturgie veranstalten, so ist doch das W. als solches wegweisend, inkomparabel gehopft und letztlich in seiner Dignität unübertroffen. Einer im Lenztau gebadeten Hopfendolde gleicht seine zarte Frische, sorgsam behütet von einem luftigen Schaumpolster. Schönheit ist Wahrheit und Wahrheit Schönheit. Und ohne Zweifel ist es wahr, daß dieses Bier ein schönes Bier ist, wenn nicht eins der schönsten überhaupt. Wahr ist auch, daß Herr Rudolf noch stundenlang die leere Flasche streichelte. Ferner hat sich auch seine schöne These bewahrheitet, daß nur ein gutes Bier richtig gut schmecken kann. Stimmen sieht er neuerdings auch.

Wicküler Pilsener 4,9%. Aus Wuppertal, der Stadt Friedrich Engels', Eugen Egners und der Schwebebahn. Genauso trefflich das Bier: sehr angenehm, sehr orbikular, ein rundum wunderbares Bier, ein Bier zum Anschauen wie zum Trinken, dem sogar der Philosoph Manfred Frank zugeneigt sein soll. Die füllige, runde, gleichsam intensive Hopfennote korrespondiert aufs feinste mit Malztönen bescheidener, aber nicht devoter Lautstärke.
»Einmal im Leben / Durch Wuppertal schweben«, wünscht uns der Poststempel, und bitteschön voll mit W., dem einzigen Wuppertalbier.

Wiesener Pils 4,7%. Eieiei, das wird wieder Ärger geben! Sagt doch Leichtbierexpertin C. Müller, der Krempel schmecke »wie Warsteiner alkoholfrei«. Zwar will die augenfällig gute Farbe gelobt sein, doch seifiger Schaum und ein mumpfiges Traubenzuckerbukett verursachen mittlere bis schwere Verstimmung ob so undurchdachter Fertigung.
Da laßt uns in Zukunft besser mit zufrieden. Oder laßt den Nacktmull dran nuckeln. (siehe Saalfelder Grotten Pils)

Wiesheu, Otto Bayerischer Wirtschaftsminister, 1,9 Promille, 1 Toter, 1 Schwerverletzter. Trug sich ins Ewige Stammtischbuch mit dem Satz ein: »Bier ist ein Kulturgut, das aus der Geschichte Bayerns nicht mehr wegzudenken ist.« (*Bild*, 19. September 1995) (vgl. auch Jörg Metes' verdienstvolle CSU-Gesamtdarstellung »Geschichte der CSU«, *Titanic* 10/94)

Wieß Ungefiltertes Kölsch und eine Wohltat. Zeichnet sich durch besondere Weichheit und die Eigenschaft aus, dem Glase immerzu galant zu entweichen. Selbst weiß man nie, wieviel schon »ging«, die Begleitung kommt allerdings irgendwann dahinter. Das spezielle W.-Glas übrigens öffnet sich, anders als die gängige Kölsch-Stange, nach oben hin. Angeboten wird W. in Köln allein von

Küppers und Hellers. **Küppers Wieß** gibt es nur frisch gezapft, **Hellers** füllt Flaschen ab.

Will Bräu 4,6% Hochstiftliches Brauhaus Motten. In die Flaschen gezwungen, da leidet es nicht mal die Bierkohlensäure, die flüchtet, hastunichtgesehen, daß nur ein grüngelber Trunk im Krug verbleibt, der sich auch noch das Glas zum Feind machen will.

Willi-Passion Bier ist nicht nur Genußmittel, sondern auch eine lebensgefährliche Droge. Schon ein einziges Pils kann tödlich sein. »Willi S. (19), Bürokaufmann, kam gegen 22 Uhr in die ›Marktschenke‹ (!) im 2000-Seelen-Ort Weisendorf bei Erlangen. Ein Treffpunkt für junge Leute. Willi (1,75 Meter, 70 Kilo) trank nie viel Alkohol. An diesem Abend bestellte er zwei Whisky-Cola, sonst nur Limonade. Kollege Joachim K. (20) wollte ihn reizen: ›Wenn du 0,2 Liter Whisky trinkst, zahle ich deine Zeche.‹ Willi trank.
Wirt Hilmar Z. (24, gelernter Maurer) stachelte die Wette an: ›Wenn du 0,4 Liter Rum in einem Zug austrinkst, bekommst du 120 Mark.‹ Wieder trank Willi. Nach zehn Minuten übergab er sich. ›Das ist gegen die Regel‹, protestierten seine Kumpane. Willi fühlte sich herausgefordert: ›Der Alkohol macht mir gar nichts.‹ Hilmar Z. füllte 15 Gläser mit russischem Likör. Willi trank alle aus. Wieder mußte er sich übergeben, wieder hatte er verloren. Das wollte er nicht auf sich sitzen lassen. Er sagte: ›Los, mach das Glas mit Zwetschgengeist voll.‹ In einem Zug goß er die 0,4 Liter hinunter, bestellte ein Pils ›zum Nachspülen‹. Dann fiel er um, starb.
Seit gestern stehen der Wirt und drei Zechkumpane vor Gericht. Vorwurf: Fahrlässige Tötung. Hilmar Z.: ›Ich habe nicht gemerkt, daß es Willi schlecht ging. Es tut mir leid.‹ Seine Kneipe hat er inzwischen geschlossen. Marita Kaiser vom Deutschen Hotel- und Gaststättenverband in Bonn: ›Solange ein Gast, Fußgänger, in der Lage ist, selbst zu bestellen, darf der Wirt ausschenken. Jeder ist seines

Glückes Schmied.‹« Willi S. starb also an einem nachgespülten Pils, *Bild*-Reporter Paul Hertrich aber wurde durch seinen dezimalstellengenauen Trinkbericht unsterblich. Soll demnächst als W. von Konstantin Wecker vertont werden. (Quelle: *Bild*, 25. März 1992)

Windhoek Special Lager 5,3% Namibia Breweries Iscor St. Windhoek/Namibia. Gibt es Biere ohne Körper, Finish, Aroma, beinahe ohne Geruch, fast ohne Schaum und mit nahezu rauschhafter Pasteurcouleur? Hier haben Sie eins.

Winkler Ur-Hell 4,9% Privatbrauerei Winkler Amberg. Honiggelb, das behagt. Doch Geruch und Körper fallen aus. Statt dessen freut sich jede Menge Fäkalfrische ihres Lebens. Neben der Odelgrube eingelagert, greift der Bauer nie daneben. Schnippisch, wie er gemeinhin seiner Umwelt begegnet, delektiert er sich an schnappender Bittere und aufdringlichen Beimengungen aller indefiniten Art. Anwendungsgebiete: vor dem Melkgang und nach dem Grasschnitt.

Wirtshausinschriften Funktional-operative Literatur zum Zweck der Rekreation und Anfeuerung, Selbstvergewisserung und Förderung der Einsicht, daß alles seine Richtigkeit habe: das Herumhocken in der Wirtsstube, das pausenlose Biertrinken, das ständige Wasserlassen, die Riesenzeche. Einmal mehr das Städtchen Roth in Franken (siehe Rother Bier) setzte auch in dieser Hinsicht Maßstäbe: »Hier wohnet der Gastwirt Georg Link / Ein Büttner und ein Brauer flink / Willkommen bist ihm lieber Gast / Sobald du Geld im Beutel hast.«

Wirtshausschild, das Im Mittelalter zeigten neben dem W. und unabhängig vom Einsatz laut schreiender sowie überzeugende Reden flechtender Ausrufer ursprünglich auch Besen, Kränze, Bäume und andere auffällige Gegenstände an, es sei wieder ein frisches Faß aufgegangen oder das Frühjahrsbier stehe zum Verkauf bereit. Auf dem W. werden zunächst Bierkrüge und Gambrinus (siehe

Gambrinus) dargestellt sowie etliche andere semi- bis paramythologische Gestalten, später setzt sich eine freiere künstlerische Machart mit immensem Motivreichtum durch. Ähnlich dem W. ist auch der Maibaum ein »beliebtes« und zugleich »eigenartiges Ankündigungsmittel« (Th. Simon).

Wismar Die Regesten besagen, es habe um das Jahr 1760 der Hohe Rat der Stadt dortselbst einen Brauer wegen seiner Weigerung zu brauen hinrichten lassen. So ist's Recht.

Wittinger Pilsener 4,9%. Auf die Privatbrauerei Wittingen treffen Sie, sobald Sie das Celler Bierloch glücklich Richtung Zone umschifft haben. Am besten schmeckt W., wenn Sie unter den Linden von Bangemanns Gasthof in Bargfeld sitzen und sich von Bernd Rauschenbach (welchselbiger wiederum dies Bier – »seitdem die da auch **Premium** [4,9%] machen« – nicht mehr schätzt) Arno-Schmidt-Schnurren erzählen lassen können.

WöchnerInnenbier Süßlich-schwächlich-dünkliches Nährbier für Damen, die es aufs Kindbett gehauen hat. Brauknecht weiß, was Frauen wünschen.

Wohn Pilsener 4,9% Bürgerbräu Naila. Brotig, fast eigenbrötlerisch. Ungewöhnlich für eine gepflegte Hopfeneinquartierung. Farbe wie diätetischer Apfelsaft.

Wolf Pils 4,9% Fuchsstadt. Unterfränkischer Fuselstoff. Isolierte Bitterstoffe kriechen von der Zungenspitze bis ans Zäpfchen. Toxische Nebenwirkungen nicht undenkbar. Spülen Sie den Mund gut aus!

Wolfshöher Pilsner 4,9% Brauerei Wolfshöhe Neunkirchen am Sand. Beim Einschenken fast farblos. Impulsive Blasenbildung, Schaum aber kräftig. Mittelbier, mittleres Aroma, ein Bier für den »Wähler in der Mitte«. Der's dann halt in Gottes Namen auch trinken soll.

Wolters Pilsener 4,8%. Wir sagen Braunschweig. Wir sagen: was ein Schwachsinn. Obszön heller Spülsteinextrakt, ein Harnblasenfunktionsprüfer selbst in gezapfter Lesart. Nun mal dummerweise wirklich nichts anderes als eine stinkende Beleidigung mit ungeheurem Angeber-Etiketten-Aufwand. Nepper, Schlepper, Bauernfänger.
Ede Zimmermann, übernehmen Sie!

Wüllners Braumeister Premium 4,9% Getränke Wüllner Hecklingen. Maischig, dahingegen leicht, bald zu leicht. Dem Haus werden gute Beziehungen zu einer Kunsthopfenmanufaktur nachgesagt. **Pilsener** (4,9%) ebenso. Hochwahrscheinlich Lohnproduktion.

Würzburger Hofbräu Pilsener 4,9%. Riecht nicht. Schmeckt nicht. Zaghaftes »Garnisonsbier« (Bundeswehrkommunist J. Müller). Erste Aufopferungsversuche. Starke Wassernote. Der Geist des Mains?

X

X Vorsicht ist geboten, wenn die Bedienung beginnt, ihre Notationen auf dem Bierfilz (siehe Bierdeckel, der) zu xen. Schon Adolf Glasbrenner reimte: »Das X kommt deutsch nur in Betracht / Wenn's uns wird für ein U gemacht.« In einem »Kellner-Einmaleins« (*Fliegende Blätter*, 1893) heißt es mit der nämlichen Tendenz: »Aus eins mach' zwei / 's ist was dabei / Aus drei mach' vier / Das geht beim Bier / Aus fünf dann sechs / Durch einen Klecks / Aus sieben und acht / Wird neun gemacht / Zwei Brot – wenn auch / Der Gast sagt: ›Kein's‹ – / Das ist das Kellner-Einmaleins.«
Das X und mit ihm das Xen scheint im Gaststättengewerbe seit Vorzeiten üblich zu sein. K. F. W. Wander klärte

auf: »Die Redensart findet bekanntlich in dem den Buchstaben beigelegten Zahlenwerthe ihre Deutung, und drückt eine, auch wohl betrügerische, Täuschung aus. Weil das U, oder wie es bei den Alten geschrieben war, V, große Ähnlichkeit mit dem X hat, ja die Hälfte desselben ist, auch bei dem deutschen ebenfalls U (oder V) mit dem X übereinstimmt, so liegt der Sinn, den man für gewöhnlich damit verbindet, nahe, nämlich, einem zehn für fünf berechnen, übervorteilen, betrügen, oder überhaupt etwas anderes machen, als es ist, d. i. fälschen.«
Nochmals also, Biertrinker, aufgepaßt!

Xanthophyll Gelber Pflanzenfarbstoff. Außer in Jutetaschen und Sand auch in manchem Bier enthalten. So etwa in Miller Lite. (siehe Miller Lite)

X im Mix Ähnlich dem Bierfilz-X (siehe X) eine Form höherer Mathematik, ausgefeilter Betrugskunst, parareligiöser Semiotik. Ersonnen von Karlsberg (siehe Karlsberg), um den neuen, stinkdummen »Mega-Mix« trendy, semimythisch, scheinheilig als Exklusivität anzudienen. »Bier + Cola + X«, frech wie nix beplärren sie ihre müde magic »Mixery«. Abschließendes Ergebnis der verkostungsgestützten Entmystifikation: Nix von X. Nur Cola. Und Bier. Biermedizinische Diagnose: Könnte auf zerebrale Verknotungen zurückzuführen sein. (siehe auch Cola-Bier)

Y

Yes Britische Popformation, die über lange Jahre zu 80%, für ein kürzeres Intermezzo zu 75% aus Vegetariern und strikten Antialkoholikern bestund. Die verbleibenden 20 respektive 25% erklären sich aus der temporären Mitgliedschaft des Tastenbedrückers Rick Wakeman (Ex-

Strawbs), der dem Ensemble 1971 bis 1973, 1977 bis 1980 und in der Kombination Anderson, Bruford, Wakeman & Howe von 1989 bis 1991 angehörte. Bei Niederlegung dieser bescheidenen Zeilen war eine erneute Miturheberschaft im Gespräch.
Diesem begabten Instrumentalisten schien zwar die durchaus nicht serienreife Musikauffassung recht, nicht aber der noch abseitigere Speiseplan der Kapelle. Und so schaufelte er, seinem körnerlutschenden Kollektiv zum Tort, tote Tiere aller Varietät in sich hinein, des weiteren etliche Quantitäten Bier, nachdem er anfangs in alkoholischer Hinsicht Ansätze zum exzessiven Mischkonsum gezeigt hatte. Es herrscht Einhelligkeit in der Verifizierung der Tatsache, daß die unter Mitwirkung Wakemans erspielten Tonträger besagter Combo ihre Spannungsmomente in nicht unerheblichem Maße aus diesem lukullischen und nicht minder persönlichen Konfliktpotential bezogen. Das Gegenteil wäre strikt falsch.

Ymir Nach germanischem Götterglauben war der Himmel ein riesiger Braukessel. Und das kam so: Voreinst wurde den Göttern der Braukessel gestohlen. Zu dumm. Ratlosigkeit allewege. Tyr und Tor machten sich also auf den Weg zum Urriesen Y., um, logisch, dessen Braukessel zu konfiszieren. Zuvor mußten sie schnell noch alle Mitglieder seiner Riesensippe tothauen. Anschließend installierten sie den Riesenkessel am Himmelsbogen. Nebenbei fiel von Y.s Körper noch genug ab, um daraus die ganze Welt zu erschaffen. Unbeschwertem Saufen standen nun Tür und Tor offen.
Kein Wunder, daß germanische Krieger mit Hingabe den Heldentod sterben wollten, lockten doch die Gelage an Odins Tafel zu Walhalla. Fast möchte man den Berichten Saxo Grammaticus' Glauben schenken, nach denen sogar Hungersnöte im Nordland ausgebrochen waren, weil man aus Gründen der Einstimmung auf Walhalla, vulgo Trunksucht das Brotgetreide gänzlich zum Brauen verwandt hatte. Je nun.

Yuppies, die Trinken Light-Bier, Alkoholfreies, Drybier, Ice Beer, auch mal ein Weizen oder ein Warsteiner. Ohne Sinn und Verstand. Woher soll's auch kommen.

Z

Zahlen Sprechen eine »klare Sprache«, lügen nicht, sind immer wahr. Das Nachrichtenmagazin *Der Spiegel* ließ 1977 »Einstellungen der Bundesbürger zu Getränken« untersuchen, und die in *Prozente* dokumentierten Ermittlungsergebnisse widerlegen alle Kritiker und Unkenrufe: Bier bleibt top! Jawohl. Daran ist nicht zu rütteln. Einwandfreier Testsieger: das Bier. Republikweit. Ohne Konkurrenz. Da ist nichts zu machen.
Z.? Bittesehr: Unter repräsentativ für 32,94 Mio. Personen befragten Alkoholkonsumenten im Alter zwischen 20 und 65 Jahren sprachen sich 16,8 Mio. deutlich vor dem Wein, dem Sekt und meilenweit vor allerlei Schnaps fürs Bier aus, heißt: trinken's »sehr gern«. Reziprok möchten quasi-dialektisch 17,73 Mio. »am wenigsten« auf was »verzichten«? Auf Bier. Logo.
Neben *Bild*- und *ADAC-Motorwelt*-Anhängern wissen auch *Spiegel*-Leser mehrheitlich, was gut ist. Und verlangen nach mehr oder wenigstens konstant Bier. 5,7 Mio. »sehr gerne Bier«. Na bitte. Wieder eindeutige Pole position dem – Bier. Dem edlen Getränk. Allzeit nur her damit.
Das Bier missen will dann folglich sowieso niemand, zumindest eine satte Majorität von erneut weit über den wahlentscheidenden 50 Prozent, nämlich 58%. Gin aber (1%) ist so gut wie verzichtbar.
Undsoweiter, bis: 1984 *(Prozente 3)* eine nochmalige Steigerung der Bierbeliebtheit einsetzt und bewiesen wird. Ab 18 Jahren ist die Bierpräferenz nicht mehr aufzuhalten, seine, des Bieres »Reichweite« erfreut sich immenser

Werte (*Bild*: 25,2; *Burda Moden*: 6,1), »sehr gern« trinken Bier 40% (meistenteils Faßbier) und praktisch überall (Spitze hier die außerhäusige Verkostung mit einer klaren 52prozentigen Einstufung). Pils deutlich vor dem Hellen. Diätbier – haha – »0«. So geht's. Alles im Lot. Prima Sache – ähem – »Bekanntheit«? Beck's Bier 69% und Ureich Pils dahingegen grad mal 17? Und am liebsten getrunken haben in der Testphase beinahe die meisten: Beck's Bier? Sackzement! Donnerbalken!! Verfluchte Sche... – stop! Halt: Noch lieber griff man zum König-Pilsener. Schön blöd.
Nur 29 Prozent »haben in den letzten vier Wochen gar kein Bier getrunken«. Also Beck's oder König-Pilsener.

Zapfen, Probleme beim Guter Schaum (siehe Bier, gutes) verdankt sich einem guten, in wohldosierter Menge beigegebenen Hopfen, dem richtigen Eiweißgehalt im Malz und der richtigen Kochdauer der Würze. Dann hat man prinzipiell guten Schaum. Guter Schaum ist der Betonsarkophag über dem Getränk, der ein Ausweichen von natürlicher Bier-Kohlensäure verhindert. Schaum ergo est unverzichtbar.
Guter Schaum aber verlangt zudem gutes Z., das keinesfalls sieben Minuten dauern darf. Den Schmarren glaubt kein guter Zapfer mehr. (siehe Sieben Minuten, die berühmten; siehe auch Acht-Sekunden-Karel, der) Trotzdem treten Probleme beim Z. auf, ob an der Hausbierbar oder hinterm Tresen (Fäßchenzapfen gilt nicht!).
Zum Beispiel läuft das Bier nicht. Es kommt einfach nichts. Schmeißen Sie Ihre Zapfanlage nicht gleich auf den Sperrmüll! Sehen Sie erst nach, ob die Leitung a) geknickt, b) verstopft, c) nicht installiert oder d) schlecht gelaunt ist. Ist die Kohlensäure alle? Der Kohlensäureflaschendruck unter aller Kanone? Weder Kohlensäurehahn noch Bierleitungshahn geöffnet? Sind alle Hähne hundemüde? Tropft Öl aus der Pipeline?
Schmeißen Sie Ihre Zapfanlage weg.
Oder sehen Sie nach, ob das Faß leer ist.

Gute Schaumresultate erzielen Sie nur bei mittlerem Kohlensäuredruck und mittlerer Temperierung des Bieres. Falls Druckventil und/oder Bierleitung und/oder das Sieb des Anstichrohres einen Schaden aufweisen, läßt sich die Schaumentwicklung nicht mehr zügeln. Im umgekehrten Fall ist das Bier entweder zu kalt, oder die Gläser sind mit Spülmittel gereinigt worden. Oder Lippenstift ist schuld. Für eine Trübung des Bieres ist oft Überalterung oder ein verspeckt-verschleimtes Schanksystem die Ursache. Probleme, die sich auf die Schnelle nicht mehr beheben lassen. Ab ins nächste Wirtshaus.

Zeitökonomie des Bieres Begriff aus dem nanotheoretischen Neostrukturalismus, der von den Bierforschern David Lee und Jan Orthwien entwickelt wurde (St. Augustin 1994). Steht im schärfsten Widerspruch zu allen Apologien des sog. instrumentalen Trinkens. Reißt folgende logische Struktur auf: Bier ist a) kritisch gegenüber dem Maschinensystem. Es stört reibungslose Produktions-Abläufe und erschwert die Teilnahme an technologischer Diversifikation; b) verlangt Bier nach Kneipe und gerät dort zur Schnittstelle zwischen unmittelbaren Produzenten und frei assoziierten Trinkern und setzt ein Diskutieren und Disputieren in Gang, welches den Grund für weitergehende revolutionäre Kneipentätigkeiten abgibt. Somit c) seine Warenförmigkeit im Determinationszusammenhang des sog. Bierkapitals (siehe Bierkapital) leugnet. Und d) die Warenförmigkeit aller menschlichen Verrichtungen denunziert. Lee/Orthwien zusammenfassend: »Der Kneipgang nutzt die vom Kapital zugestandene Freizeit zur Herstellung produktiver Beziehungen, die nicht nach dem Gesetz der Konkurrenz freier Individuen gedacht sind. Eine solchermaßen initiierte proletarische Öffentlichkeit verleugnet jene naturwüchsig eingerichtete Regulation von Interessen, die Individuen an den von ihnen erbrachten Tauschwert bindet.«
Dies alles leistet das Bier, leistet die Kneipe, vermag der Bierrausch. Das Bier ist: Subjekt! Denn es schafft Zeit, ja,

es kommt der Akzeleration der Revolution durch Verlangsamung, durch die Negation des industriell-kapitalistischen Zeitbegriffs recht nahe. Und noch viel näher. Davon aber später.

Zigaretten, Bier und Beliebte Kombination volksgängiger Genußmittel. Bewährt hat sich eine getrennte, mitunter fast gar regelmäßig alternierende Einnahme: Dem Schluck aus der Flasche folgen einige Züge an der Zigarette und umgekehrt. Wenig bewährt hat sich der gleichzeitige Genuß. Oftmals ist ein dem typischen, fetenendlichen Biermangel geschuldeter Zug an einer noch glücklich aufgefundenen drittelvollen Flasche untrennbar verbunden mit dem Ausspucken einer verquollenen Bier-Tabak-Blättchen-Mischung; und darüber hinaus mit einigen beherzten, ihrem Charakter nach eher derb zu nennenden Flüchen.

Zipfer 5,4% Österreichische Bräu AG Zipf. In die ergonomisch geformte, fashionable Superflasche abgefüllt, aus der bartige Schaumhügel geboren werden. Sonst nicht gerade kiebig, auch kaum nickelig, aber doch in »Premium-Qualität, hopfenhell und erfrischend, nach Pilsner Art«, damit hätten wir dann alles beieinander, was nicht zusammengehört. Setzen. Sechs.

Zirndorfer Landbier Hell 4,9% Brauerei Zirndorf. Ein merkwürdiges Bier, das uns manches Rätsel aufgab. Plötzlich lasen wir: »Von Gerstenhalm und Hopfendolde bis zum Bier im Glas werden die Zutaten von neutraler Stelle überprüft.« Und so kommt es, daß man die Gerstenähre und den Bierbrauvorgang unbeobachtet läßt, während die Zutaten des Heus und der Sand, aus welchem Biergläser wachsen, primär analysiert werden. Es ist dann halt ein Kreuz. Und kein Bier.

Zitterrochen Euphemismus für klappernd Gebein, bebend Leber, brandig Milz, röhrend Speiseröhr, wackelnd und knackend Knie und blauen Zeh in einem. Man sagt also, zuckt das Ganzkörper-Katersyndrom durch den Leib: »Ich habe den Zitterrochen.« Ab sofort gebräuchlich. Auch als Zitterknochen. Dann: »Ich leide den Zitterknochen.« Bzw.: »Ich glaub', ich hab' mir den Zitterknochen gerochen.« Schwachsinn. Sondern: »Ich glaub', mir ist der Zitterknochen zerbrochen.« Oder: »Mein Zitterknochen ist am Arsch. Ich geh' wieder ins Bett.«

Zum Schlüssel Alt 4,8% Düsseldorf. Spezialbier der Hausbrauerei Gatzweiler, nur dort verabreicht. Rührt an die Intimsphäre jedes sittsamen Menschen. Braun und klar käme es interessant sogar, nähme man einen Schluck. Berichtet wird von Kohlensäureprickeln, vom federleichten Körper, von der milden, feinen Hopfung und der markant kecken Säuerlichkeit. Doch wie zu alldem unbehelligt gelangen? Über dem Glas thront eine Geruchswolke wie fauler Eischaum und saurer Eintopf, und dort hinein, seien Sie ehrlich und sittsam, wagt niemand seine empfindsame Nase zu strecken, halt: stecken. Allenfalls Früh-Trinker. Und die haben jetzt einen Freund weniger.

Zum Uerige Alt 4,8% Düsseldorf. Goldbraunes Gebräu mit roten Einfärbungen. Sanfter malziger Klang, unaufdringliches säuerliches Prickeln, deutliche Hopfung und kräftige Bittere. Das intensivste, komplexeste, das charaktervollste aller Altbiere. Angeregt, locker und unbeschwert zu trinken. Echtes Feierabendbier für Leute, bei denen nie Feierabend ist.

Zunft Kölsch 4,8% Wiehl-Bielstein. »... der zünftige Schluck!« steht auf dem arg nachlässig gestalteten Etikett. Tatsächlich ist der Schluck zünftig wäßrig und zünftig kohlensauer, sehr zünftig kohlensauer, scharf zünftig, möchte man fast meinen, oder zünftig scharf. Nach einigen zünftigen Schlucken gibt sich die Bittere zu erkennen, eine velare und äußerst zünftige Bittere. Die Farbe ist zünftig natürlich.

Zungenrandgebiet Bislang kaum erforschte Zone zwischen Zungenspitze und Zungenendlappen, in der laut Frau Schnorchel kaum merklich, aber immerhin die hehrsten und herrlichsten Geschmacksfeuerwerke entfacht und entzündet werden. Nichts wie hin da und mit Bier löschen.

Zusammengesetztes Ein »weites Feld« (Fonty Fontane). Einschlägig geworden sind beispielsweise die Ausdrücke Bieramsel, Bieresel, Bierfrosch, Bierhahn, Bierhund, Biermörder und Bierpeitscher. Was es mit ihnen auf sich hat, welche Subjekte und Umstände sie benennen? Der Biermörder ist jener, welcher »das bier mordet, tilgt, aufzehrt«, der Bierhund hingegen bloß »ein alter käse, der im bier gelegen hat«. Als Bierfrosch ruft man wiederum eine Person, der das Bier allgemein gut gefällt und die »im bier patscht, schwelgt, wie der frosch im wasser«, klar. Bieresel aber? Ein dummer, rabiater Kerl, »ein unruhiger hausgeist, der nachts alles zerschlagen soll, wenn ihm nicht ein krug bier hingestellt wird.« Hernach, wie Luther behauptet, läuft er als »eine volle bieramsel aus eim kruge daher« und benimmt sich nicht selten zu allem Überdruß auch noch wie ein Bierpeitscher, »der das bier peitscht, mordet«, siehe Biermörder.
Bierhahn allerdings bezeichnet einfach den »hahn am zapfen des bierfasses«.

Zutrinken, das Ritus, der das gemeinsame Trinken in den alten Hochkulturen, bei den Germanen und in der feudalen Gesellschaft strukturierte, im industrialisierten Kapitalismus jedoch meist nur noch als domestizierte Form praktiziert wird. Durch Z. weiht man das in den Bechern und Gläsern funkelnde magische Getränk einer gemeinsamen Sache und bannt dergestalt die Bedrohlich-

keit des Rausches. Man spricht miteinander, versichert sich gemeinsamer Ziele, der gegenseitigen Freundschaft, des Respekts und Wohlwollens – und besiegelt das Ganze durch ein Bier.
Der Vorgang dauert an, bis keiner der Teilnehmenden mehr nüchtern ist. Denn nichts ist mieser, törichter und verbrecherischer, als das Z. zu unterlassen und das Zuprosten der anderen zurückzuweisen. Tut man dies, so ist man des Todes. Tut man dies nicht, so dehnt sich das Z. zu einem Gelage aus, wo allenfalls physische Grenzen bekannt sind. Unser Mann vor Ort, der Bischof von Poitier, im 6. Jahrhundert: »[Die Zecher] lagerten bei ehernen Bechern und tranken Gesundheiten um die Wette wie Rasende. Wer nicht mittat, galt als Tor. Man mußte sich glücklich preisen, aus dem Trinken mit dem Leben davon zu kommen.«

Zwickelbier Wie man gemeinhin bei der Trikotagenproduktion mit dem Begriff Zwickel gebändigte körperliche Üppigkeit, insonderheit Pikanterien verbindet, ist das Z. ein gleichermaßen von delikatem Körper gekennzeichnetes Flüssigkeitsgetränk. Einfacher: Z. ist einfach nicht filtriert, also das reine Ergebnis sedimentärer Klärung, daher voller Üppigkeit, Gesund- und Schönheit im Geschmack. Großbrauereien springen gern auf den mit Z. beladenen Minitrendzug auf und zwängen tote Hefe in ihre schon filtrierten Nullbiere. Das heißt dann Kellerpils, Hauptsache trüb. Klein- und Kleinstbrauereien bieten ihr Bier ehrlich so an. Wofür sie zu loben sind. Mit Trommeln und Trombonen bis in alle Ewigkeit.
Wenigstens bis zur nächsten Auflage.

Zwölf Apostel Nicht zehn, nicht vierunddreißig, sondern *Zwölf Apostel* heißt die »Erste Frankfurter Hausbrauerei«. So viele Apostel, so wenig Prozente: Angaben über den Volumengehalt ihrer Produkte werden verweigert. Das Schenkenpersonal in der Rosenbergerstraße

weiß weniger als gar nichts und überzeugt durch mauliges Auftreten. Publikum: Lufthansa. Kontaktaufnahme wenn möglich meiden. Man schwenkt erregt seinen Bierdeckel, den die Geschäftsführung als Meldekarte gestalten und mit dem Schriftzug versehen ließ: »Noch ein Bier? Ja bitte, es schmeckt köstlich.«
Im Sommer gerne. Das **Helle** schwingt zügig ins extrem Fruchtige, während der Schaum umgehend zusammensackt, eigentlich: einknickt. Keine gute Apperzeption, doch die Trinkbereitschaft nimmt zu trotz gerade hereinströmender Börsenbanditen. Milder als das etwas aufgeregte Helle die **dunkle Version**, ungefiltert-naturtrüb und irgendwie »ganz gelungen«, wie man wohl sagt. Aber: Ist da nicht gerade die Zungenspitze pelzig geworden? Na so was.
Auskennen tut sich hier bald keiner mehr.

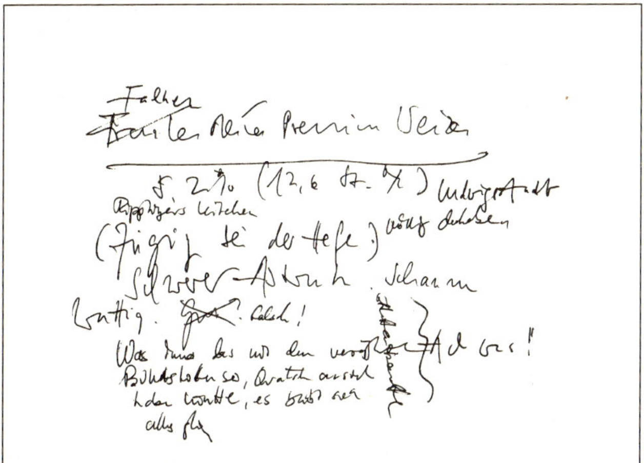

Die hier dokumentierten, am 24. November 1996 erzielten Testergebnisse werden in der 4. Auflage einer breiteren Öffentlichkeit zugänglich gemacht.

RECLAM-BIBLIOTHEK

Eugen Egner
Getaufte Hausschuhe und Katzen mit Blumenmuster
Kurze Texte

164 Seiten. RBL 1567. 18,– DM
ISBN 3-379-01567-9

Recht kurze Texte von Eugen Egner. Ziemlich grotesk, ausnehmend komisch und das pralle Leben spiegelnd. Was will man mehr?
Achtundsiebzig Texte umfaßt diese Sammlung, die der Übersichtlichkeit halber in verständlich betitelte Kapitel wie »Geschlechtlichkeit und Freundschaft«, »Essen und Trinken« oder »Wunder und Wissenschaft« untergliedert ist. Sieben Vignetten des Dichters, der auch als Zeichner kein unbeschriebenes Blatt ist, bereichern den Band. Insgesamt gilt, was bedeutende Printmedien bereits in früheren Zeiten rühmten: »Beeinflußt von E. T. A. Hoffmann, Jimi Hendrix und Donald Duck schreibt er Grotesken ohnegleichen« *(Tempo)*, »denn schreiben kann Herr Egner ebenfalls so leicht wie kein zweiter« *(Frankfurter Rundschau)*.

Gerhard Henschel/Günther Willen

Drin oder Linie?

Alles übers dritte Tor

139 Seiten. Mit 6 dokumentarischen Abbildungen.
RBL 1550. 17,– DM
ISBN 3-379-01550-4

Es gibt Fragen, die nichts von ihrer quälenden Brisanz verlieren. Es gibt Dinge, die sich nicht verarbeiten lassen. Zum Beispiel das Fußball-WM-Endspiel England–Deutschland am 30. Juli 1966, genauer: dessen 101. Spielminute, als das »Wembley-Tor« die tapferen Mannen um Uwe Seeler in die Knie zwang.
Drin oder Linie? Dreißig Jahre danach tragen Gerhard Henschel und Günther Willen alles zusammen, was es zu diesem historischen Ereignis zu sagen gab und gibt.
Die Autoren vergleichen die deutschen und englischen Live-Kommentare, prüfen Fach- und Memoirenliteratur und baten Prominente, in ihren Erinnerungen zu kramen. Ausgewiesene Kenner wie Egon Bahr, Roberto Blanco, Robert Gernhardt, Julius Hackethal, Dieter Thomas Heck, Hellmuth Karasek, Walter Kempowski, Rudolf Scharping, Gerhard Schröder oder Ulrich Wickert gaben freudig Auskunft.

RECLAM-BIBLIOTHEK

Sport ist Mord

Texte zur Abwehr körperlicher Betätigung

Herausgegeben von Volker Caysa.
Originalausgabe
213 Seiten. RBL 1556. 19,– DM
ISBN 3-379-01556-3

»Früher glaubte ich, es sei Pech, wenn ein Rennfahrer stirbt. Heute weiß ich: Es ist Glück, wenn einer überlebt.« (Helmut Marko)
Sport ist nicht nur nicht gesund, Sport ist Mord – Selbstmord. Trotzdem oder gerade deswegen: Wo Leib und Seele, Umwelt und Gesundheit gefährdet werden, da hört für viele der Sport nicht auf, sondern da fängt er erst richtig an! Und schlimmer noch: Angesichts des Massenfaszinosums Sport werden bekennende Nichtsportler als asoziale Totalverweigerer ausgegrenzt.
Unser Band versammelt heitere und todernste, zynische und kulturkritische Texte zum Thema.
Er dient zur Bekämpfung, Eindämmung und Regulierung einer akuten Epidemie – der Sportepidemie.
Daran beteiligen sich u. a.:
Roland Barthes, Bertolt Brecht, Umberto Eco, Michael Gross, Ödön von Horváth, Erich Kästner, Egon Erwin Kisch, Günter Kunert, Reinhold Messner, Joachmin Ringelnatz.

Please, hold the line

Ein Telefon-Buch

Herausgegeben von Ulrich Baron.
206 Seiten. RBL 1561. 19,– DM
ISBN 3-379-01561-X

Zuneigung, Gleichgültigkeit und Haß begleiten seit jeher dieses segensreiche Kommunikationsmittel, das in Zeiten des Handys und des Anrufbeantworters zu ungeahntem Einfluß kommt. Kein Wunder also, daß das Telefon, das indirekte Medium, sich allenthalben in der Weltliteratur eingenistet hat. Bei Franz Kafka zum Beispiel, bei Michail Bulgakow, Ingeborg Bachmann, Patricia Highsmith, Adolf Endler, Karl Kraus und natürlich bei Karl Valentin, dessen Buchbinder Wanninger so gerne den richtigen Gesprächspartner gefunden hätte.

In Wolfgang Hildesheimers Roman *Tynset* findet sich das Bekenntnis »Früher habe ich nachts hin und wieder gern im Telefonbuch gelesen«. Wem das zu fad ist, der greife beherzt zu Ulrich Barons merklich kurzweiligerer Anthologie *Please, hold the line* – erhältlich zum günstigen Freizeittarif.

RECLAM-BIBLIOTHEK

Harald Martenstein

Das hat Folgen

Deutschland und seine Fernsehserien

144 Seiten. Mit 15 Abbildungen. RBL 1569. 17,– DM
ISBN 3-379-01569-5

Das Erstaunlichste an diesem Buch ist, daß es nicht schon längst geschrieben wurde. Die Idee, anhand deutscher Fernsehserien eine Kultur- und Sittengeschichte Deutschlands zu schreiben, hätte vielen kommen können, ja müssen.

Tages-Anzeiger, Zürich

Wie sich die Deutschen wieder einrichten in ihrem Land und wie die Fernsehserien an dieser Neumöblierung beteiligt sind, was beispielsweise Familie Hesselbach oder Inge Meysel dabei leisten, das vermittelt der Autor griffig und pointiert.

Stuttgarter Zeitung